ちくま新書

古代史講義

——邪馬台国から平安時代まで

佐藤 信 編
Sato Makoto

1300

古代史講義——邪馬台国から平安時代まで【目次】

凡 例

＊各講末の「さらに詳しく知るための参考文献」に掲載されている文献については、本文中では（著者名　発表年）という形で略記した。

＊表記については原則として新字体を用い、引用史料の旧仮名遣いはそのままとする。

はじめに

佐藤 信

日本古代史像は、最近大きく変貌しつつある。新しい史料の発見があったり、発掘調査によって新しい遺跡・遺物が明らかになったり、歴史的に国際関係を見る目がグローバル化したり、といったことを受けて、以前の古代史像とは随分変わってきている。律令国家が編纂した正史などの文献史料や律令などの法制史料のみでなく、発掘調査成果や木簡などの出土文字資料をふまえて、多様な歴史資料からより客観的・具体的で豊かな歴史像が描かれるようになってきたのである。

島根県の荒神谷《こうじんだに》遺跡や加茂岩倉遺跡から銅剣・銅鐸が大量に出土して弥生時代像が変わり、埼玉《さきたま》古墳群稲荷山古墳から出土した鉄剣銘文によって古墳時代の五世紀史が変わり、平城京・長屋王《ながやおう》邸宅跡やその木簡によって奈良時代史像が変わり、新羅を朝貢国視したり蝦夷を「征伐」の対象と見る律令国家の「小中華」的歴史観が見直されたり、平安時代の摂関政治像や国風文化像が改められるなど、史料の検討にもとづく新しい古代史の研究が、少しずつ学界の通説に変化をもたらしてきた結果である。それを受けて、高等学校の歴史教科書も、時代と共に少しずつ記載内容が変化してきている。本書は、こうした古代史の最新の研究状況をふまえて、新しい古代史像を、読みやすく手に取りやすい一冊の新書として提供したいという思いから、生まれた企画である。

三世紀の邪馬台国から十二世紀の奥州藤原氏までの時代を見通すことをめざし、十五の時代順のテーマで構成してみた。テーマは、いずれも新しい研究が展開を見せている焦点であり、政治・経済・社会・文化・交流におよび、そして中央・地方・国際関係が見わたせるテーマを選んだ。歴史の焦点となる各時代の重要テーマを時代を追ってそろえ、全体として古代史が通観できるように章立てを組み立てた。時代の推移を見通す通史的な構成をめざしながらも、単なる通史叙述とはしないで、それぞれの時代を象徴する研究焦点に光をあてようとしたものである。そして、最前線で研究を進めている気鋭の方々に依頼して、各テーマに関する最新の研究状況を、わかりやすく提示していただくことをめざした。

今日、日本古代史は研究の個別細分化が指摘されて久しく、だんだんと狭い範囲の個別実証に限定された、間口の狭い研究が増えているという面も見られる。また一方で、史料にもとづかない思いつきや奇抜な推測から面白おかしい歴史像を提示しようとする出版企画もみられるように思う。本書は、その両者とは距離を置いて、多様な歴史資料の実証的検討の上に立ち、古代史像がダイナミックにどう動いているのかを描こうとした試みである。

古代史への関心・興味をもつ人々が多い反面、出来上がった古代史像を読むだけではなく、歴史学がどのような研究の上にどのように古代史像を構成しつつあるのか、というところまで見渡す方は少ないのではないか。もともと、古代の多様な歴史資料から歴史的事実の情報を探り出し、歴史の文脈をつむいで古代史像を新しく再構成することは、歴史学の醍醐味ともいえる作業である。その作業の中には地味な史料批判の手続きがふくまれるかもしれないが、歴史学がふまえなくてはならない学問的営為までを紹介しようとしていることを理解していただき、本書によって古代史の最新の研究現場の現状とその雰囲気を楽しんでいただければ幸いである。

第1講

邪馬台国から古墳の時代へ

吉松大志

†「魏志倭人伝」と邪馬台国論争

「古代史」において最も著名な歴史上の人物と言えば、邪馬台国《やまたいこく》の女王「卑弥呼《ひみこ》」であろう。卑弥呼が登場する「魏志倭人伝」(『三国志』魏書・烏丸鮮卑東夷伝の倭人条、以下倭人伝)には当時の「倭」に所在したとされる国の所在地や、居住する人々の生態、魏との外交記録などが記され、特に卑弥呼が君臨した邪馬台国の所在地をめぐっては、戦前の内藤虎次郎(湖南《こなん》)(近畿説)と白鳥庫吉《しらとりくらきち》(九州説)を代表として、長く論争が続けられている。

それは倭人伝の記述をそのまま信用すると邪馬台国の位置が日本列島のはるか南方の海上に所在することから発生したもので、近畿説は倭人伝の方位を南から東に読み替えることで矛盾を解消し、距離や地名を列島にあてはめていくと邪馬台国は大和地域(奈良県北部)に所在したとする。一方九州説は方位はそのままに、伊都国《いとこく》を起点に各国を直列ではなく放射状に記したと解釈したり、距離表示の「水行」「陸行」を選択的にとらえたりして邪馬台国の所在地を九州島内で解決しようと図っている。

近年の邪馬台国所在地論争は、考古学的調査成果と絡みあう形でますますヒートアップし、例えば吉野ヶ里遺跡（佐賀県神埼《かんざき》市・吉野ヶ里町）や纏向《まきむく》遺跡（奈良県桜井市）といった弥生時代の大遺跡と卑弥呼の居住地を重ね合わせる論議がその代表格である。また古墳出土品の年代測定の精緻化により、箸墓《はしはか》古墳（奈良県桜井市）の築造年代が三世紀半ばまで上がってきたことで、近畿説論者の間では箸墓被葬者論争（卑弥呼か、台与《とよ》〈壱与《いよ》〉か、それ以外の王か）も熱を帯びてきた。今や百人いれば百人が邪馬台国や卑弥呼について自説を唱える百家争鳴状態に陥っている。

だからこそ今、改めて基本文献である倭人伝を冷静に捉え直す必要があるだろう。倭人伝を遺跡や遺称地名に基づいて恣意的に解釈し直す手法に対しては、以前から多くの研究者が疑問を投げかけてきた。近年では刺激的な考古学的調査成果が続々と公開される中で再び独断的で安易な倭人伝利用が目につく現状に対し、文献古代史研究者の仁藤敦史氏が警鐘を鳴らしている。

そこで仁藤氏の研究に依拠しながら、倭人伝をどのような史料としてとらえ、読んでいくべきなのかを考えてみたい。

†倭人伝の構造

倭人伝はその内容から大きく三つに分けることができる。

①帯方郡から倭諸国への経路

「倭人は、帯方の東南大海の中に在り」に始まり、倭諸国に至る方位・距離や、長官と次官の名称・戸数とともに各国の特徴を簡略に記している。邪馬台国所在地論争で主に取り上げられるのがこの部分であるが、その正しい解釈には当時の中国の地理観・世界観を念頭に置く必要があり、後述する。

②倭の社会と政治

入れ墨に始まり男女の服飾、産物・動物や生活習俗、卜占《ぼくせん》に身分制度、さらに交易や情報伝達にまで及ぶ。但しこれらを鵜呑みにして当時の倭人社会の風俗の実態を読み取ることは躊躇される。例えば、「禾稲《かとう》、紵麻《ちょま》を種《う》え」で始まり倭の産物・動物や武器を記した一節では「有無する所、儋耳《たんじ》・朱崖《しゅがい》（中国の海南島に設置された郡）と同じ」とある。実際『漢書』地理志の儋耳・朱崖郡の産物等を記した部分と比較するとその書きぶりや内容はよく似ている。当時の中国は倭を中国南方と同一の文化圏に属すると考えていたようであり、その固定観念に基づいて②は描かれているとしなければならない。

倭人社会の総説に続くのが、有名な倭国内の政治抗争と女王の政治体制である。男王を立てたが七〜八〇年倭国が争乱に陥ったため、「卑弥呼」を共立した。倭人伝全体の半分以上の記述が経過し、外交記録の直前に至ってようやく「卑弥呼」の名がみえる。卑弥呼は「鬼道」を得意とし婢千人を侍らせ、男弟の補佐を得て「宮室」「楼観」「城柵」に囲まれた中で〝見えない王〟として統治したとある。

時代は下るが、中国南北朝時代の北朝についての歴史書『北史』西域伝女国条には、代々女性が王となる「女国」があったと伝え、王は九層の楼に居住し女数百人を侍らせたとある。『旧唐書』南蛮西南蛮伝の東女国も同様に九層の重屋に女王が居し女数百人を侍らすとされ、高層建築に住み多数の女性を近侍させ政治をおこなう女王の国の姿は、中国正史の典型的表現とも解される。

なおこの後に記される女王国のさらに東方の侏儒国《しゆじゆこく》（小人の住む国）・裸国・黒歯国は、中国の古地理書『山海経《せんがいきよう》』など中国古典を参考に作文された伝説的な国々であり、実録的要素は非常に薄い。

③倭と魏との外交記録

難升米《なんしようべい》（「なしめ」とも）等を魏に派遣し、「親魏倭王」の称号を拝受し「銅鏡百枚」を賜与された景初二年（二三八、三年〔二三九〕とする説もある）をはじめ、五回にわたる卑弥呼の魏への遣使を記す。そして卑弥呼死後「更に男王を立つるも、国中服さず」、「宗女台与」を王とすることで国中が安定し、再び朝貢を果たしたという記述で締めくくられる。

倭人伝の中でも③は史料的価値が高いとされる部分で、魏の正史たる「魏志」では自国と他国との外交交渉とその結果を記録することが最も重要であったと考えられる。例えば「楽浪海中に倭人有り、分《わか》れて百余国と為《な》る」と紀元前一世紀頃の小国分立社会をうかがわせる『漢書』地理志も「歳時を以て来り献見す」と定期的な楽浪郡への遣使を記し、「桓霊の間、倭国大いに乱れ、更《こもごも》相攻伐して歴年主なし」と二世紀の列島の争乱を記す『後漢書』東夷伝でも「建武中元二年（五七）、倭の奴国《なこく》、貢を奉り朝賀す」、「安帝の永初元年、倭の国王帥升《すいしょう》等、生口《せいこう》百六十人を献じ、請見を願ふ」と倭国乱以前の遣使が前提となっている。倭人伝では文字量や情報量が③より①・②の方が多いため意識されにくいが、中国正史では外交交渉結果の記録が第一に求められ、その交渉相手がどのような国であるかを明示するために①・②の記載が必要とされたとも言えよう。

✝倭人伝の背後にある中国王朝の世界観

さてこれまで弥生時代後期の列島に存在した邪馬台国をはじめとする国々の位置を示すとされてきた①を基に邪馬台国への道のりを整理すると、一九頁の図のようになる。帯方郡から邪馬台国までは「万二千余里」とされているが、帯方郡から里数表記のある不弥国《ふみこく》までの里数を足すと一万七百里（伊都国から放射状に記したと解すと一万五百里）となる。引き算すると、不弥国から邪馬台国までの距離は千三百里（もしくは千五百里）となるはずだが、倭人伝では不弥国以降里数記載は消滅し「水行二十日」「陸行一月」という形で距離が記される。なぜ途中で距離記載方式が変化してしまうのだろうか。

これについて、仁藤氏は倭人伝が記された当時の中国の地理観・世界観を前提に考える必要があると述べる。もと中国本土は方三千里のエリアであり、その周囲には夷狄らが住むとされる東西南北の四海が広がると観念されていた。『山海経』によると「天地の東西は二万八千里、南北は二万六千里」と四海の東西は二万八千里にわたるとされた。三国時代には中国本土は前漢以来の拡張政策により方万里にまで広がっていたとすると、七千里を加えた東西三万五千里が倭人伝に反映された四海の東西の長さということになる。皇帝の所在する都はその中間点にあるので、都から東に五千里が中国本土の東限で、東海はそのさらに東方一万二千五百里にまでわたると認識されていた。

ところで『後漢書』郡国志によると、都洛陽から帯方郡までの距離は実際の距離よりも長い「東北五千里」とされている。つまり都から東五千里の場所には東の外交窓口として帯方郡が設けられ、そこから先の東方一万二千余里の邪馬台国はちょうど東海の東端に位

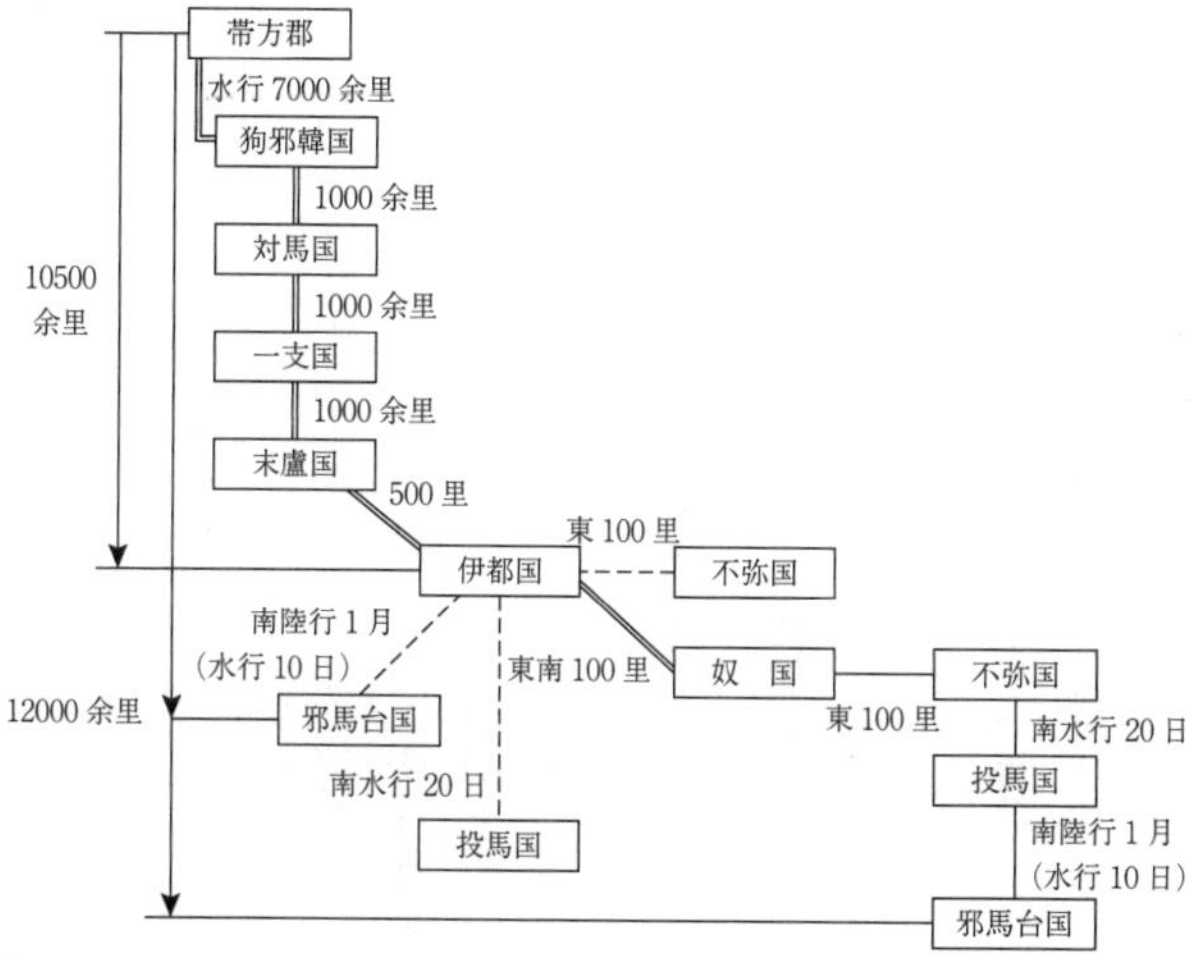

倭人伝の記す邪馬台国への道のり（歴史学研究会編『日本史史料　[1] 古代』岩波書店、2005）

置づけられたのである。

　要するに、邪馬台国の位置は方万里・四海東西三万五千里という当時の中国王朝の世界観に規定されたもので、遠く東海のはずれであると観念されていた。不弥国を境に里数から「水行」「陸行」表記へと変化するのも、不弥国以降は交通路の整備がままならず正確な距離計測が難しい未開地であることを示すと考えられる。倭人伝は邪馬台国が世界の辺縁であることを強調し、遠路遥々都まで朝貢する姿を記録することで、魏皇帝の徳化と威光を喧伝したのである。

　距離以外にも戸数の記載でも中国中央からの遠近が表れている。不弥国までは「二万余戸有り」「千余家有り」と戸（家）数を断定的に記すが、投馬国・邪馬台国になると「五万余戸可《ばか》り」「七万余戸可り」と大づかみな記載となり、さらにその奥の斯馬国以下は戸数記載・距離表記とともに消滅し国名の羅列に終始する。邪馬台国は国の基本情報たる距離や人口を中国王朝が不正確ながら何とか把握できる最東端の国であった。

このような中国王朝の世界観を背景に倭人伝が記述されているとすると、その方位・距離を前提として邪馬台国や諸国の所在地を議論することには慎重にならざるを得ない。先述のように、倭人伝には当時の中国王朝の誤った認識や古典の引き写しも数多く見られるわけで、倭人伝だけに頼っていては卑弥呼の時代の列島の真の姿は見えてこない。

✝交易からみる卑弥呼時代の日本列島

戦後の考古学的な調査の増加と技術の進展により弥生時代や古墳時代の列島社会への評価は一変しつつある。特にこれまで主に研究俎上に載せられていた墳丘墓や古墳以外にも、重要な集落や物流拠点が次々と発見され、大陸―列島間、また列島諸地域間の交易ネットワークが復元できるようになり、研究も活発化している。「交易」の視点で眺めると、卑弥呼の時代の列島はどのように描けるであろうか。

古代における広域間交易の中心地の一つは、大陸と地理的距離の近しい北部九州であったことは疑いない。そこでまず卑弥呼の時代前後における北部九州での交易の実相とその変遷を、久住猛雄氏の研究に従って整理しておきたい。

朝鮮半島と九州本土の交易を結びつけていたのはその間にある対馬・壱岐《いき》等の島々であった。特に壱岐の原《はる》の辻遺跡では列島系・半島系・中国系の遺物が多数出土しており、弥生時代の多地域間交易の舞台として重要な拠点であった。特に三韓土器（半島南部の馬韓・弁韓・辰韓産の土器）は弥生時代後期以降さらに出土数が増加することから、三韓の人々が盛んに壱岐に来訪し交易を行っていたと想定される。一方で楽浪地域産の土器（楽浪土器）も原の辻遺跡でも一定程度出土するものの、主体は三雲遺跡群（福岡県糸島市）を中心とする九州本土の糸島地域であった。糸島は倭人伝の伊都国に比定する説が有力で、中国鏡を副葬する墳墓も多数所在する。つまり楽浪地域の人々が糸島地域に来訪し、糸島の支配者層につながる高いレベルでの交易や政治交渉を行ったと想定されている。こうした交易の場によって対象と階層を分離した重層的な交易構造は「原の辻＝三雲貿易」と呼ばれている。この交易体制は弥生時代中期末（紀元前一世紀）から終末期（三世紀半ば）にかけて継続する。

ところが、弥生時代終末期から古墳時代初頭（三世紀半ば～後半）にかけて糸島地域の楽浪土器の出土が減少し、代わって糸島東隣の博多湾岸やその後背地福岡平野の遺跡群で確

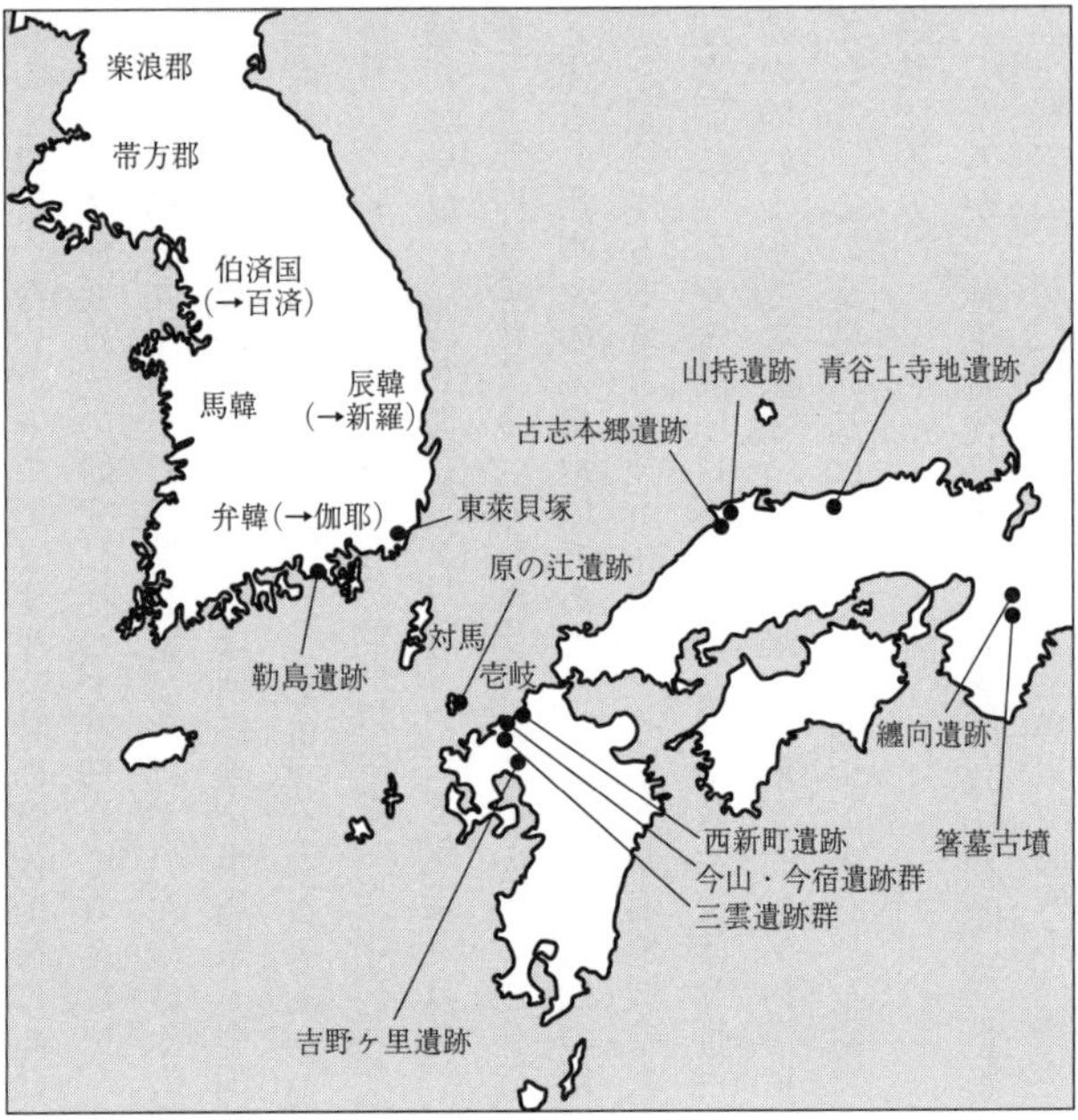

卑弥呼の時代の朝鮮半島と日本列島の関連遺跡

認されるようになる。壱岐・博多湾岸・福岡平野の遺跡で出土する三韓土器は、半島西南部の馬韓系土器が主流を占めるようになる。これは楽浪・帯方郡と北部九州との交易に馬韓諸国が大きく関与し始めたことを示すとされる。この時期、糸島地域を主体とする「原の辻＝三雲貿易」が次第に規模を縮小し、博多湾岸が北部九州の一大交易地となる「博多湾貿易」が成立した。博多湾岸や福岡平野では西日本諸地域の土器も見つかっており、それらの地域の人々が大陸系文物の入手を主目的に来集し活発な交易を行っていた。

続いて古墳時代前期前半（三世紀末～四世紀前半）になると、博多湾岸の西新町《にしじんまち》遺跡（福岡県福岡市）に半島系土器や列島内諸地域の土器の出土が集中するようになり交易の場が一元化されて博多湾貿易が最盛期を迎える。しかし四世紀半ば頃から西新町遺跡では半島系土器が次第に減少しやがて消滅する。同時に博多湾貿易を支えた福岡平野の大集落や、そのネットワークに組み込まれていた西日本各地の交易拠点も衰退したとされる。博多湾貿易に依存しない新たな大陸との交易体制への移行がその背景にあると考えられる。

卑弥呼の時代は「原の辻＝三雲貿易」から「博多湾貿易」へと切り替わる過渡期にあたる。「原の辻＝三雲貿易」と関連して、倭人伝によると伊都国には諸国の検察を任務とする「一大率《いちだいそつ》」が置かれ、諸国は「之《これ》を畏憚《いたん》」したという。この一大率の役割は、卑弥呼による外交の管理と糸島地域を中心とする港湾での交易秩序の維持であったと考えられている（田中二〇一六）。諸国が畏れるほどの権能を一大率が保持していたことで、重層的な貿易体制が維持されたのであろう。一方で卑弥呼は景初二（三）年を皮切りに三世紀半ばにかけて帯方郡を経由して魏へと積極的に遣使を行った。こうした朝鮮半島の西側を経由する外交ルートの（再）開発が、馬韓系諸国との密接な関係を前提とした博多湾貿易への移行を促した可能性も十分にあるだろう。

†山陰地域と東アジア交易網

このように考古学的な研究が示す卑弥呼時代前後の大陸との交易構造は倭人伝の記述からも裏付けられるのだが、西日本諸地域は先進的文物を求めて北部九州に寄り集まりその恩恵を享受するだけの存在ではなかった。倭人伝には記されない西日本諸地域の交易の主体性は考古学的に追うことができる。

とりわけ出雲を中心とする山陰地域の動向は注目される（池淵二〇一七）。近年の発掘調査により、「原の辻＝三雲貿易」の時代に山陰地域にも半島系土器が持ち込まれていることがわかってきた。その代表的な遺跡が山持《ざんもち》遺跡（島根県出雲市）である。ここからは勒島《ぬくと》式土器（半島南端の勒島遺跡系統の土器）・三韓土器に加え、本州ではきわめて珍しい楽浪土器が出土している。勒島式土器の中には生活土器（煮炊用甕）が含まれており、こうした半島系土器を使用する人々が山陰地域に来訪し一定期間滞在した可能性がある。但し山持遺跡からは運搬具として使用された北部九州系の土器も多数出土しており、半島と山陰地域の交易は北部九州の勢力が媒介となって実現していることは注意される。実際、糸島半島の博多湾岸側に位置する今山・今宿遺跡群（福岡県福岡市）からは山陰系土器が多数出土しており、北部九州の交易の場に山陰地域の人々が深く関与していたことがうかがわれる。

さらに山持遺跡では他にも北近畿の丹後・但馬系土器、瀬戸内の吉備系土器に加え、遠く近江系土器も出土しており、西日本諸地域の人々がこの地に来集したことを示している。類例として鳥取県鳥取市の青谷《あおや》上寺地《かみじち》遺跡があり、半島系の勒島式土器とともに北陸系の土器や碧玉素材が出土し、山陰以東と朝鮮半島の交易者を結びつける役割を果たしていた。つまり、半島から到来した人々と西日本諸地域の人々とが会集し交易を行う場は北部九州以外にも広がっており、山陰地域も日本海を介した一大交易拠点であった。

続く「博多湾貿易」が主体となる時期になると、東アジア交易網における山陰地域の比重はさらに増す。この時期には山持遺跡から南に六キロメートルほどの古志《こし》本郷《ほんごう》遺跡（島根県出雲市）で馬韓系を中心とする三韓土器が集中して出土することから、山陰地域の交易の中心的拠点は山持遺跡から古志本郷遺跡に移動したと考えられる。これは北部九州の交易中心地が糸島地域から博多湾岸に移行することと連動しており、前代から継続して北部九州主体の交易ネットワークの一翼を担っていたことがうかがわれる。「博多湾貿易」の主軸となる西新町遺跡では、山陰系土器が出土土器全体の中でもさらに濃度を増している。さらに注目すべきは壱岐の原の辻遺跡や半島南端加耶地域の東萊《とんね》貝塚からも山陰系土器が確認されていることである。壱岐や加耶地域では山陰以外の本州西日本系の土器は僅少であることから、山陰地域の特異さが浮き彫りとなる。本州西日本地域が博多湾岸地域の交易の場に依存する中、「博多湾貿易」主体部に深く入り込んだ山陰地域の交易者は、半島との交易にも積極的に関与していたと評価できる。

卑弥呼が共立され魏に盛んに遣使を行い、列島と中国王朝との間に新たな関係が構築された時代、山陰の交易者たちは本州他地域を尻目に東アジアの海を股にかけ活躍していた。これまで大陸と列島との交易・交渉については、近畿勢力と北部九州勢力いずれが主導したかをめぐって、邪馬台国論争と絡まる形で二者択一的に議論されてきたきらいがある。しかしこの時代の東アジア交易における山陰地域の果たした役割を踏まえるならば、山陰地域を含め西日本諸地域のネットワーク形成過程を明らかにした上で、朝鮮半島や中国王朝とどのように対峙したかを総合的に判断する必要があり、それを怠れば単純な権力主従論に陥ってしまうであろう。

そのための研究素材は近年確実に増加している。例えば主軸が一直線上に重なる複数の大型建物群が検出され、ヤマトの王の宮殿の可能性が取り沙汰された纏向《まきむく》遺跡では、北部九州から瀬戸内海沿岸、北陸・東海・南関東に至るまでの非常に広範囲の地域から運搬された、もしくはそれらを模して現地で作られたと思われる土器が大量に出土し、出土土器全体の一五パーセント以上を占めるとされている。纏向遺跡では外来者は一時的な滞在を超えた定住にまで発展しているようであるが、遠方の産品・商品の交換・入手という主たる機能は山陰の諸遺跡と同じである。このように卑弥呼の時代前後の日本列島には、東西南北の人々が各地の産品や商品を求めて会集・滞在し交易に従事する拠点が同時多発的に発生し、多極的ネットワークが形成されたのである。

†弥生時代的交易システムの終焉とヤマト王権

四世紀初めの高句麗の南下、楽浪・帯方郡の滅亡は朝鮮半島情勢に大きな影を落とし、その影響は列島にも波及する。先述したように四世紀半ば頃から西新町遺跡や福岡平野の大集落が衰退し博多湾貿易は解体に向かう。ほぼ同時に古志本郷遺跡や纏向遺跡も衰退しており、博多湾岸を核として西日本諸地域間に形成された交易網はここに終焉を迎えたのである。

代わって畿内主導の新たな交易システムが構築され始めた。この時期加耶地域の王墓に畿内勢力との直接的関係を示す遺物が多数確認されることから、畿内のヤマト王権が直接加耶地域を中心とする朝鮮半島諸国と交渉・交易を行うことが可能になったと考えられている。ヤマト王権の関与のもとで四世紀後半ごろから宗像《むなかた》沖ノ島（福岡県宗像市）の祭祀《さいし》が開始されることはそれを端的に示している。

箸墓古墳をはじめとする大和東南部（奈良県天理市・桜井市周辺）の大型前方後円墳を頂点として列島各地に古墳が続々と築造され、畿内を中心とした諸地域間の階層化・秩序化が進行するなかで、対外交渉・交易も次第にヤマト王権が主導するようになっていった。畿内優位のもとで集権的な色を強め「国家」の像を結びつつあった列島社会は、「倭人伝」ではなく「倭国伝」として、五世紀の中国王朝の正史に再び記録されることになるのである。

さらに詳しく知るための参考文献

池淵俊一「魏志倭人伝と出雲」（島根県古代文化センター編『しまねの古代文化』二五、近刊）……二〇一七年八月に開催された古代出雲文化シンポジウム「日本海交流と古代出雲」内の一報告。卑弥呼の時代前後の出雲地域を中心とした日本海交易の実態について、主に考古遺物の分析から検討する。

古代史シンポジウム「発見・検証日本の古代」編集委員会編『発見・検証　日本の古代Ⅰ　纏向発見と邪馬台国の全貌　卑弥呼と三角縁神獣鏡』（ＫＡＤＯＫＡＷＡ、二〇一六）……二〇一五年四月に開催されたシンポジウム「発見・検証　日本の古代Ⅰ　邪馬台国とヤマト王権をどう考えるか」の内容をまとめた記録集。文献古代史・考古学・宗教学の第一人者がさまざまな側面から邪馬台国とその時代の日本列島の実像について報告と討論を通じて迫る。口語調で読みやすい文体ながら、最新の邪馬台国研究が反映されている。

久住猛雄「「博多湾貿易」の成立と解体」（『考古学研究』五三―四、二〇〇七）……北部九州を中心とする西日本諸地域の朝鮮半島系土器の出土傾向から弥生時代中期末から古墳時代前期までの対外交易の変遷を追う。

佐伯有清『魏志倭人伝を読む　上・下』（吉川弘文館、二〇〇〇）……倭人伝の一つ一つの語句について漢籍の類例を引用しつつ語釈を加える。関連する遺跡や先行諸説についても目配りされている。

田中史生『国際交易の古代列島』（角川選書、二〇一六）……卑弥呼の時代を含め平安時代までの古代国際交流史を、交易の視点から捉えなおす。専門書『国際交易と古代日本』（吉川弘文館、二〇一二）などを基に一般向けに書き下ろしている。第四回古代歴史文化賞大賞受賞作品。

仁藤敦史「倭国の成立と東アジア」（『岩波講座日本歴史第1巻　原始・古代1』岩波書店、二〇一三）……邪馬台国や卑弥呼の位置づけ、四世紀の列島と朝鮮半島との交渉について東アジア的視点から概説する。

仁藤敦史「「邪馬台国」論争の現状と課題」（『歴史評論』七六九、二〇一四）……邪馬台国をめぐる通説的な見解や議論の問題点を指摘し、邪馬台国や倭人伝を正しく理解するための論点を提示する。

第2講
倭の大王と地方豪族

須原祥二

†三〜四世紀の古墳とヤマト政権

近年のめざましい考古学の成果をうけて、初期ヤマト政権の中心は奈良県の纒向《まきむく》遺跡にあったことが有力視されている（前講も参照）。本講は、飛鳥時代へと至るヤマト政権の動向を軸に筆をすすめる。

初期ヤマト政権は、列島各地の「地域の王」たる有力首長らの結集した広域政治連合で、その最高首長たる盟主は、奈良盆地に旧大和川下流域にあたる大阪平野の一部を加えた地域の首長層に推戴された「地域の王」でもあった。盟主の墓は、初の巨大前方後円墳である箸墓《はしはか》古墳から西殿塚《にしとのづか》古墳、桜井茶臼山古墳（外山《とび》茶臼山古墳）、メスリ山古墳、行燈《あんどん》山古墳（崇神《すじん》天皇陵古墳）、渋谷向山《しぶたにむかいやま》古墳（景行天皇陵古墳）と、いずれも奈良盆地東南部の三輪山《みわやま》西麓を中心とする南北一〇キロメートルほどの「狭義のヤマトの地」に営まれた。同地に

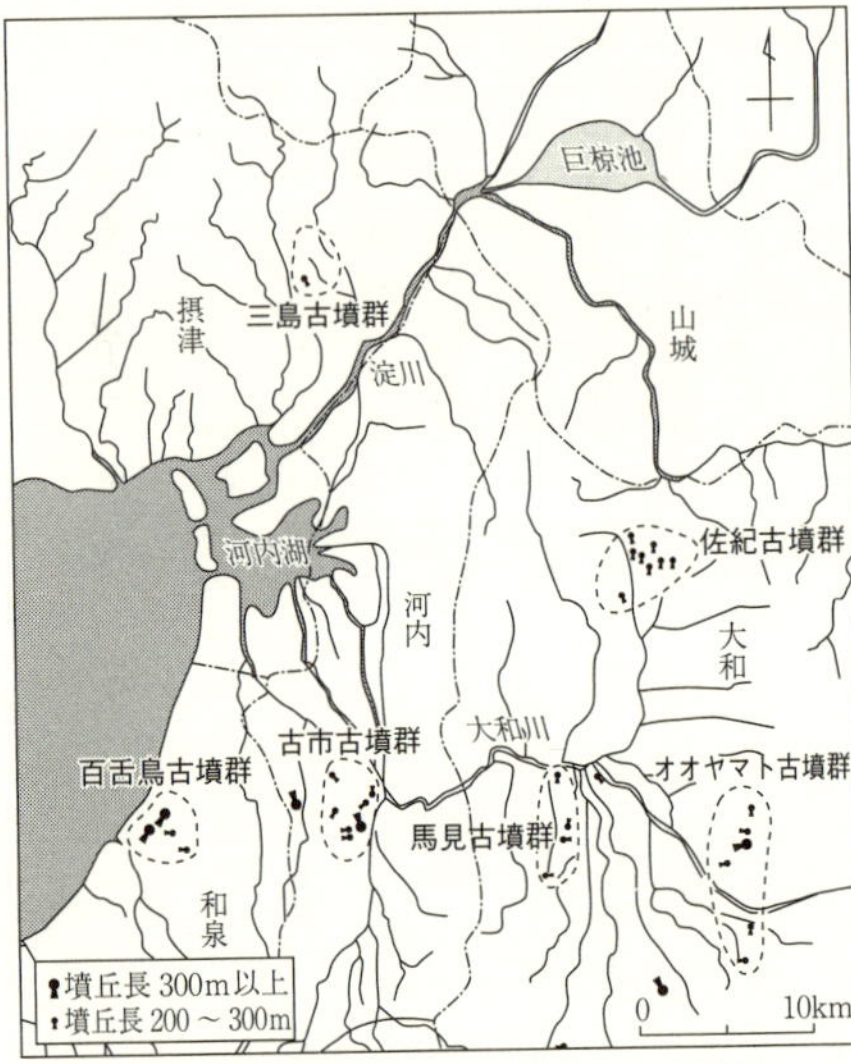

畿内における大型古墳の分布（白石2013より転載）

はいくつもの古墳の集団が南北に連なっており、それぞれ独立した古墳群（柳本《やなぎもと》古墳群など）として扱われることもあるが、すべてを合わせて「オオヤマト古墳群」と称する場合もある。

オオヤマト古墳群を構成する古墳の集団は、それぞれ前記の盟主墓と目される二〇〇メートル超級（以下、古墳の長さは墳丘長）の巨大古墳を一～二基ずつ含んでいる（白石二〇一三）。あるいは立地や墳丘の形態等から古墳を二系統に分ける見解もある。これらのことから、初期ヤマト政権の盟主であり奈良盆地と一部大阪平野の「地域の王」でもある人物は、異なる複数の勢力から出ていた可能性が指摘されている。隣の朝鮮半島では、初期の高句麗《こうくり》王が五つの部族から交互に出ていたり、新羅《しんら》《しらぎ》では二人の王が役割を分担して併存していたりした。草創期や初期段階の

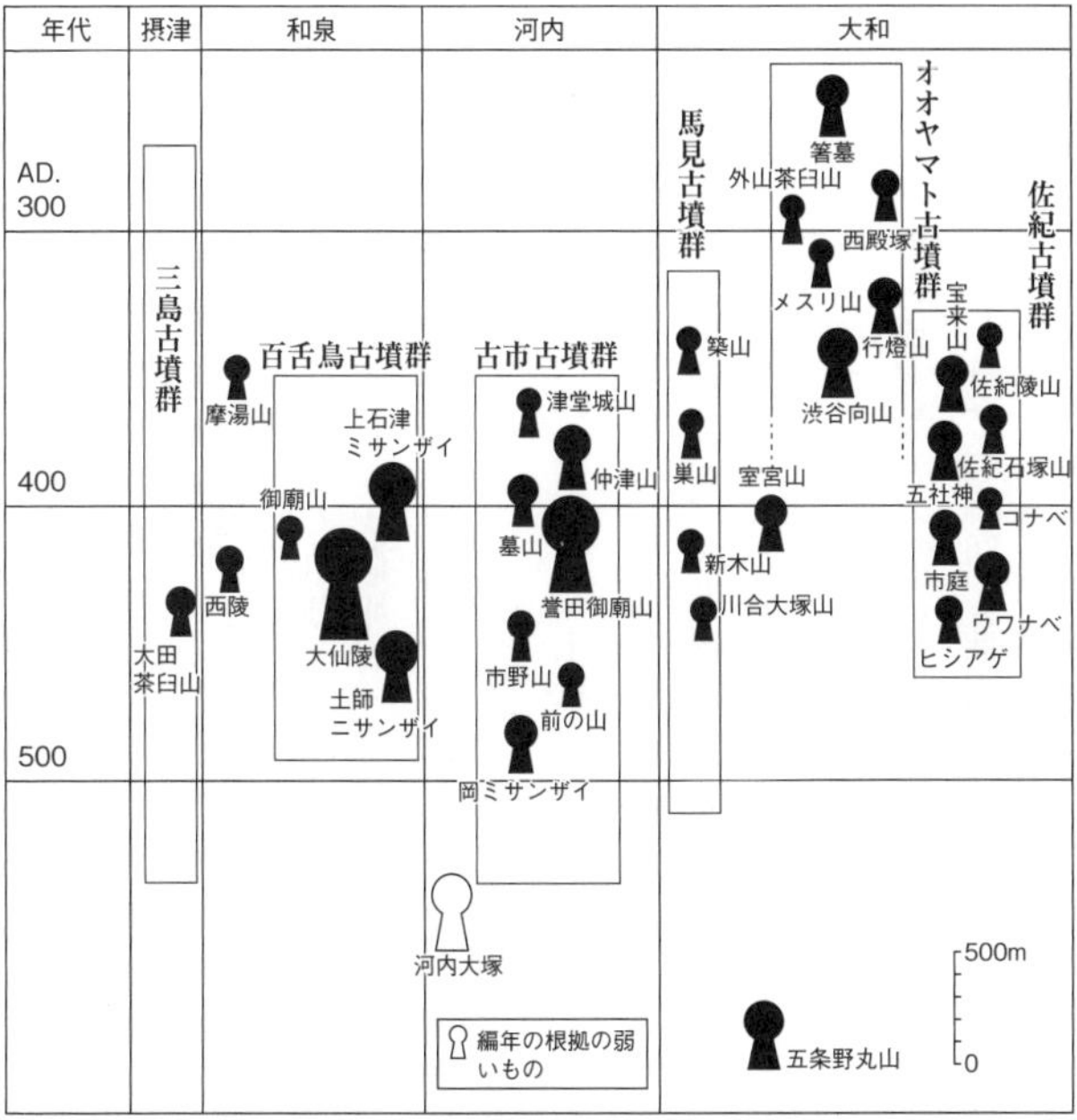

畿内における墳丘長200m以上の前方後円墳の編年（白石2013 p190.191表を加工）

王位のあり方はさまざまな想定が可能で、もはや「一系の王朝」の存否だけを指標に議論する情況ではない。

オオヤマト古墳群の最後の盟主墓として渋谷向山古墳が造られたのは四世紀中頃と推測されるが、この頃から盟主の基盤だった奈良盆地や大阪平野の一部地域で、盟主墓に匹敵する二〇〇メートル超級の巨大古墳が同時並行的に造られ始めた。佐紀《さき》古墳群の佐紀陵《みささぎ》山《やま》古墳（日葉酢媛命《ひばすひめのみこと》陵古墳）や宝来山《ほうらいさん》古墳（垂仁《すいにん》天皇陵古墳）、馬見《まみ》古墳群の築山《つきやま》古墳、大阪府の古市《ふるいち》古墳群にある津堂城山《つどうしろやま》古墳などである。そして新たな盟主墓（大王墓——後述）の造営地として、大阪平野の百舌鳥《もず》古墳群と古市古墳群が浮上してくる。

これらの古墳の規模は横並びで、どれが盟主墓（大王墓）なのか判別が難しい。そこで幅を取り、古市古墳群の津堂城山古墳と仲津《なかつ》山《やま》古墳（仲姫命《なかつひめのみこと》陵古墳）の二基を以て、盟主墓（大王墓）の造営地が大阪平野へ移動したと考えておく。盟主の基盤内で盟主墓（大王墓）と同規模の古墳が同時並行的に造営されたり、盟主墓（大王墓）の造営地が大阪平野へ移動したりする現象は、盟主の基盤勢力内部で何らかの政治変動が起きたことをうかがわせる。この点については王朝や王統の交替を絡めてさまざまな説が提出されており、本講末尾の参考文献で挙げた諸書も併せてご覧いただきたい（次項末では筆者の解釈を示した）。

列島全体に目を移すと、四世紀の百年間を通して、前方後円墳は東北地方北部以北と九州最南部以南を除く全域に拡がった。四世紀中頃以降になると、各地で、古墳時代を通じてその地域を代表する規模の前方後円墳が造られるようになり、その傾向は五世紀前半まで続いた。東北地方最大の雷神山《らいじんやま》古墳（一六八メートル、宮城県）が造られたのも四世紀末から五世紀前半にかけての時期と推測されている。さらに地域の中において古墳の造営地が移動する例も見受けられる。

すなわち、前方後円墳を営む葬送儀礼が汎列島的に受容され、各々の地域において、政治変動を孕《はら》みつつ地域内政治秩序の階層化が進み、その頂点に立ってヤマト政権と関係を結ぶ大首長が各地に出現したと推測される。彼らとヤマト政権の盟主との関係は、前世紀の「同盟関係」を維持していたのかどうかわからない。ただ、古墳の副葬品等などをみると、彼らが、ヤマト政権の盟主と関係を深め、朝鮮半島から獲得した文物や技術を小首長層に分与したり供与したりすることなどを通じて、地域内における政治的求心力を得ていたことがうかがえる。

†四世紀の朝鮮半島情勢とヤマト政権の変容

漢王朝や魏王朝に対する倭国の朝貢の窓口は、朝鮮半島にある楽浪郡《らくろう》と帯方郡《たいほう》（後漢末期に楽浪郡から分出）だった。一方で、列島内から半島系遺物が多数出土しており、朝鮮半島南部を中心とする韓族など地元諸勢力との交流もさかんだった。韓族の小首長らは中国王朝から「邑君《ゆうくん》（＝小国の君主）」などに冊封され、楽浪郡のちには楽浪・帯方二郡を頂点とする政治秩序が形成されていた。倭国の朝貢は、この秩序に参加することで、朝鮮半島産の文物を確保するための政治的環境を整える意義もあった。

二六五年に魏にかわって西晋が成立すると、翌年に「倭の女王」（台与《とよ》と推測される）が朝貢しており、帯方郡を介した朝貢は継続されたようだ。しかし四世紀初頭に西晋が崩壊して華北が五胡十六国時代を迎えると、楽浪郡と帯方郡は高句麗の圧力を受けて滅んだ(三一三年)。朝鮮半島との交流を継続するため、倭国は新たな外交の枠組みづくりをせまられたのである。

二郡滅亡後の朝鮮半島の新たな秩序を担ったのは高句麗と百済の二国だった。とりわけ四世紀後半以降、両国は激しい軍事衝突を繰り広げた。三七一年の戦いでは、百済は高句麗の故国原王《ここくげん》を戦死させる大勝利をあげている。高句麗は前燕を皮切りに前秦、後燕と、華北の王朝の興亡に応じて相手を替えつつ朝貢関係を維持した。一方、百済は三七二年に江南の漢民族王朝東晋に朝貢し、以後、南朝の諸王朝と朝貢関係を継続した。また高句麗は前燕、百済は東晋からそれぞれ仏教を摂取し、これを国王が保護しながら国づくりをすすめた。

このような新たな情勢の下、倭国は半島南部の加耶《かや》諸国と関係を深めつつ旧帯方郡地域を拠点とする百済と連携して高句麗と戦った。本章は邪馬台国畿内説にこだわらないので、魏や西晋と通交した邪馬台国連合が初期ヤマト政権だという前提に立たないが、少なくとも帯方郡滅亡後の新たな外交ステージで百済や加耶諸国と通交した外交主体がヤマト政権だったことは間違いない。

この時期の対外関係を物語る一次史料に、石上神宮《いそのかみ》（奈良県）所蔵の七支刀の銘文がある。銘文は、この刀は三六九年（と推測される年）に製作されて（これを）倭王に贈る、と述べる。『日本書紀』の三七二年と推測される年（神功皇后摂政五十二年）の記事には、百済王から「七枝刀」が献上されたとある。記事の中で百済の使者は「谷那《こくな》鉄山の鉄を献上します」と語るが、谷那鉄山はかつて弁辰《べんしん》と呼ばれた加耶地域にあった。三世紀末に成立した『三国志』魏書東夷伝の韓条には、弁辰は鉄の産地で、韓族や倭人らが競ってこれを求めていると述べる。

このように、ヤマト政権が積極的に朝鮮半島への関与を深めた最大の動機として、鉄資源の確保が考えられる。また四世紀の後半には、世界遺産に登録された沖ノ島の島内にある巨岩において祭祀が始まった。以後、遣唐使の派遣が終わる九世紀頃まで国家的規模の祭祀が継続する。沖ノ島には航海の安全を祈るための三女神が祀られており、この時期、朝鮮半島への航路の安全確保が国家的課題になったことがうかがえる。

高句麗の旧都集安《しゅうあん》に建つ好太王碑《こうたいおうひ》（広開土《こうかいど》王碑）には、広開土王が即位した三九一年以降、百済や倭国と何度も戦いくりかえし打ち破ったことが記されている。以上のように多角的な外交力と膨大な軍事力とを必要とする新たな外交局面を迎えて、ヤマト政権自身も変容を余儀なくされたのである。

ではあらためて、四世紀中頃以降に奈良盆地や大阪平野で巨大古墳が同時並行的に造営された現象について考える。表面的に見れば、ヤマト政権中枢で旧来の盟主権力が衰えた印象を受けるが、造られた巨大古墳をトータルして前代と比較すれば、物資および労働力の運用総量は格段に向上している。加えて、新たな外交局面への対応という状況を考慮するなら、むしろヤマト政権の政治組織の役割が多角化・複雑化したことで——「列島各地の地域内権力の階層化」もその一端だろう——従来の盟主の役割の一部を盟主の一族や有力首長らが分掌するようになり、権力の「複数構造化」（一瀬二〇〇二）とも受け止められる状況を現出したのだろう。

すなわち盟主の基盤だった奈良盆地および一部大阪平野を根拠とする盟主の一族や有力首長たちが、外交、軍備、軍事活動、物資や文物の確保や分配、技術の摂取や活用など、多角化・多機能化のすすむ盟主の権能の一部を分掌するようになったためと推測される。彼らのような盟主の基盤内の有力首長らが中心となってヤマト政権の中枢が構成されていたのだろう。

次に盟主墓（大王墓）造営地が大阪平野に移動した理由を考えてみる。最大の要因は、朝鮮半島での外交・軍事活動の活発化にともない、海上交通および河川交通の拠点である大阪平野の重要性が高まったからだろう。そのために政権中枢で、大阪平野を本拠とする有力首長の影響力が増したとも考えられるし、盟主やその一族も含めた奈良盆地の有力首長たちが大阪平野に進出し、新たな拠点を築いたとも考えられる。

盟主墓（大王墓）造営地の移動はしばしば「王朝交替説」の根拠とされるが、墓制や副葬品等の時期的変遷をみても、一昔前の「騎馬民族王朝説」で説かれたような極端な断層は認めらない。政権中枢に新たに参入した首長の存在を考えてもよいが、むしろ政治集団としての政権中枢の持続性を重視すべきで、いわゆる「河内王朝論」（都出二〇一一）もその範疇で理解できる。そもそもこの時期までに、盟主の地位が特定一族の男系で継承されていたかどうかわからないが、仮にこの時点で盟主権の移動を想定するなら、例えば「入り婿」のような形での政権中枢内部における権力委譲や権力闘争の問題として、まずは検討した方がいいだろう。さらにいえば、政権中枢を構成する盟主や有力首長達は、通婚を重ねて血縁的に近しかったと推測される。だから、盟主の地位の移動があろうとなかろうと、これまでに述べてきた政権構造に関する評価について、ことさら改める必要はない。

†大王権力の確立

大阪平野の百舌鳥古墳群と古市古墳群では、四世紀末から五世紀中頃にかけて、古墳時代を通じて最大級の前方後円墳が立て続けに造られた。この時期はまだ奈良盆地や大阪平野の複数地域で、盟主墓クラスの二〇〇メートル超級の巨大前方後円墳の造営が続いていた。しかし百舌鳥古墳群の上石津《かみいしづ》ミサンザイ古墳（履中《りちゅう》天皇陵古墳、三六五メートル）、大仙《だいせん》陵古墳（仁徳天皇陵古墳、四八六メートル）、および古市古墳群の誉田御廟山《こんだごびょうやま》古墳（応神天皇陵古墳、四二五メートル）は、それらをはるかに凌駕する超巨大前方後円墳だった。これは、ヤマト政権の中枢を構成する有力首長らに対して、隔絶した権威を主張しようとする盟主の意思の現れだろう。百舌鳥と古市の巨大古墳は多数の陪冢《ばいちょう》（大型古墳に付随する付属墓）を伴うことも特徴で、現世の権力関係を墳墓に投影しようとする意思が際立っている。また陪冢の中には、遺体ではなく大量の武器や武具を埋葬したものもある。出土した甲冑《かっちゅう》などの形式は統一的で、整った軍事組織の存在を裏付ける。この後の五世紀中頃以降になると、大阪平野や奈良盆地の巨大前方後円墳はその数を減らし、盟主墓（大王墓）やそれに準じるもの（妃や有力王子などの墓か）に限られるようになる。

以上の動向を総合すれば、五世紀の前半期を通じて政権中枢における盟主の権力が強化され、「大王」権力が確立していったと見るのが穏当だろう。

「大王《おおきみ》」（「だいおう」とも読み慣わす）」は、七世紀に成立した「天皇」号以前に用いられたヤマト政権の最高首長の呼称である。確実な最古の用例は四七一年に相当する年紀をもつ稲荷山鉄剣銘文で、そこからどれだけさかのぼるのか判断材料はない。本章は、大王の権力の実質化という観点から、百舌鳥・古市古墳群で超巨大前方後円墳の造営がはじまった時期を重視し、便宜的に五世紀以降から「盟主」に代えて「大王」と呼ぶ。

この頃のヤマト政権（外国史料は「倭国」「倭」と呼ぶ）は、東晋や宋など中国の南の王朝へ頻繁に朝貢した。いわゆる「倭の五王」の遣使である。四一〇年、東晋の有力武将の劉裕《りようゆう》が山東半島を獲得すると、これまでは華北の王朝だけに朝貢していた高句麗が四一三年に東晋への遣使も始めた。山東半島は、中国から朝鮮半島をめざす海路の入口にあたる。この高句麗の朝貢記事（『晋書』安帝紀）には、倭国が朝貢したともある（実際に朝貢したのか疑問視する見解もある）。劉裕はさらに華北へ進出して（一時的だが）洛陽と長安を占領しており、これらの実績を背景に四二〇年に東晋の皇帝から禅譲されて宋を建国した（宋の武帝）。倭国は宋に対して四二一年から四七八年にかけて七回の朝貢を行った。これは奈良時代の遣唐使を上回る頻度である。

『宋書』倭国伝によれば、倭王は中国皇帝に対して、自身だけでなく王族や有力豪族への叙爵も求めた。その手続は、あらかじめ倭王が独自の判断で与えた中国風の官職や爵位について、皇帝が追認する形をとった。すなわち倭王やその一族・臣下が中国皇帝に叙爵されることは、倭王を頂点とする倭国の政治秩序に対して中国皇帝が保障を与えたことを意味する。このことは大王権力の確立に大きく寄与したことだろう。

『宋書』倭国伝から読み取れる倭王の系譜は、讃と珍が兄弟であることと、済の二人の子が興と武の兄弟だということの二点で、珍と済との続柄は記されていない。遅れて成立した『梁書』は二人を親子とするが、これを後付けされた誤伝とみて実際の系譜はつながっていなかったとする見解もある。いずれとも解釈できるが、仮にここで切れていたとしても残りの三つの継承は世襲と評価できるのだから、大王権力の確立にともない大王位の世襲が定着する方向にあったと認めてよい（世襲の定着と一系の系譜でつながっていることとは当然ながら同一ではない。したがって後者の是非については判断が分かれる）。

倭の五王の最後の倭王武は、『日本書紀』の記す「幼武《ワカタケルノ》天皇《スメラミコト》」（『古事記』は「若建《ワカタケルノ》命《ミコト》」）すなわち雄略天皇に該当し、稲荷山鉄剣銘文の「獲加多支鹵《ワカタケル》大王」にあたる。記紀の所伝によれば、彼は兄（安康天皇＝倭王興カ）の暗殺に接して犯人だけでなく兄弟や政敵をも粛清しながら即位し、臣下も畏怖する武断的支配を行ったという。記紀と同じ奈良時代に編纂された『万葉集』の冒頭歌の作者は雄略天皇であり、時代を画する天皇と認識されていた。江田《えだ》船山《ふなやま》古墳（熊本県）出土大刀の銘文には「治天下《アメノシタシラス》獲加多支鹵《ワカタケル》大王《ノオオキミ》」とあり、この王名表記法は「平安宮《タイラノミヤニ》治天下《アメノシタシラス》山部《ヤマベノ》天皇《スメラミコト》」（桓武天皇のこと）（『日本霊異記《にほんりょういき》』第三十九話）のように、若干表現を変えながら長らく使用された。これらの徴証からも、五世紀後半のワカタケル大王の頃までに、大王権力が確立していたことがうかがえる。

地方では五世紀前半、前世紀から引き続き地域を代表する規模の古墳が造営される傾向が続いた。とりわけ吉備地方の中心である岡山県南部地域では、大王墓と肩を並べる規模の造山《つくりやま》古墳（三五〇メートル）と作山《つくりやま》古墳（二八六メートル）〔ゾウザン、サクザンと呼び分けるのが慣例〕が造られた。特に前者は、百舌鳥と古市に営まれた三つの超巨大前方後円墳に匹敵する。吉備地方は瀬戸内航路の要衝なので、朝鮮半島向けの兵員や兵站《へいたん》の集積拠点として莫大な物資や労働力を活用できたからだろう。関東地方最大の太田天神山《おおたてんじんやま》古墳（二一〇メートル、群馬県）や九州地方最大の女狭穂塚《めさほづか》古墳（一七七メートル、宮崎県）が造られたのもこの時期である。

ところが五世紀後半になると、汎列島的な傾向として古墳の数は減少し規模も縮小する。吉備地方も同じで、『日本書紀』には、地元豪族の吉備氏が雄略天皇没後の後継者争いに関与して敗れ、所領を失った伝承（星川皇子の乱）がある。すなわち地方の有力首長たちも、大王に対して徐々に従属の度合いを強めていったのだろう。ワカタケル大王の名を刻む刀剣の出土した稲荷山古墳（埼玉県）と江田船山古墳（熊本県）の所在地から、少なくとも北関東から九州中部までの地域は大王の支配下に置かれていたことが確かめられる。

諸制度の整備

ワカタケル大王の活躍した五世紀後半、大阪平野や奈良盆地の巨大古墳は大王墓およびそれに準じるものに限られるようになった。これは古墳の規模が規制されたためと推測されている。さらに大王墓の規模も縮小した。古墳の大きさを競うことに終止符が打たれ、巨大な墳丘の大王墓を継続的に造営する必要性がなくなったのだろう。次の六世紀には氏《し》姓《せい》制度、部《べ》民《みん》制、屯倉《みやけ》制、国造《こくぞう》《くにのみやつこ》制などヤマト政権の政治制度が整えられていくが、古墳の規模規制は「制度にもとづく統治」の先駆けといえる。またこの頃から、畿内を中心に各地で群集墳が営まれはじめた。これらの被葬者は、技術統轄者や史《ふひと》と呼ばれる事務官僚らを多く含む小豪族層で、とりわけそうした分野に長じた渡来系氏族も多くいた。大王は彼らを組織しながら国制の整備をすすめたのである。

氏姓制度、部民制、屯倉制、国造制などの成立時期ははっきりしない。六世紀中頃の岡《おか》田《だ》山《やま》一号墳から出土した鉄刀銘文の「各田卩臣（＝額田《ぬかた》部臣《べのおみ》）」は、氏姓制度と部民制の存在を裏付ける（稲荷山鉄剣銘文の「乎獲居《ヲワケ》臣」の「臣」は姓《かばね》とは認め難いという評価もある）。また六世紀末の実態を記した『隋書』倭国伝には、「軍尼《くに》（国造《くにのみやつこ》のことカ）」や「伊尼翼《いなぎ》（稲置）」といった地方官名が見える。記紀等には、もっとさかのぼる時期に相当する記事も含め記述は豊富だが、その完成時期は新たな制度（律令体制）に切り替わった奈良時代以降であり、旧制度の内容やその制度変遷について、明確な理解が得られるほどの良質な情報は乏しい。加えて、例えば応神天皇からを新王朝とする説を採り、制度の整備はそれから後だとの見通しに立つなら、応神朝頃より以前の制度関係記事は一律に虚構として除外される。

こうした史料批判の手続を通して、屯倉は五世紀末にはじまり六世紀前半に本格化した、あるいは国造制は五二七～五二八年の磐井《いわい》の乱以降に整ったという見解が有力である。

しかし一方で、稲荷山鉄剣や江田船山大刀の銘文中にある「杖刀人《じょうとうじん》」や「典曹人《てんそうじん》」は、部民制や伴造制などの先行制度として想定されてきた人制《ひとせい》の存在を裏付けた。また稲荷山鉄剣銘文は、作製主体の乎獲居《ヲワケ》が「上祖《かみつおや》」以来八代仕えてきた自らの「杖刀人首《じょうとうじんのおびと》」（大王に近侍する武力の長）としての「奉事《ほうじ》の根源」を記したものだ。このような言説は「仕奉《しぶ》観念」と呼ばれ、奈良・平安時代の貴族・官人らの氏族伝承でもしばしば氏族のアイデンティティとして言及された。部民制は、大王への奉仕を前提に、王族や豪族が土地と民衆（これらを合わせて「部」と呼ぶ）を分有する制度で、奉仕内容が特定職務に特化している場合、その部を職業部と呼ぶ。一方、特定職業の出仕者（事務官僚や警護者や宮中の諸雑務など）や技術者の集団を伴《とも》と呼ぶ。伴を人的・物的に支える職業部も含めて伴と呼ぶこともある（広義の伴《とも》）。伴造《とものみやつこ》は、大王の周辺にあって伴を管掌し職業部を経営する豪族のことだが、広義では、地方に設定された職業部を経営する地元豪族も含める。

以上のような部民制や伴造制の特質が、人制の段階でどれだけ備わっていたのか裏付ける材料はない。ただ、少なくとも豪族らが大王から継続的に職務を請負うことの行われていたことは確実であり、それを支える土地や民衆の領有についても、何らかの制度を想定する方が自然だろう。

記紀等の記事を禁欲的に扱うなら、諸制度の成立が確実視されるのはやはり六世紀以降であり、それ以前について具体的に論じることは難しい。しかしここまで述べてきた大王権力の確立の過程を考慮するなら、それらは五世紀末や六世紀前半にいきなり出来上がるのでなく、先行制度の存在を前提にパースペクティヴを見込みつつ論じる必要がある。

†オホド大王の即位

オホド大王（『日本書紀』は「男大迹天皇《オホドノスメラミコト》」＝継体天皇）が即位したのは、六世紀初頭（『日本書紀』の紀年では五〇七年）のことである。記紀等によれば、応神天皇の傍系の五代目で、直近四代の父祖たちは近江や越前を拠点にもち、地元豪族と婚姻関係を結んでいたという。そこから「応神の子孫」を造作とみなし、北陸や近江を本拠に勢力を伸ばした有力地方豪族が新王朝を立てたとの見方が強い。系譜の切れていた確実な証拠はないのだが、事実としてこの時期の大王位継承は不安定だったようだ。記紀の所伝でも、雄略（ワカタケル）から継体（オホド）に至る五回の継承で、雄略に粛清された王族の忘れ形見で播磨に身を隠していた仁賢・顕宗の兄弟が相次いで即位したり、暴虐なふるまいの多い武烈が早世して継体が招かれたりしている。個々の所伝の史実性はさておき、こうした所伝の重なること自体が継承の不安定さを物語る。

不安定な継承は、一見、大王権力の確立や国制の整備と相反する印象を受けるが、例えば、奈良時代の天皇は、律令法に専制君主として位置づけられ強大な権力を獲得したものの、そのことがかえって度重なる政争を惹起し、繰り返される粛清の果てに皇位継承候補者が払底して傍系の光仁天皇の即位に至った。この時期も、大王権力の強化がかえって後継者の選定をめぐる問題を深刻化させて、継承を不安定なものにしたのだろう。

地方に大きな独自基盤をもつオホドの即位は、仮に系譜がつながっていたとしても、新王朝の成立と評価して差し支えないほどの政治変動だった。『日本書紀』によれば、即位後のオホドは河内や山背（山城）の宮を転々として十九年後にようやく大和に宮を置いたという。また、オホドの葬られた今城塚《いましろづか》古墳（一九〇メートル、大阪府）は、従来の大王墓造営地（河内、和泉や大和）から離れた摂津の三島古墳群に造られた。これらのことから旧勢力の根強い抵抗を想定する見解もある。

ところが一方で、オホド勢力を支えた近江や北陸を基盤とする地方豪族や、彼らを母方とするオホドの一族の政権内における存在感は、とても「征服者」とは思えないほど希薄だ。このことについて、『日本書紀』などの史料の紀年の齟齬に着目して、オホドの三人の息子のうち、母方が近江勢力の血を引く安閑《あんかん》・宣化《せんか》と、旧来の大王の血を引く欽明《きんめい》との二つの王朝の併存期間があり、それを収拾して欽明朝が確立したとの説が古くから行われている。しかしこの時期は中国の暦を本格的に採用する直前で、紀年の混乱は充分ありうることだ。『日本書紀』の描くような、安閑・宣化が欽明の成長するまで中継ぎ的に即位したストーリーを認めるかどうかは別として、奈良盆地や大阪平野を基盤とする有力豪族が中枢を形成する政権構造は「新王朝成立」後も基本的に変わらなかった。そして欽明の長期政権のもとで王権はようやく安定した。

前述のように、五世紀後半以降の地方の大型古墳は数も規模も縮小傾向にあった。七世紀初頭まで大型古墳造営の継続した関東地方や、筑紫君磐井《つくしのきみいわい》の墓とされる岩戸《いわと》山《やま》古墳（六世紀前半、一三五メートル、福岡県）、東海地方最大の断夫《だんぷ》山《さん》古墳（六世紀前半、約一五〇メートル、愛知県）などの例はあるが、地域限定的、断続的である。古墳の規模規制の導入に加え、ヤマト政権の諸制度と結びつけられたことで地域内の政治秩序は安定化へと向かい、大型古墳を築いて地元の人々に権威を訴える必要性は薄らいでいったのだろう。

　そうした中で五二七年に磐井の乱が勃発した。筑紫君磐井は北九州の有力首長で、中央へ出仕した経験もあった。彼は新羅と手を組んで、ヤマト政権の新羅征討をさえぎるようにして蜂起した。『古事記』はこの時期の具体的事件についてほとんど言及しないが、この乱については触れており、政権を揺るがす大反乱だったことは間違いない。彼のヤマト政権に対する独立性について高く評価する見解もあるが、彼をはじめとする北九州の地方首長は、前々世紀以来、朝鮮半島へ送る兵員や兵站を最前線でつかさどっていた。その勢力は、ヤマト政権との密接な関係において築かれたことも併せて考慮せねばならない。

　磐井の乱の鎮圧後、大王の直轄領である屯倉の設置が本格化した。『日本書紀』には五三四年のこととして、ヤマト政権が武蔵国造の後継争いに介入して屯倉の設置を果たした記事（武蔵国造の乱）もあり、地方支配はいっそう確実なものになった。とはいえ、各地の地域内秩序については、六世紀以降も含めて国造をはじめとする地元の首長らによる自立性が保たれていたとみてよい。屯倉にしても部民にしても、現地で直接経営にあたるのは地元の首長層だった。彼らの支配する民衆に対してヤマト政権が直接把握を試みるのは、七世紀中頃の評制施行以降のことである。

　一方で、朝鮮半島におけるヤマト政権の勢力は後退の一途をたどった。半島南部の加耶地域は小国の集まりで、ヤマト政権の影響力を背景にそれぞれ独立を維持していたが、この時期、急速に台頭する新羅への帰属を深めていった。また、五世紀後半にいったん高句麗に滅ぼされて都を南遷した百済は、南進に活路を求めた。そして友好関係にあるヤマト政権に対して、加耶地域の一部併呑の承認を求めた（「任那《みまな》四県の割譲」など）。ヤマト政権は軍事と外交の手段をつくして加耶地域の保全を試みたが、五六二年に大伽耶国が新羅に吸収されて加耶諸国は消滅した。

新羅の急成長の背景として、法興王（在位五一四〜五四〇）が梁と通交して法令と官人制度の整備に着手し、氏族や地域を越えて共有可能な思想基盤として仏教を公認し、保護したことが大きい。それを継承した真興王（在位五四〇〜五七六）は、高句麗と百済を破って百済の旧都漢城の地域を確保し、朝鮮半島西岸にまで版図を拡げた。五七〇年、長年対立してきた高句麗とヤマト政権との通交がはじまるが、互いに新羅の強大化を意識してのことだろう。

ヤマト政権は、百済から儒学者である五経博士の定期的派遣を受け（『日本書紀』は初回を五一三年とする）、中国的教養の本格的摂取にようやく取り組みはじめた。さらに五三八年（五五二年説もある）には百済の聖明王《せいめい》から仏像と経典を贈られた。しかし、これらを活用した国政改革が本格的に展開するのは、数十年後の推古朝まで待たねばならなかった。

さらに詳しく知るための参考文献

考古学関係の文献

白石太一郎『古墳からみた倭国の形成と展開』（敬文舎、二〇一三）……倭国の成立と古墳時代に関する七回講義形式の概説。古墳時代中・後期については、一瀬和夫「倭国の古墳と王権」（鈴木靖民編『日本の時代史2　倭国と東アジア』吉川弘文館、二〇〇二）がまとまっている。

岸本直文編『史跡で読む日本の歴史2　古墳の時代』（吉川弘文館、二〇一〇）……古墳だけでなく多彩な近年の考古学的成果を取り上げた、初学者にも読みやすい論文集。生産遺跡については、同書にも名を連ねる菱田哲郎「古墳時代の社会と豪族」（『岩波講座日本歴史　第1巻　原始・古代1』岩波書店、二〇一三）も。

一瀬和夫・福永伸哉・北條芳隆編『古墳時代の考古学』全十巻（同成社、二〇一一〜一四）……研究者向けの専門性の高い分野別論文集。

都出比呂志『古代国家はいつ成立したか』（岩波新書、二〇一一）……著者の提唱した前方後円墳体制をわかりやすく説明したもの。広瀬和雄『前方後円墳の世界』（岩波新書、二〇一〇）は、古墳の宗教・祭祀的な意味について積極的に論じる。

文献史料にもとづく古代史関連の文献

大津透『天皇の歴史01　神話から歴史へ』（講談社、二〇一〇）

吉村武彦『シリーズ日本古代史②　ヤマト王権』（岩波新書、二〇一〇）

仁藤敦史「倭国の成立と東アジア」（『岩波講座日本歴史　第1巻　原始・古代1』岩波書店、二〇一三）

……戦後歴史学において四〜五世紀史のメインストリームをなしたのは、井上光貞の崇神王朝論や応神王朝論だが（井上『日本の歴史1　神話から歴史へ』中公文庫、一九七三）、大津および吉村の著作は、新たな研究成果を踏まえつつそれを継承・発展させたもの。一方、仁藤論文は、記紀をより抑制的に評価する立場からの概説。なお本章は、天皇系譜の評価や王朝交替説については意図的に言及を避け、「ヤマト政権中枢」の展開過程を中心に叙述した。この時代の議論を深めるためには、天皇系譜の評価をいったん棚上げにした方が建設的と思うからだが、記紀や天皇系譜の評価をめぐる現段階については、以上にあげた三つを参考にされたい。

大橋信弥『継体天皇と即位の謎』（吉川弘文館、二〇〇七）……オホド大王の系譜が切れているという立場を所与の前提とすれば、説得力のある出自論が展開されている。一方、水谷千秋『謎の大王　継体天皇』（文春新書、二〇〇一）は、系譜がつながっている立場からの継体天皇論。

田中俊明「朝鮮三国の国家形成と倭」（『岩波講座日本歴史　第1巻　原始・古代1』岩波書店、二〇一三）……古墳時代前後の朝鮮三国の情勢および倭国との関係についての概説。李成市「新羅の国家形成と加耶」（鈴木靖民編『日本の時代史2　倭国と東アジア』吉川弘文館、二〇〇二）は新羅史を軸に叙述する。森公章『戦争の日本史1　東アジアの動乱と倭国』（吉川弘文館、二〇〇六）は、倭国に軸足をおいた著作だが、朝鮮三国の記述も詳細にわたる。

第3講

蘇我氏とヤマト王権

鈴木正信

†蘇我氏とは

かつて蘇我氏は大化改新で討たれた「逆臣」として理解されることが多かった。しかし、現在ではその実像が見直され、古代国家の形成に大きな役割を果たした側面が再評価されている。ここ数年でも蘇我氏に関連する書籍が立て続けに刊行されており（吉村二〇一五、倉本二〇一五、佐藤二〇一六、平林二〇一六）、この氏族に対する関心の高さがうかがえる。本講では六世紀前半から七世紀中葉までを対象とし、蘇我氏本宗家（稲目《いなめ》―馬子《うまこ》―蝦夷《えみし》―入鹿《いるか》の直系四代）とヤマト王権との関わりを概観する。

†出自と本拠

蘇我氏は孝元天皇の曾孫に当たる武内宿禰《たけしうちのすくね》の子の石川宿禰を始祖とし、満智《まち》、韓子《からこ》、馬背（高麗《こま》）と続き、その子が稲目と伝えられる。ただし、武内宿禰は景行から仁徳まで五代の天皇に仕えたとされる伝承上の人物である。石川宿禰から馬背までの系譜も、蘇我氏本宗家が乙巳《いっし》の変で滅亡した後に架上された可能性が指摘されている（志田諄一『古代氏族の性格と伝承』雄山閣、一九七一）。稲目以前の人物はあくまでも伝承の域に留まると見るべきである。では、蘇我氏はどのようにして歴史上に登場してきたのであろうか。

蘇我氏の出自および本拠については、大和国高市《たかいち》地方（奈良県橿原市曽我町一帯）とする説、大和国葛城地方（奈良県御所《ごせ》市・葛城《かつらぎ》市一帯）とする説、河内国石川地方（大阪府富田林《とんだばやし》市東部・南河内郡一帯）とする説、百済から到来した渡来人とする説などがある。このうち渡来人説は百済の高官であった木満致《もくまんち》と蘇我満智を同一人物と見なすものであるが（門脇禎二『飛鳥――その古代史と風土』吉川弘文館、二〇一二、初版一九七七）、現在ではほぼ否定されている。一方、河内国石川地方説は蘇我石川宿禰が河内国石川郡の別業で生まれたとする伝承（『日本三代実録』元慶元年〔八七七〕十二月二十七日癸巳条）に注目するが（黛弘道『律令国家成立史の研究』吉川弘文館、一九八二）、この地は蘇我氏の同族に当たる蘇我倉氏の本拠と考えられる。

残る二説のうち、大和国高市地方説は石川宿禰の家が「大和国高市県蘇我里」にあったと伝えられることや（『紀氏家牒』）、この地に宗我坐宗我都比古《そがのそがつひこ》神社が鎮座すること、蘇我

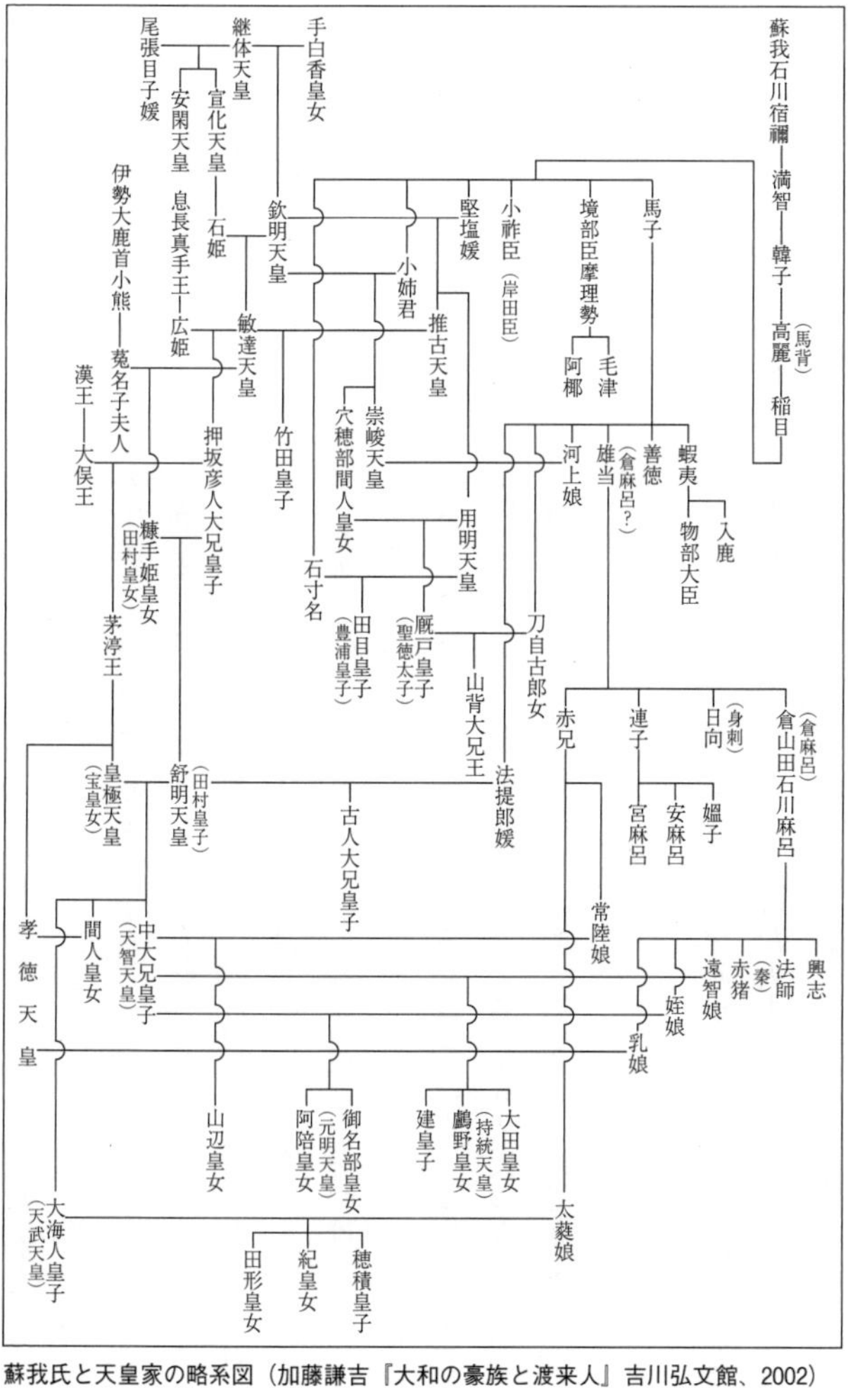

蘇我氏と天皇家の略系図（加藤謙吉『大和の豪族と渡来人』吉川弘文館、2002）

氏のような臣姓を称する氏族は本拠地名をウジナとする例が多いことなどを根拠とする。一方、大和国葛城地方説では、蘇我馬子が葛城地方は自分の「本居《うぶすな》」（出身地）であり、氏の姓名も葛城《かずらき》地方に由来すると主張していることや（『日本書紀』推古三十二年〔六二四〕十月条）、蘇我蝦夷が葛城の高宮に祖廟を立てていること（『日本書紀』皇極元年〔六四二〕是歳条）などを重視する。葛城地方には五世紀代に大きな勢力を誇った葛城氏が存在したが、五世紀後半に没落したと見られており、六世紀以降には顕著な活躍が知られなくなる。このことから五世紀代に葛城氏を構成した集団の一部がその本宗家の没落後に力をつけ、大和国高市地方に進出して蘇我氏として独立したとする説が有力である（加藤一九八三）。たしかに大和国高市郡に葛木寺（橿原市和田町の和田廃寺に比定）が建立されていることや、後述する屯倉経営において葛城地方を拠点とする尾張氏・葛城山田氏などが蘇我氏のもとで活躍していることからも、蘇我氏と葛城地方との強い結びつきをうかがうことができよう。

†台頭とその背景

蘇我氏本宗家の中で実在が確認できる最初の人物は、宣化元年（五三六）に大臣に任命された稲目《いなめ》である。当時は畿内有力氏族の中から選任された大夫層（大連・大臣〈オホマヘツキミ〉―大夫〈マヘツキミ〉）の合議によって諸政策が決定されていた（倉本一宏『日本古代国家成立期の政権構造』吉川弘文館、一九九七)。稲目が大臣の地位に就いた背景には、前述のとおり葛城氏の勢力基盤を継承したことが想定される。また、蘇我満智が雄略朝に王権の三蔵(斎蔵・内蔵・大蔵)を管掌し、その配下で秦氏や東漢氏・西文氏が実務を担ったとの伝承がある(『古語拾遺』)。これをそのまま史実と見ることはできないが、渡来系氏族を組織して王権の財政を掌っていたことも蘇我氏が台頭した要因の一つと考えられる(熊谷公男「蘇我氏の登場」黛弘道編『蘇我氏と古代国家――古代を考える』吉川弘文館、一九九一)。

　稲目は娘の堅塩媛と小姉君を欽明天皇の妃として計十八名の皇子女の外祖父となり、その中からは用明・崇峻・推古の三人が天皇となった。『上宮《じょうぐう》聖徳《しょうとく》法王《ほうおう》帝説《ていせつ》』は欽明から推古までの各天皇が「他人を雑《まじ》ふることなく、天下を治しき」と記しており、「天寿国繍帳銘」でも欽明天皇にはじまる王統譜と、蘇我稲目にはじまる蘇我氏の系譜を掲げている。後世の人々にとって欽明と稲目の世代は天皇を輩出する血統が限定され、皇位継承の基盤に血縁原理が導入された画期として認識された(大平聡「世襲王権の成立」鈴木靖民編『日本の時代史』二、吉川弘文館、二〇〇二)。天皇家の側も新興の蘇我氏との連携により、権力基盤の安定・強化をはかる狙いがあったと見られる(日野昭『日本古代氏族伝承の研究』永田文昌堂、一九七一)。

　稲目の顕著な活躍が知られるのは屯倉《みやけ》の経営においてである。屯倉とは王権の直轄地を指し、本来は田地や倉庫群からなる農業経営体を意味するが、政治的・軍事的な拠点（舘野和己「屯倉制の成立」『日本史研究』一九〇、一九七八）や、貢納・奉仕関係の拠点（仁藤敦史『古代王権と支配構造』吉川弘文館、二〇一二）としての機能を持つものもあった。稲目は筑紫の那津屯倉、吉備の白猪《しらいの》屯倉・児島屯倉、大和の韓人大身狭《おおむさ》屯倉・高麗人小身狭《こむさ》屯倉の設置に関与したと伝えられる。このうち白猪屯倉では百済系渡来人を派遣して田部丁籍《たべのよほろのふみた》（耕作者の戸籍）を定めており、大身狭屯倉・小身狭屯倉でも百済・高句麗出身者を田部に編成している。蘇我氏は渡来人の能力を活用することで屯倉経営を推進したのである。

†仏教公伝と崇仏論争

『上宮聖徳法王帝説』や『元興寺《がんごうじ》伽藍縁起幷流記資財帳《がらんえんぎあわせてるきしざいちょう》』によれば欽明天皇の戊午年（五三八）、『日本書紀』によれば欽明十三年（五五二）に、百済の聖明王から欽明天皇へ釈迦仏の金銅像などが贈られた。仏教の公伝である。欽明が仏教を受容すべきかを群臣に尋ねたところ、蘇我稲目は「西蕃《にしのとなりのくに》の諸国、一に皆礼《うやま》ふ。豊秋日本、豈独り背《そむ》かんむや」と述べて仏教の受容を主張した。一方、物部尾輿《もののべのおこし》らは「蕃神《あたしくにのかみ》を拝みはたまはば、恐るらくは国神の怒を致したまはふ」と述べて反対した（『日本書紀』欽明十三年十月条）。欽明は稲目に試験的に仏教を崇拝させたが、直後に疫病が発生したため、物部・中臣《なかとみ》両氏は仏教を崇拝したことによる国神の怒りであると奏上し、欽明は仏像の廃棄を命じた。

欽明三十一年（五七〇）に稲目が没すると、その子の馬子が大臣の地位を継承した。馬子は敏《び》達《たつ》十三年（五八四）、弥勒石像を仏殿に安置して法会《ほうえ》を催し、渡来人の司馬達等の娘ら女性三人を出家させて尼とした。しかし、翌年に再び疫病が流行したため、物部守屋らはその原因が仏教にあると敏達天皇に奏上し、またもや仏教は禁止された。この時には物部・三輪・中臣の三氏が寺塔や仏像を破壊しようとしたとも伝えられる。敏達十四年（五八五）に敏達が崩御した際には、殯宮で蘇我馬子と物部守屋が激しく罵り合ったという。

敏達の後を継いだ用明天皇は即位後ほどなくして病気となり、「朕、三宝に帰《よ》らむと思ふ」と述べて群臣たちに協議させた（『日本書紀』用明二年〔五八七〕四月丙午条）。物部守屋らは強硬に反対したが、これに賛成する馬子の意見が聞き入れられた。ここに至って蘇我氏と物部氏との対立が顕在化し、物部守屋は本拠地に帰って軍備を固めた。七日後に用明が崩御すると、馬子は多くの皇族・群臣からなる軍勢を派遣して討伐を行った。守屋は砦を築いて応戦したが最期は射殺され、蘇我氏と物部氏の争いは終結した。この戦いは丁未《ていび》の乱などと呼ばれる。

かつてはこの対立を仏教の受容を進める崇仏派の蘇我氏と、神祇《じんぎ》祭祀を専らとする物部・中臣・三輪各氏ら排仏派との宗教をめぐる争いとする見方が主流であった。しかし、蘇我氏が渡来系氏族を介して物部氏の勢力圏へ侵攻してきたことにはじまる政治権力争いとする説や（佐伯有清『日本の古代国家と東アジア』雄山閣出版、一九八六）、皇位継承に関わる争いと見る説も出されている（塚口義信「葛城県と蘇我氏 上・下」『続日本紀研究』二三一・二三二、一九八四）。そもそも当時の支配層は仏教を国家支配の思想的基盤ではなく、百済からの贈り物の一つととらえていたに過ぎなかったとの指摘もある（本郷真紹「仏教伝来」吉村武彦編『継体・欽明朝と仏教伝来――古代を考える』吉川弘文館、一九九九）。また、物部氏の拠点では石上廃寺（奈良県天理市石上町）や渋川廃寺（大阪府八尾市渋川町）が発掘され、物部氏も仏教を受容していたことが明らかになってきた。さらに、『日本書紀』は物部・三輪・中臣の三氏を排仏派として一括するが、このうち三輪氏は実際には蘇我氏に近い立場をとっていたと考えられる（拙著『大神氏の研究』雄山閣、二〇一四）。

これらの点からしても従来の崇仏派・排仏派という対立軸は再考の余地がある。後述するように飛鳥寺の建立が丁未の乱後に開始されていることからすれば、蘇我氏が進める仏教政策に物部氏が反対していたのは事実と思われるが、両氏の争いは急速に台頭してきた蘇我氏とそれを危惧する物部氏との政治的な対立に端を発すると見るのが妥当であろう。

†崇峻暗殺と推古即位

用明天皇の崩御を受けて、馬子の甥に当たる泊瀬部《はつせべ》皇子が即位して崇峻天皇となった。この時期の政策で注目すべきは、崇峻二年（五八九）に東山道・東海道・北陸道へ使者を派遣して諸国の境界を画定したことである。ここで言う境界とはヤマト王権の地方官である国造が管掌する国（国造国）の境を指しており、この政策は東日本への国造制の実施を示すと考えられる（篠川賢『日本古代国造制の研究』吉川弘文館、一九九六）。また、国境の画定には境合部《さかいべ》が従事しており、その境合部を中央で管掌したのは蘇我氏同族の境部氏であった（平林章仁「国造制の成立について」『龍谷史壇』八三、一九八二）。境部氏の氏上は馬子の弟の摩理勢であり、彼は一族の中で本宗家の馬子に次ぐ地位にあったと見られる。蘇我氏は前述の屯倉制に加え、境部氏を通して国造制の整備にも積極的に関与したと言える。

崇峻《すしゅん》天皇は大連を置かず、馬子を大臣に再任した。欽明朝以来、物部氏を大連、蘇我氏を大臣とする体制が続いていたが、ここに来て蘇我氏が単独で合議制の頂点に立つことになった。崇峻の宮は山間部の倉梯柴垣宮《くらはしのしばがきのみや》（桜井市倉橋に比定）に置かれ、政治の実権は馬子が握った。この状況に不満を持った崇峻は、山猪が献上された際に「この猪の頸を断《き》るが如く、朕が嫌《ねた》しとおもふ所の人を断らむ」と述べた（『日本書紀』崇峻五年〔五九二〕十月丙子条）。このことを伝え聞いた馬子は、配下の東漢駒《やまとのあやのこま》に命じて崇峻を暗殺した。臣下による天皇の殺害はこれが史上唯一であり、この事件が蘇我氏を「逆臣」とする後世の歴史観の一因となったと考えられる。しかし、『日本書紀』には馬子に対する批判的な叙述がなく、群臣が動揺した様子もない。崇峻暗殺の背後には群臣層の支持があったと推定される（佐藤長門『日本古代王権の構造と展開』吉川弘文館、二〇〇九）。

崇峻の後は馬子にとって姪に当たる額田部皇女が即位し推古天皇となった。推古は「朕は蘇何《そが》より出でたり」と述べており（『日本書紀』推古三十二年十月条）、蘇我氏への高い帰属意識を持っていたことがうかがえる。推古が営んだ豊浦宮と小墾田宮《おはりだのみや》は蘇我稲目の向原家と小墾田家の所在地にあり、特に前者は稲目の邸宅の一部を継承した可能性がある（大脇潔「蘇我氏の氏寺からみたその本拠」堅田直先生古希記念論文集刊行会編『堅田直先生古希記念論文集』真陽社、一九九七）。このことも推古と蘇我氏の緊密性を示している。

推古朝の蘇我氏

かつて推古朝の政策は偉人たる「聖徳太子」が主導したと理解されてきたが、現在はその人物像や業績に対して後世の信仰の観点などから再検討が進められている（大山誠一『〈聖徳太子〉の誕生』吉川弘文館、一九九九）。「聖徳太子」ではなく厩戸皇子や厩戸王と表記されることが多くなり、政治体制も推古の主体性や馬子の発言力が改めて評価されている。『上宮聖徳法王帝説』には「小治田宮に宇御《あめのしたしらしめ》す天皇の世に、上宮厩戸豊聰耳命、嶋大臣と共に天下の政を輔《たす》けて、三宝を興隆し、元興・四天皇《（ママ）》等の寺を起て、爵十二級を制す」とあり、この記述のように推古・厩戸・馬子の三人が政治権力の中心を構成したと理解するのが妥当である。推古朝には重要政策が多く打ち出されたが、ここでは蘇我氏との関連から以下の二つを取り上げたい。

　第一は飛鳥寺（法興寺）の建立である。推古二年（五九四）に推古天皇は厩戸皇子と蘇我馬子に対して仏教興隆の詔を発した。この詔は長年にわたる仏教をめぐる論争に終止符を打ち、仏教の公的受容を宣言したものと位置づけられる。また、寺院を建立することは権力の誇示や先進文化の摂取のためだけでなく、王権への恭順を示す誓約としての意味もあり（川尻秋生「寺院と知識」上原真人ほか編『列島の古代史』三、岩波書店、二〇〇五）、その先頭に立ったのが蘇我氏であった。飛鳥寺は馬子の発願により丁未の乱後の崇峻元年（五八八）に造営が開始され、推古四年（五九六）には伽藍が完成し、推古十四年（六〇六）あるいは同十七年（六〇九）に止利仏師の手になる釈迦如来像（飛鳥大仏）が安置されたと伝えられる。伽藍配置は国内ではほかに例を見ない一塔三金堂様式であり、これは高句麗の清岩里《せいがんり》廃寺《はいじ》などと共通するが、近年では百済扶余《ふよ》に建立された王興寺の塔心礎や埋納物との類似点も指摘されており（鈴木靖民編『古代東アジアの仏教と王権』勉誠出版、二〇一〇）、朝鮮諸国の寺院の要素が融合的に取り入れられたと見るのが適切である（速水侑『日本仏教史　古代』吉川弘文館、一九八六)。また、この寺は蘇我氏の氏寺としての性格を持つと同時に、僧尼統制のための機関が置かれるなど国家的な寺院としての面も有していた。飛鳥寺の建立は蘇我氏の政治的権威を宗教的権威から補強する役割を担ったと言える(加藤謙吉「蘇我氏と飛鳥寺」狩野久編『古代寺院――古代を考える』吉川弘文館、一九九九)。

第二は推古十一年(六〇三)に制定された冠位十二階である。これは徳・仁・礼・信・義・智の徳目を大小に分けた十二階の冠位を個人の能力に応じて与えるものであったが、厩戸皇子と蘇我馬子は冠位を制定・授与する側とされ、大臣には紫冠が授けられたと推定される。これは大臣として群臣を代表する立場にあった蘇我氏が、王権を代行し得る特別な立場を獲得したことを意味する。ただし一方では非群臣層の中からも高位に就く者が現れ、従来の群臣層の政治的地位の相対的な低下をもたらすこととなった。こうした新しい秩序に対する不満が群臣層の間に蓄積され、蘇我氏が朝廷の中で孤立する契機となった(佐藤二〇一六)。

†蝦夷と入鹿の登場

大夫《まえつきみ》層の合議には畿内有力氏族から一人ずつ代表者を出すのが原則であった。しかし、推古十八年(六一〇)に新羅・任那の使節を迎えるために行われた外交儀礼には、大臣の馬子に加えて大夫として子の蝦夷《えみし》が参加していた。また、蘇我氏は前述した蘇我倉氏や境部氏をはじめとして小治田・久米・桜井・田中・箭口・岸田・御炊《みかしき》・河辺・高向・田口ら各氏を蘇我氏の一族から独立させ、これらの代表者も合議の構成員として送り込んだ。そして、その合議を本宗家の馬子が大臣として主導することにより権力を掌握したのである（倉本二〇一五）。推古三十四年（六二六）に馬子が没すると、新たに大臣に任命された蝦夷がこの体制を継承した。

推古三十六年（六二八）、推古天皇の崩御を受け、蝦夷は群臣を集めて後継者を決めるための合議を催し、敏達天皇の孫の田村皇子を推挙した。田村皇子は蘇我氏の血を引いていなかったが、蝦夷の妹の法提郎媛《ほてのいらつめ》との間に古人大兄皇子を儲けており、蘇我氏本宗家としては将来的にこの古人大兄皇子の即位を目論んでいた。これに対して蝦夷の叔父に当たる境部摩理勢《さかいべのまりせ》らは、厩戸皇子の子の山背大兄王を推薦した。蝦夷は摩理勢の説得を試みたが不調に終わり、軍勢を差し向けて摩理勢を討伐した。また、この時の合議では蝦夷の弟に当たる蘇我倉氏の倉麻呂（雄当）も最後まで態度を保留した。馬子から蝦夷への代替わりにともない蘇我氏の同族たちが独自の動きを見せ、一族の結束に弛緩が生じてきたことがうかがえる（水谷千秋『謎の豪族蘇我氏』文藝春秋、二〇〇六）。

蝦夷の支持を得た田村皇子は、即位して舒明天皇となり飛鳥岡本宮を営んだ。この宮は飛鳥宮跡（明日香村岡）の下層遺構（Ⅰ期）に該当すると見られる。舒明八年（六三六）に飛鳥岡本宮が焼亡すると舒明は田中宮（橿原市田中町付近に比定）へ遷り、さらに舒明十一年（六三九）には百済大宮・百済大寺の造営を宣言した。その造営には東国・西国の民衆、あるいは近江国や北陸地域の民衆が徴発されており、前述の国造制にもとづいて広範囲の人々が動員されたと考えられる（篠川賢『飛鳥と古代国家』吉川弘文館、二〇一三）。これらは奈良県広陵町百済に比定されていたが、近年の発掘により吉備池廃寺（桜井市吉備）が百済大寺であることが確定的となり、百済大宮もその付近に存在したと推定される。この地は蘇我氏の拠点である飛鳥周辺から離れており、かつて継体・欽明・敏達の各天皇が宮を構えた地であった。

また、吉備池廃寺は広大な伽藍と巨大な金堂・九重塔などを備え、飛鳥寺をはじめとする当時の寺院とは隔絶した規模を誇った。天皇家の蘇我氏への対抗意識の表れであろう。蘇我氏に擁立されて即位した舒明も、やがて蘇我氏の影響下からの脱却を志向するようになったと見られる（森公章「倭国から日本へ」同編『日本の時代史』三、吉川弘文館、二〇〇二）。

舒明天皇が崩御すると、皇后の宝皇女が即位して皇極天皇となった。蝦夷は引き続き大臣に任命されたが、この頃から蝦夷の子の入鹿が史上に登場してくる。入鹿は師の僧旻によって「吾が堂に入る者、宗我太郎に如く者なし」と評され（『藤氏家伝』）、その権威は父の蝦夷を凌ぐものであったとも伝えられる。皇極二年（六四三）、蝦夷は病のため入鹿に紫冠を授けて大臣の位に擬した。これは実質的な譲位であり、以降は入鹿が蘇我氏を率いることとなった。

同年、入鹿は兵を派遣して斑鳩宮《いかるがのみや》に山背大兄王《やましろおおえのおう》を襲撃し、上宮王家《じょうぐうおうけ》一族を滅亡させた。この事件については「蘇我臣入鹿、独り謀りて上宮の王等を廃てて、古人大兄を立てて天皇とせむとす」とあり（『日本書紀』皇極二年十月戊午条）、古人大兄皇子の即位を目指す入鹿の独断的な行動であったと記されている。しかし、この襲撃には軽皇子（のちの孝徳天皇）をはじめ多くの皇族や群臣たちが加わっていたとする史料も多く、その中には中大兄皇子や中臣鎌足も含まれていた可能性がある（亀井輝一郎「上宮王家と中大兄皇子」『日本書紀研究』一五、一九八七）。上宮王家の排除は入鹿の独断ではなく、権力集中を目指す朝廷の方針で実施されたと理解すべきであろう。

乙巳の変とその背景

皇極紀には蘇我氏の専横が伝えられている。皇極元年には蝦夷が八佾《やつら》の舞を催したとあるが（『日本書紀』皇極元年十二月是歳条）、この舞は中国では皇帝が行うものであり臣下には許されていなかった。また、寿墓として「双墓《ならびのはか》」を造営し、蝦夷の墓を「大陵《おおみささぎ》」、入鹿の墓を「小陵《こみささぎ》」と呼ばせた（同上）。さらに皇極三年（六四四）には甘樫丘に邸宅を築き、蝦夷の邸宅を「上の宮門《みかど》」、入鹿のそれを「谷《はざま》の宮門」と呼び、自分たちの子供を「王《み》子《こ》」と呼ばせたという（『日本書紀』皇極三年十一月条）。「陵」「宮門」「王子」などの語は天皇家にのみ用いられる語であり、臣下がこれを称するのは不敬とされる。

こうした蘇我氏の振る舞いに多くの人々が不満を募らせていた。その一人であった中臣鎌足は飛鳥寺で行われた蹴鞠で中大兄皇子に接近し、入鹿の従兄弟に当たる蘇我石川麻呂も味方に組み入れた。石川麻呂は蘇我倉氏の人物で、推古の後継選定の際に態度を保留した倉麻呂の子である。そして、皇極四年（六四五）に飛鳥板蓋宮《あすかいたぶきのみや》で三韓の調（朝鮮諸国からの貢物）が献上される儀式において、参列していた入鹿を中大兄皇子らが急襲した。斬られた入鹿は「臣《やつこ》罪を知らず」と訴えたが、中大兄皇子は皇極天皇に対して「鞍作《くらつくり》、天宗《きみたち》を尽に滅ぼして、日位《ひつぎのみくらゐ》を傾けむとす。豈天孫《あめみま》を以ちて鞍作に代へむや」と訴えた（『日本書紀』皇極四年六月戊申条）。鞍作とは入鹿の別名である。この言葉を聞いた皇極は殿中に退き、入鹿は殺害された。その遺体は蝦夷に引き渡され、翌日には蝦夷も邸宅に火を放って自害した。これにより四代にわたって大臣を世襲した蘇我氏本宗家は滅亡した。入鹿が擁立を企てた古人大兄皇子ものちに謀反を疑われ斬殺された。これら一連の政治的なクーデターを乙巳《いつし》の変と呼び、翌年から開始される政治改革（大化改新）と区別してとらえるのが現在では一般的である。

上述した『日本書紀』の文脈によれば、蘇我氏は専横をきわめ皇位をも簒奪しようとしたために誅殺されたことになっている。しかし、これらの記事には中国・朝鮮半島の文献による修飾が非常に多く見られ、蝦夷・入鹿を討った中大兄皇子や中臣鎌足らを正当化するための『日本書紀』編者による潤色が加えられている可能性が高い。乙巳の変の実態は国外・国内の情勢を踏まえて複合的に読み解く必要がある。

まず、六四四年には高句麗において泉蓋蘇文《せんがいそぶん》が栄留王《えいりゅうおう》を殺害して権力を掌握するという政変が勃発しており、同時期には百済と新羅でも政治的な混乱が生じていた。このように緊迫化する朝鮮半島情勢を受けて、当時の支配者層に外交方針をめぐる意見の対立があったことが想定されている（石母田正『日本の古代国家』岩波書店、一九七一）。また、乙巳の変はまずもって古人大兄皇子を推す蘇我氏本宗家と、軽《かるの》皇子・中大兄皇子の支持勢力との間に起こった皇位継承争いとして位置づけることができるが（北山茂夫『大化の改新』岩波書店、一九六一）、それは同時に父子直系で大臣の地位を独占した蘇我氏本宗家と、それに不満を持つ蘇我倉氏をはじめとする同族たちとの対立をも内包していた。前述のように大夫層の合議を主導するためには同族の分出が不可欠であったが、境部氏との内訌や蘇我倉氏の造反により蘇我氏本宗家は孤立していったのであり、その意味で蘇我氏本宗家の滅亡の要因は蘇我氏自身の発展過程の中に潜在していたと言うこともできよう。

†その後の蘇我氏

蘇我氏は乙巳《いっし》の変で滅亡したとよく言われる。しかし、この政変で倒れたのはあくまでも蘇我氏本宗家である。そもそも本宗という概念自体、後世の我々が一定の指標をもって後次的にそう呼んでいるに過ぎない（拙著『日本古代氏族系譜の基礎的研究』東京堂出版、二〇一二）。乙巳の変後、蘇我氏の中心は蘇我倉氏へと移ったが、この系統は引き続き大臣を輩出するなど王権内で一定の地位を占め、のちに石川氏へ改姓して後世まで命脈を保った。また、蘇我氏が屯倉《みやけ》制や国造制といった地方支配制度の導入に積極的に取り組んだことは看過すべきでない。特に丁籍《ていせき》による田部《たべ》の管理は律令制的な個別人身支配の先駆形態として評価でき、蘇我氏の開明性を顕著に示している（倉本二〇一五）。ヤマト王権の発展において、蘇我氏が果たした役割は決して小さいものではなかったのである。

さらに詳しく知るための参考文献

加藤謙吉『蘇我氏と大和王権』（吉川弘文館、一九八三）……蘇我氏渡来人説に対する的確な批判を展開し、蘇我氏と大和国葛城地方との関係や各地方への展開過程を考察する。蘇我氏研究の基本文献。

倉本一宏『蘇我氏――古代豪族の興亡』（中公新書、二〇一五）……蘇我氏本宗家の動向に加えて、乙巳の変後の蘇我倉氏（のち石川氏）の足跡を中世までたどる。天皇家と蘇我氏の血縁関係の親密度を示す「蘇我氏濃度」という指標を導入しており分かりやすい。

佐藤長門『蘇我大臣家』（山川出版社、二〇一六）……大臣の地位を世襲した蘇我稲目・馬子・蝦夷・入鹿を「蘇我大臣家」と規定し、外戚関係と群臣合議を重視する視点からその盛衰を読み解く。

遠山美都男『蘇我氏四代――臣、罪を知らず』（ミネルヴァ書房、二〇〇六）……蘇我氏の祖先系譜にはじまり、乙巳の変で蝦夷が自害するまで、蘇我氏本宗家の事績を時系列に描く。

平林章仁『蘇我氏の研究』（雄山閣、二〇一六）……蘇我氏と葛城地方や馬飼集団、崇仏論争をはじめとする物部氏および石上神宮との関係などについて論じている。

吉村武彦『蘇我氏の古代』（岩波新書、二〇一五）……蘇我氏本宗家の事績を中心に、およそ五世紀から八世紀までの政治史・制度史を概説する。蘇我氏と藤原氏の比較も行っており興味深い。

第4講

飛鳥・藤原の時代と東アジア

中村順昭

七世紀後半という時代

七世紀は、豪族連合的なヤマト政権が、天皇を頂点とする官僚制的な国家へと変貌する時期であった。倭国から日本国への国号の変更、大王から天皇への君主号の変更が行われたのもこの時期である。中国では隋・唐の統一国家が強大化し、朝鮮半島では高句麗・百済・新羅の三国鼎立の状態から、新羅による統一へと進んだ時期でもあった。東アジアの激動と倭国・日本の動向は深く関わっていた。

七〇一年の大宝律令制定によって一応の完成をみたとされる日本の律令制は、中国の律令を手本として模倣しながら、多くの部分でそれを改変したものであった。日本の律令制がどのような過程を経て形成されたのかという問題は、古代史研究のなかでもさまざまな議論が行われているところである。

律令制の基軸となるのは、官職と位階による官人制と、戸籍にもとづく公民支配である。どちらも種々の変遷を経て形成されていった。

官人制の面では、七世紀初頭の冠位十二階制が出発点に位置づけられる。ヤマト政権に加わる諸豪族たちを、個人を単位に序列づけたもので、中国の官職の序列である官品制とは異質なものである。日本律令制にも受け継がれ、中国の制度との違いの一つの源流となっている。これまでの研究で明らかにされているように、この冠位は蘇我馬子には与えられず、馬子はむしろ与える側であった。また王族も冠位の対象外であり、七世紀初頭の段階のヤマト政権では、豪族連合の中で王族と蘇我氏が卓越した存在だったことを示している。

†大化改新

六四五年（皇極四、大化元）、中大兄王《なかのおおえ》らによる蘇我蝦夷《えみし》・入鹿《いるか》殺害というクーデタがおこった。いわゆる乙巳《いつし》の変で、それに続くさまざまな改革が大化改新と呼ばれている。その改革の実態については、議論の多い難問となっている。かつて一九五〇年代までは、中大兄王と中臣鎌足らが豪族勢力の代表である蘇我本宗家を滅ぼしたクーデタで、天皇中心の政治体制を築いて律令制形成の最大の画期となったとされていた。しかし、改新の骨格とされる六四六年正月の改新詔《しょう》が『日本書紀』編纂段階で大幅な文飾が加えられていたことが明らかにされ、改新詔の存在自体も疑問視されるようになった。

またクーデタも蘇我氏滅亡でなく、蘇我倉山田石川麻呂は中大兄方に加わり、新政権でも右大臣となったように、蘇我氏のなかの主導権争いの側面がある。またクーデタの中心も、政変後に大王となった軽《かるの》王（孝徳大王）であったとみるべきことが指摘され、また有力な王族である古人王（舒明大王の子。中大兄王の異母兄弟）が政変直後に滅ぼされていて、王族の内部対立の側面も強い。天皇家対蘇我氏という図式でとらえることは困難である。

政変後の政治で、行われたこととしてほぼ確実なのは、①難波への遷都であり、前期難波宮の発掘調査によって確認されている。また②皇極大王が退位して孝徳大王にかわり、阿倍内麻呂が左大臣、蘇我倉山田石川麻呂が右大臣となり、政権中枢部の再編成が行われたこと、③六四七年に十三階冠位、六四九年に十九階冠位と冠位の改定が行われたことも事実として認められるであろう。そして④孝徳大王期に全国的に評制が施行されたことも間違いないところである。

難波遷都は、朝鮮半島の動向とも関わりがある。高句麗では六四二年に泉蓋蘇文《せんがいそぶん》のクーデタによる軍事体制の強化、六四四年からの唐による高句麗侵攻があり、百済と新羅では六四二年からの対立・抗争の激化と、両国それぞれの国内の内紛と軍事強化があった。朝鮮半島情勢の変化に少しでも早く対応するため、奈良盆地の飛鳥ではなく難波に政府の中心を置く必要があった。難波に遷都したといっても飛鳥が放棄されたわけではなく、十年足らず後には飛鳥に戻ったように王族や豪族の拠点は残されていた。

皇極大王の退位は、政変によって失脚させられたものか、それとも皇極自身の意思によるものか判別が難しいが、この退位によって、大王の立場が個人の人格そのものではなく、交代可能な地位になった。のちの天皇は譲位によって継承されることが多くなるが、その初めての例である。

左大臣として阿倍内麻呂が任じられ、それまで卓越した勢力を持っていた蘇我氏が他の豪族と同列に並ぶことになった。さらに六四九年に左右大臣が相次いで没すると、代わって左大臣に巨勢徳陀《こせのとくだ》、右大臣に大伴長徳《ながとこ》が任じられた。連姓の大伴長徳が右大臣となったことから、この大臣は臣姓豪族の最有力者の大臣《おおおみ》ではなく、氏姓の臣とは異なる大臣《だいじん》となったのである。蘇我氏も含む有力豪族が大王の臣下に位置づけられ、相対的に大王や王族の力が高まったことになる。ただし六四七年の冠位十三階の施行にあたって、左右大臣は新しい冠を付けることを拒否して古い冠を用いたといい、まだ大王に抵抗する力を持っていたことも見逃せない。

なお豪族所有の部曲を廃止することが大化改新詔では第一条にあげられているが、これが実際に行われたかは疑問である。ただし中大兄王による名代の献上など、王族所有の部民を収公して政府の直属民とすることで王族の結集が強められたことは確かだろう。

そして、評制施行はのちの公民支配につながる地方行政の改革であった。それまでの国造や地方伴造などは、地方を統治する一方でヤマト政権や王族・中央豪族にみずからも奉仕する立場であったが、評という行政単位を設けて、評の官人となる地方豪族は地方行政に専念させ、中央官人となる者とを分けたのである。

また評の内部では五十戸ごとに二人の仕丁《しちょう》を出す制度が採用された。仕丁は官司に配属される恒常的な雑役夫《ざつえきふ》であるが、難波での宮室造営には他に臨時の役夫《えきふ》徴発も必要であった。六三〇年代に始まる百済大宮・百済大寺の造営でも、それまでにない大規模な造営事業で多くの役夫を動員したと考えられるが、そのような役夫動員の体制作りが評制施行の要因であったと思われる。役夫は、武器を持たせれば兵士ともなるもので、役夫動員体制は軍事体制の強化ともなり、朝鮮半島の情勢変化に対応しようとするものであった。また具体的な内容は詳《つまび》らかでないが、仕丁や役夫の活動を維持するための資養物が必要となり、そのための税制の整備をともなったはずである。

†斉明大王と百済出兵

王族の結集を行った孝徳大王の難波朝廷でも王族の分裂があらわれた。六五三年（白雉三)、中大兄王は飛鳥への遷都を求め、これを拒否する孝徳大王と対立した。中大兄は皇極前大王らとともに諸豪族を引き連れて飛鳥に戻り、孝徳は難波に取り残されることになった。朝鮮半島情勢に少し距離を置いて、飛鳥周辺を拠点とする豪族らを懐柔しようとする動きであったのだろう。

難波に残された孝徳大王は翌六五四年に没し、皇極前大王が再び大王となった。斉明大王である。『日本書紀』によれば、斉明は「狂心《たぶれこころ》の渠《みぞ》」とよばれるような多くの土木工事を行ったとされるが、飛鳥地域やその周辺の発掘調査により、そのいくつかが確認された。これら土木工事は難波宮造営で行った役夫動員の体制を維持しようとしたものである。

それとあわせて、六五八年(斉明四)から数回にわたり阿倍比羅夫による北方遠征が行われた。この遠征は百八十艘の船団を率いて秋田・津軽まで服属させ、さらに渡島《わたりのしま》(北海道南部か)に渡って粛慎《あしはせ》とも戦ったという。倭国の領土拡大であるが、それよりも北方探検の意味合いが強かったと思われる。越より北に関して地理的情報の乏しい当時では、高句麗の北と倭国の北とがどのような位置関係を知る必要があったのだろう。百八十艘という船団の数には誇張があるかもしれないが、大規模な水軍を編成して派遣することは朝鮮半島へ出兵する演習の意味合いもある。

北方遠征を繰り返している中で、百済滅亡の情報が伝わった。高句麗侵攻に手こずった唐が新羅と結んで、百済を攻撃したのであった。百済滅亡後、残存勢力による百済復興運動があり、その支援要請をうけて斉明大王はみずから九州まで行き、積極的に半島情勢に加わろうとしたが、斉明は六六一年に九州で急死してしまった。

✝大王から天皇へ

斉明の死をうけて中大兄王は飛鳥に戻り、『日本書紀』によれば称制、すなわち正式に即位しないまま大王としての立場に就き、百済復興のための大軍を派遣したが、倭軍は六六三年（天智二）の白村江《はくそんこう》の戦いで敗北して撤退した。撤退後、唐や新羅の侵攻に備え、大宰府の周辺に大野城や水城《みずき》を構え、防人《さきもり》を拡充するなど防衛体制を強化し、六六七年には近江大津宮に遷都した。大津宮は戦争に際して、琵琶湖の水運を利用しやすい場所が選ばれたと考えられ、防衛体制の一環であるが、飛鳥周辺も倭京と呼ばれて豪族らの拠点は維持されていた。また白村江の敗戦後、唐と新羅からしばしば使者が来ている。高句麗との戦闘にむけた支援の要請だったのだろうが、天智の朝廷は積極的には応じなかった。六六八年に高句麗が滅亡すると、唐と新羅との抗争が始まり、これにどう対処するかは倭国にとっても大きな外交問題となっただろうが、天智の朝廷は旗色を鮮明にはしなかった。

防衛を強化する一方で、六六四年、天智大王は甲子の宣と呼ばれる命令を発した。その

幾内付近（『詳説日本史　改訂版』山川出版社より一部改変）

内容は①冠位の改定、②氏上《うじのかみ》の認定、③氏の民部・家部《やかべ》を定めるとしたものである。①の冠位は、それまでの十九階を二十六階に増加したもので官人の増加、官僚機構の整備の一環である。②の氏上認定は、その象徴として大刀・小刀等を与えたもので、氏上は各氏の中で決められたのだろうが、大王がそれを認定することにしたもので、大王が諸氏族の上に立つことを示した。③の民部・家部については、大化改新で廃止された部曲《かきべ》の復活とする解釈や、封戸《ふこ》や奴婢《ぬひ》にあたるとする解釈、豪族所有の部曲を初めて認定したとする解釈など、さまざまな見解がある。

民部・家部がどのようなものであったかを断定することは難しいが、私見では諸氏の支配する部曲を認定したとする解釈が妥当と考える。諸氏による部曲の支配自体は否定することなく、大王の掌握下に入れる措置であり、軍事的危機の中で大王を中心とした結集を強め、兵士の動員など軍事・財政力を強めるために行われた政策であったと考えられる。この部曲の掌握を前提にして、全国的な戸籍として作られたのが六七〇年の庚午年籍である。庚午年籍はその後、氏姓の台帳として長く保存された。

六六八年、中大兄王は即位したと『日本書紀』には記されている。六六一年の斉明大王の没後、称制《しょうせい》という形で大王として君臨していたが、改めて諸氏族を超越する地位を確認する何らかの儀礼を行ったのであろう。それは王族の代表としての大王から国家の君主としての天皇への大きな変化であったと考えられる（中村順昭「不改常典と天智天皇の即位に関する試論」吉村武彦編『日本古代の国家と王権・社会』塙書房、二〇一四）。

そして六七一年には長子の大友王を太政大臣とし、左右大臣・御史大夫《ぎょしたいふ》を任じた。大友王の太政大臣任命は、天智の後継者としての位置づけであるか否か、議論のあるところだが、重要なことは有力な王も大臣として臣下に位置づけたことである。天皇が王族の長であるだけでなく、国家の君主であることを示す任命である。同月には、余自信《よじしん》以下五十名余の旧百済の王族・官人らに冠位を与え、倭国の官人のなかに取り込んだ。滅亡したとはいえ、百済の王族の上に立つ存在として天皇を位置づける観念が強まったのであり、少しのちには高句麗からの渡来者にも同様に対処した。大王から天皇への変化の一つの表れである。

また大友王の太政大臣任命の四日後には「冠位・法度の事を施行」したと『日本書紀』には記されている。この「冠位・法度」が近江令《おうみりょう》という体系的な法であるのかも議論が分かれている。前年に初めて庚午年籍《こうごねんじゃく》が作成された段階であるから、民衆支配に関する体系的な法ができたとは考えがたいが、太政大臣以下の官職を定めた「職員令」のようなものは想定してよいだろう。

†壬申の乱と天武天皇

大友王《おおともおう》の太政大臣任命後まもなく天智は病気となり、十二月に没した。いったんは吉野に隠棲していた大海人王《おおあまおう》が、翌六七二年（天武元）に挙兵して壬申の乱となり、大友王の近江の朝廷を滅ぼして天武天皇となった。壬申の乱は、従来の政変と異なり、多くの氏族を巻き込んだ大きな内乱となった。それは、唐と新羅の対立への対応という路線の対立や、天智の改革に対する不満もあったのだろうが、大友と大海人の対立が王族内部にとどまらない国家の君主をめぐる争いでもあったためである。大友王が太政大臣となったときに大海人王の位置づけは微妙である。これまで天智を補佐してきた立場であり、それが臣下に位置づけられたとは考えにくい。いわば天智の改革に抵抗する存在として、改革に不満を抱く勢力が大海人方についたので、内乱は短期間で大海人方の勝利に終わったのであろう。

しかし、大友方の有力豪族を排除した大海人は、天智の君主としての地位を受け継ぎ、臣下とした王族や地方豪族を基盤とする強力な政権を築いた。六七五年に諸氏の部曲を廃止して、豪族の官僚化をすすめた。また、この前後には国司制度の整備も行われた。部曲の存続する中では、評の官人と中央豪族とのつながりが残っていたが、国司の整備によって、中央政府は官人である国司を通じて評官人を統制することになり、全国に統一的な行政が行き渡るようになった。

六八一年、律令の編纂が命じられた。この編纂事業は長期にわたり、六九〇年（持統二）に令二十二巻が諸司に頒布された。いわゆる飛鳥《あすか》浄御原令《きよみはらりょう》である。この令は、これまでの法令や制度をまとめるだけでなく、体系性をもった法としてまとめるために編纂に時間がかかったのである。壬申の乱後、唐との交渉が途絶え、中国の法の知識が直接には伝わらなかった状態の中での編纂で、そのことが日本の実情に応じた律令となる要因であったとも考えられる。なお、大宝律令の編纂段階も、唐との交流断絶が続いた状態であった。

飛鳥浄御原令の具体的な条文などは不詳だが、六八五年の冠位改定は浄御原令の一部である。諸王以下十二階、諸臣四十八階からなる新たな冠位で、従来の二十六階を倍増して官人の序列を細分化し、また諸王を諸臣と異なる冠位で編成した。

また令には含まれないかもしれないが、六八四年に八色の姓を定めたことも重要である。

王族出自の氏族の姓として設定した真人を筆頭に、朝臣・宿禰以下の姓によって氏族の秩序を再編成したのである。例えば大伴連の氏族の中でも上級官人となりうる系統には宿禰姓を与え、その他の多くは連にとどめることによって、氏族の分割が行われ、貴族層といえる家柄を選別したのである。

令の編纂を命じたのと同日に草壁皇子が皇太子とされた。おそらく皇太子という称号の最初であろう。ただし、草壁は六八五年の冠位で浄広壱《じょうこういち》の冠位が与えられていて、その点では臣下のなかの筆頭という位置づけであり、大宝令以降の皇太子とは性格がやや異なることにも留意が必要である。

公民支配の形成と藤原京

六八六年、天武が没すると、皇后とされる鸕野讃良皇女《うののさららのひめみこ》（持統天皇）が政権を継承した。持統は、当初は称制という形で、皇太子の草壁が六八九年（持統三）に没したのち翌年に即位した。称制中の六八九年に飛鳥浄御原令を施行し、続けて戸籍の作成を命じた。翌年に作られた戸籍は庚寅年籍《こういんねんじゃく》と呼ばれている。こののち六年ごとに戸籍を作るサイクルができ、班田収授はここから始まった。公民支配がようやく形成されたのである。

また六九四年には藤原京への遷都が行われた。藤原京は天武天皇の時から造営が始まっていたと考えられるが、碁盤目状に区画された方形を基本とする最初の本格的な都城であった。六九一年に右大臣以下に宅地が班給されているので、その頃にはほぼ整っていたとみられる。藤原京は平城京遷都までの二十年足らずの都であったが、発掘調査によって、その規模や宮の構造などがかなり明らかにされている。とりわけ大宝律令施行の前後をまたがる時期の都であり、そこから出土した木簡は郡評論争を決着させるなど、多くの新知見をもたらしており、今後の新たな発見も期待される。藤原京は飛鳥に近接するため、旧来の有力豪族はその拠点の宅から離れなかったと考えられているが、全国から集まる下級官人や力役夫などは京内に集住したはずである。各地から集まる官人や力役夫は、ある程度の期間は京に居住して、地方に戻ることも多い。官司で働く人々は交代するが、新たに京に入る人々のためにも計画的に区分された居住地を確保することが、官司の円滑な運営に必要となったのである。その点でも藤原京は画期的な都であった。

持統天皇を太政大臣として補佐していた高市皇子が六九六年に没すると、翌年に持統はまだ十五歳の孫の軽皇子を皇太子とし、その年のうちに譲位して太上天皇となって年少の文武天皇とともに政治を行った。文武天皇の時期に大宝律令が制定され、法体系が整備され、また七〇二年には、しばらく途絶えていた遣唐使が派遣され、この遣唐使は唐に対して日本という国号を初めて用いた。こののち、ほぼ二十年間隔で遣唐使が派遣されることになる。次の元明天皇の時には、七一〇年に飛鳥・藤原から少し離れた平城京に都を遷して、有力貴族らも移住して、より整った官僚機構に応じた都が形成されることとなった。

さらに詳しく知るための参考文献

遠山美都男『大化改新――六四五年六月の宮廷革命』(中公新書、一九九三)……乙巳の変を従来の蘇我氏対天皇家という構図でなく、王族内部の対立や豪族層の動向からとらえた研究で、叙述も読みやすい。

吉川真司『飛鳥の都』(岩波新書、シリーズ日本古代史3、二〇一一)……近年の研究を多く取り入れた七世紀史の概説。大化改新や近江令の意義を再評価し、律令制成立過程が独自の視点で叙述されている。

倉本一宏『蘇我氏――古代豪族の興亡』(中公新書、二〇一五)……蘇我氏を軸にして六〜八世紀の歴史をとらえ直している。天皇を中心とした政治史叙述とは異なり、また大化以後の蘇我氏の動向は、律令制形成期を考える上で示唆に富んでいる。

渡部育子『律令国司制の成立』(同成社、二〇一五)……七世紀の歴史を国司制度の成立過程から考察する。専門書であるが、中央と地方という視点からの歴史分析は、七世紀史を考える上で重要な示唆を与えている。

森公章『天智天皇』(吉川弘文館、人物叢書、二〇一六)……実証的な研究に基づいて記述された天智天皇の伝記。『日本書紀』を批判的に読む方法を学ぶことができ、七世紀史を知る上で不可欠な存在である天智天皇を理解する上で必読文献である。

第5講 平城京の実像

馬場 基

阿修羅像、大仏、正倉院宝物、万葉集、「天平文化」と、平城京を取り巻くイメージは華やかだ。確かに、平城京は様々な試行錯誤を内包しつつも、日本古代国家の一つの到達点を示している。以下、その様相を述べていきたい。

†平城京の課題

まず、平城京はどのような「目標」の下に造営されたのであろうか。

古代都城《とじょう》は、政治的な空間である。そこで執り行われる数々の儀礼、その空間そのものの視覚的・感覚的効果をも含めた劇場的要素によって、国家の支配関係や理念を直接的にその構成員——王族・貴族から百姓・奴婢《ぬひ》に至るまで——に体感させ、たたき込むことを、重要な目的とした儀礼空間である。

この観点からみると、藤原京の場合、藤原宮内の空間では一定程度これらの役割・目的を達成している。だが、京域も含めた都城全体で考えると、①京域の中心に宮が位置するため、宮の北側にも京域が広がり、「天子南面」が不徹底である、②宮域《きゅういき》が地形的に低いため「高さ」による権威表現が不十分である、③朱雀大路《すざくおおじ》の幅が他の大路と同規模で、かつ朱雀門のすぐ南で日高山丘陵に行き当たって途絶する等、中心軸の卓越性が確保できていない、といったように、儀礼空間として不十分な点が目立つ。こうした藤原京の問題点は、大宝二年(七〇二)に派遣された遣唐使が「儀礼空間としての都城」という視点から唐・長安城に対面し、長安城の持つ空間的特徴や意義を理解して、その理解した内容を日本に持ち帰った結果、日本古代の支配者層に認識されたと考えられている(渡辺二〇一〇など)。

また都城は、支配の社会システム=官司機構に対応した官衙《かんが》群を形成し、官司機構の活動を通じて国家支配を実現させるための空間・装置、実務空間でもある。藤原宮では、大宝令施行にともなう官衙の建て替え・充実が確認されており、藤原宮はこうした目的にも相応の対応をしていたと考えられる。一方、藤原京の遺構密度等をみると、こうした官司機構・官衙群の活動を支える④人員の集積=人々の都城への集住や、⑤物資の集積=流通・交易の充実、すなわち都市機能といった点においてそのさらなる充実が求められるであろう可能性が高い。

こうした藤原京の問題点を解消することが、平城京の目標であった。ただし、儀礼空間

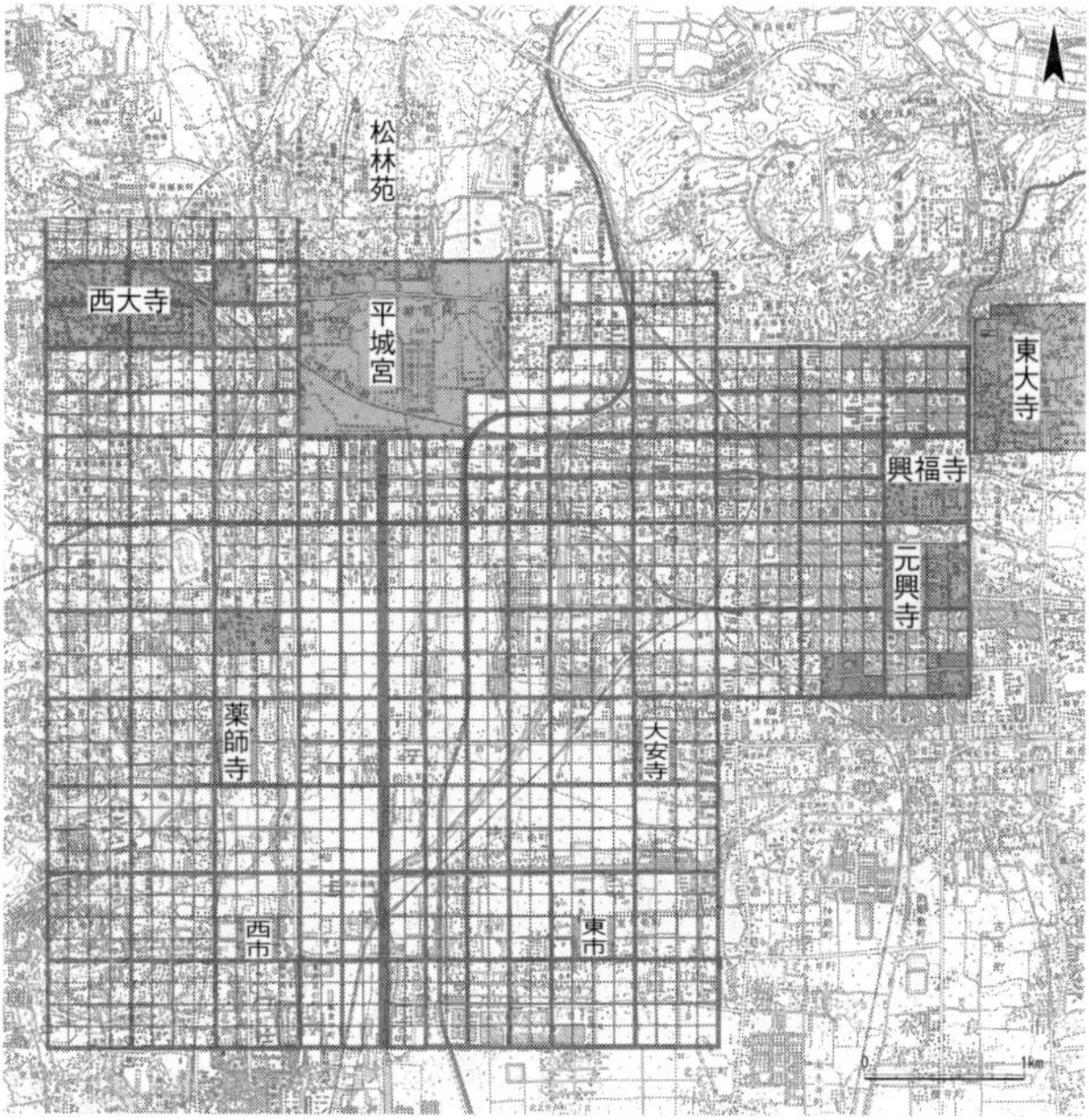

平城京図

年	月	出来事	出典
慶雲4（707）	2月	五位以上に遷都を議させる	続日本紀
和銅元（708）	2月	平城遷都詔	続日本紀
	3月	造宮卿任命	続日本紀
	9月	造平城京司設置	続日本紀
		元明天皇、平城に行幸	続日本紀
	10月	伊勢神宮に遷都を報告	続日本紀
	11月	菅原の民を遷す	続日本紀
	12月	平城で鎮祭	続日本紀
和銅2（709）	8・9月	元明天皇、平城に行幸、叙位等を行う	続日本紀
	10月	工事により破壊される墳墓への措置を命じる	続日本紀
	12月	元明天皇、平城に行幸	続日本紀
和銅3（710）	2月	平城への移動開始か	万葉集
	3月	平城遷都	
和銅4（711）	9月	宮垣未成という記録あり	
霊亀元（715）	正月	平城宮大極殿の初見（この頃大極殿完成）	

平城遷都関連年表

充実の必要性の認識については、遣唐使の帰国という直接的契機が想定されるのに対して、実務空間や都市機能の充実といった課題が当時どの程度認識されていたのかは不明である。こうした点から考えると、儀礼空間、特に中国的＝先端的で国際標準的な儀礼空間の充実こそが、当時の最重要課題であったとみるべきであり、それこそ平城京造営の最大の目的ということができるだろう（前頁「平城京図」参照）。

†平城京造営前史

教科書の記述では、平城京の造営は唐突に始まるため、あたかも人跡未踏の原野に平城京が造営されたような印象を受ける。しかし、古くは旧石器時代の遺跡が存在し、弥生時代の方形周溝墓も存在する。平城宮・京の北側には、古墳時代中期の古墳群である佐紀盾《さきたて》列《なみ》古墳群があり、平城宮朝集殿《ちょうしゅうでん》下層には、これと関連するとみられる土器が多量に出土する溝がある。古墳時代の集落、それも相当の規模のものが、平城宮・京には展開していたと考えるべきであろう。

平城京周辺は添御県《そうのみあがた》にあたる。七世紀代に整備されたと考えられる、奈良盆地を南北に貫く三本の主要道路、上《かみ》ツ道《みち》・中《なか》ツ道・下《しも》ツ道のうち、最も西側に位置し、奈良盆地のほぼ中央を縦断する下ツ道が、平城宮・京の中央の場所を通る。側溝心々で二二メートルをはかる下ツ道は盆地内各所で発掘されており、平城宮朱雀門付近でも側溝が検出された。ここから、「五十戸家」等の墨書土器が、藤原京時代の「大野里」と記した木簡とともに出土しており、平城京造営直前の藤原京時代には、添評大野里《そうのこおりおおののさと》であり、大野里家が平城宮朱雀門周辺に存在していたらしい。平城宮朱雀門周辺は、下ツ道経由で南下してきた場合、奈良山丘陵を越えて奈良盆地に降りた地点に当たる。また、大阪湾方面に通じる道路が平城宮朱雀門周辺で下ツ道と交差していた可能性を想定する見方もある。

この他にも、『続日本紀《しょくにほんぎ》』は平城京造営に伴って、菅原の地の民九十余家を移住させた事を記録する（和銅元年〔七〇八〕十一月乙丑条）。つまり、平城宮・京が営まれた場所は相応に開発が進んだ土地であり、交通の要衝だったのである。

†平城京造営

平城への遷都の経緯は八九頁の年表の通りであり、決定から三年で遷都している。遷都時に工事が未完成だったことは、『続日本紀』和銅四年（七一一）の記事の他、発掘調査でも明らかになっている。第一次大極殿院《だいごくでんいん》内庭部の整地土からは、和銅三年三月または五月の日付が記された伊勢国の白米荷札木簡が出土した。伊勢国から平城京まで運ばれ、消費される時間を考慮すれば、和銅三年三月の遷都時には第一次大極殿院内庭の整地は未完了とみられ、整地土の状況も合わせると、内庭部のみならず回廊や南門も工事前だったと考えられる。仮に第一次大極殿が完成していたとしても、とても儀式を挙行できる状況ではなかった（渡辺二〇一〇など）。また、平城宮南面大垣は、築地塀《ついじべい》を構築する前段階に掘立柱の板塀の時期があることが判明しており、これも仮設的工事を先行させて遷都を急いだ様相の一端を示しているといえよう。

平城京の造営では、大規模な造成工事が行われた。平城宮の正面玄関、朱雀門前も例外ではない。朱雀門の南東側には、もともと谷が広がっていた。平城京造営時にこの谷の斜面を利用して金属製品の生産が行われた。そして造営のある段階で、谷は鍛冶炉ともに埋め立てられて、平坦な空間へと整えられていった。

また京内での大規模な整地の典型的な事例の一つが、興福寺であろう。興福寺は、東から西に延びる尾根の先端部に位置しており、平城京内でも標高が高い（朱雀門付近がh＝62m程、第一次大極殿付近がh＝72m程、興福寺がh＝92m程）。一方、伽藍内の現状はほぼ平坦である。このことから、尾根の先端でありながら伽藍を展開できる平坦地という、格別に優れた地形をうまく確保した、と理解されてきた。近年進展した発掘調査によって、かなり大規模な土地造成が行われていることが明らかになった（次頁図）。現在我々が目にする興福寺境内の地形は、「自然地形」ではなく奈良時代初頭に行われた大工事の成果によるも

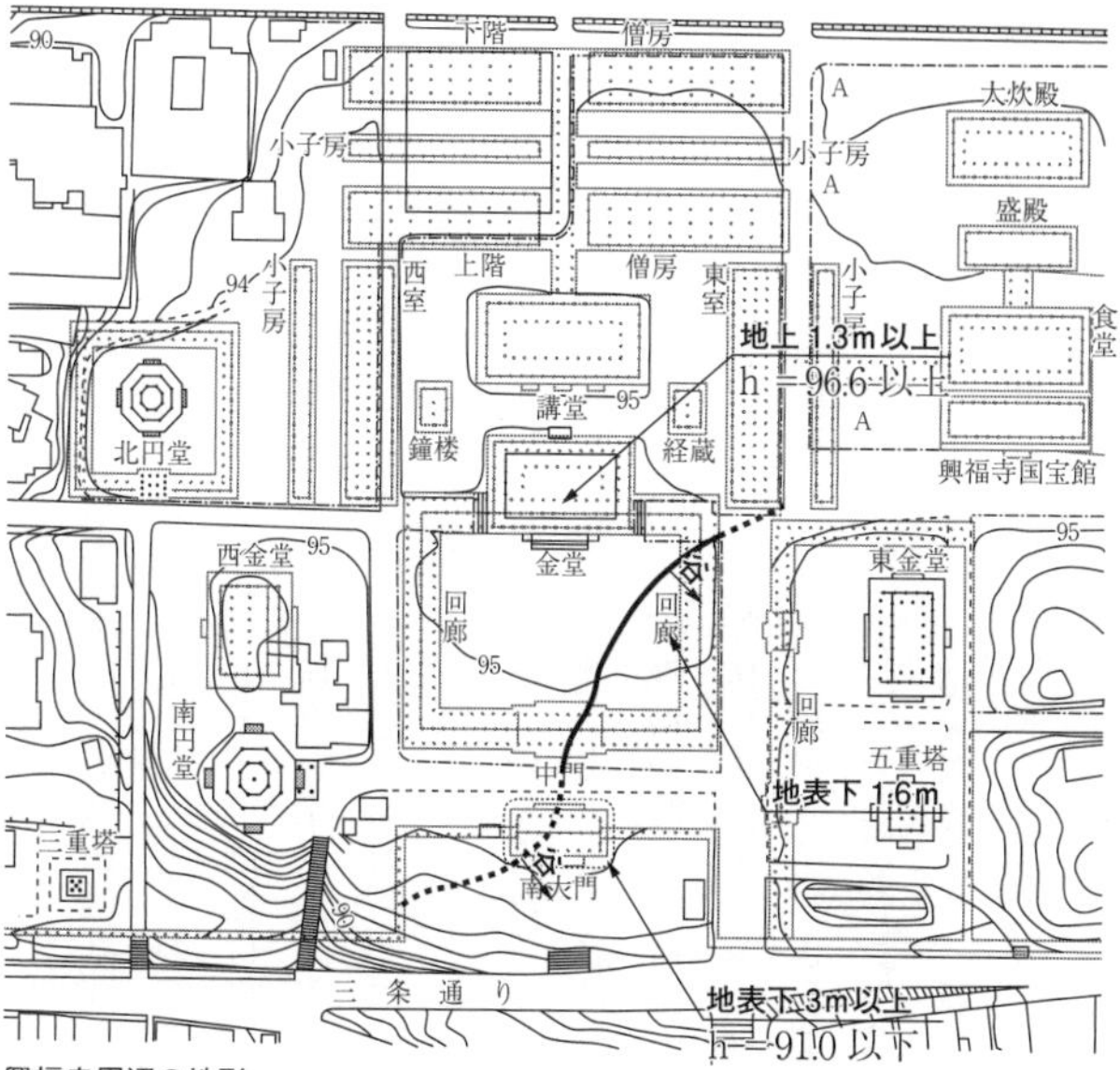

興福寺周辺の地形

のなのである（佐藤編二〇一〇）。しかも、興福寺の造成は谷部の大規模な埋め立てを伴うにもかかわらず、その後の地震等による地滑り他の痕跡は見いだせない。ちなみに、平城宮第一次大極殿院西面回廊部分の造成土は、鎌倉時代の地震によってずれていることが、これも発掘調査によって明らかになっている。

平城宮造営のために、物流ルートも整備された。秋篠川が、平城京造営時に条坊（後述）に沿う流路に付け替えられたことは、従来から指摘されてきた。近年の調査で、秋篠川本流を付け替えた後、旧流路を平城宮に物資を運び込むための運河として利用していたらしい様子が判明してきた。付け替えられた秋篠川本流は、平城京西堀河として利用されたから、新旧の流路を必要な段階に応じて巧みに利用していたと考えられる。藤原宮造営の運河が付け替え・ルート変更を行っていたことと比べると、計画性は格段に向上している。

上述のように、遷都時には平城宮・京は造営のまっただ中であった。とはいえ、興福寺中金堂は遷都後程なく完成したと考えられ、平城宮の造営と並行して行われていたことになる。興福寺以外にも大安寺・薬師寺・元興寺《がんごうじ》といった大寺院の造営もあり、大規模工事がいくつも並行して行われていたと考えられる。このように、いくつもの大規模工事を行いつつ、三年で曲がりなりにも遷都までこぎ着けられたことからは、藤原京の造営期間や紆余曲折を経た経緯に比べて、都城の設計・計画、造営の技術・運営、人員の動員や物資の生産・調達・輸送力など、幅広い方向でのレベルアップを見いだせるだろう。

一方、第一次大極殿の瓦は新たにデザインされて作成されたものであるが、第一次大極殿の建物そのものは、藤原宮大極殿を移築したものと考えられる（奈文研編二〇一〇）。瓦の変更などで最新のデザインを追い求めつつ、移築を活用しているのである。また平城宮の南面大垣などでは、藤原宮から運び込んだ瓦を再利用している。こうした巧みな再利用も、工期短縮に一役買っていたに違いない。

†平城遷都

平城京は、「条坊制《じょうぼうせい》」と称されるグリッド型の都市プランに基づく。一つの区画が「坊」で、坊が東西に連なった列が「条」である。南北九条（約四・八キロ）、東西が八坊（約四・三キロ）、東側五条以北ではさらに三坊分（約一・六キロ）広がり東西十一坊となる（八九頁「平城京図」）。平城京南面には羅城《らじょう》が構築されその中央に羅城門が開く。羅城門からは、側溝心々幅約七四メートルの朱雀大路が、平城京の中心を南北に貫く。朱雀大路の東側が左京、右側が右京。南北の九条と東西の八坊は、それぞれ奇数（陽数）・偶数（陰数）の最大の数字である。全体に北が高く南が低い。東西では中央部、朱雀大路付近が低い。

平城京の条坊は、道路の中心線を基準に設定されたと考えられる。その結果、道路幅が広い部分では、坊の面積が小さくなる。これは、藤原京での条坊設定基準と同じである。一方、長岡京以降は、坊の面積が同一になるように計算して条坊を設定したと考えられている。藤原・平城型の条坊設定は、地割りを設計・設定する際には、比較的単純で容易だと思われるが、都市の街区としては必ずしも合理的とは言いがたい。平城京の都城設計が、まだ都市機能を十分に重視する段階に到達していなかったことを示しているであろう。

さて、張り出し部を除く平城京の大きさは、唐・長安城の二分の一のスケール（面積としては四分の一になる）であり、朱雀大路の幅は唐・長安城朱雀大街の二分の一である。つまり、平城京は規模の面において、長安城の二分の一のスケールである。大宝の遣唐使が、長安城の具体的な情報を持ち帰った可能性、さらには唐側からの何らかの働きかけがあった――長安城の二分の一であれば都城を造営してよい、として資料提供があった――可能性が指摘されている（奈文研編二〇一〇）。藤原京と平城京との関係を考えると、尺度が同一であったことから発生した事象の可能性も排除しきれないが、注目すべき説であろう。平城京東側に張り出し部が存在する理由については、興福寺の存在を重視する見方が有力ではあるものの、まだ十分に解明されていない。

　平城京の北中央部、朱雀大路の北端に平城宮が位置する。平城宮は東西南北約一キロの正方形（平城京の四坊分）の東に張り出し部分がつく。平城宮の周囲は築地《ついじ》塀《べい》で囲まれ、十二門が開く。南面中央の門が朱雀大路に開く朱雀門である。平城宮内は前期と後期で大きく構造が変化する。おおよそは、朱雀門北側の区画と、その東の区画が政務・儀礼を行う中枢区画で、東側の中枢区画の北側が天皇の居所である内裏《だいり》、東張り出し部の南半分が皇太子の東宮《とうぐう》等として用いられた東院であり、その周囲に官衙《かんが》が配置されるという構成である。

　再び目を平城京内に戻そう。一つの坊は、東西南北各四等分、十六に分割される。この十六分割された区画の一つを当時は「町」と呼んだらしいが、同時代資料に乏しく、耕地

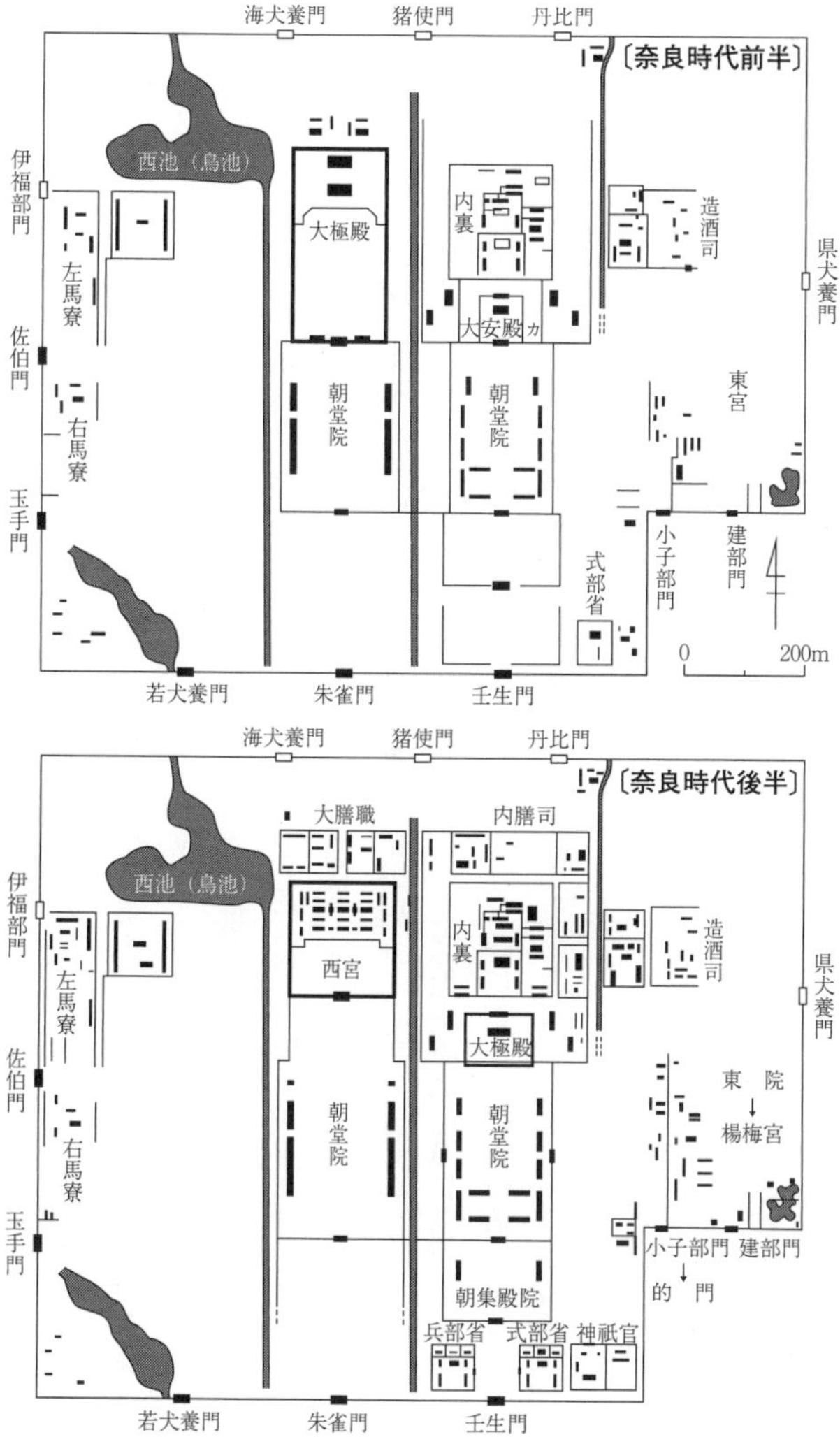

平城宮の変遷（舘野2001より、一部改変）

化した後に「坪」と称されている。地番の呼称としては「坪」を用い、面積の単位としては「町」を用いることが多い。平城宮に近い側が一坪、南北方向に千鳥式に番号で呼ばれ、もっとも遠い区画が十六坪となる。坪・町は平城京内での最小単位であり、坪を分割する場合には「一／〇町」と表現する。

貴族邸宅の広さは一町、広いときには四町（特例的に六町以上）に及ぶこともある。一方、下級官人を筆頭にする都市住民の宅地は、奈良時代前半で一／十六町、後半には一／三十二町、時には一／六十四町ほどであった。藤原京や難波京では、位階に基づく宅地班給の記録があるが、平城京・平安京の場合は記録がない。位階の昇叙に伴う宅地の広大化といった状況は確認できていない点なども考慮して、平城京での宅地班給は位階に基づくものではなかった可能性も指摘されている。大安寺・薬師寺は、藤原京における位置を継承した条坊に造立されたとみられる。貴族の宅地も、藤原京内での位置を踏襲しつつ、班給された可能性が高いだろう。

平城遷都の結果、朝参が必須の皇族・貴族層は、飛鳥周辺のそれぞれの宮・拠点から平城京まで毎朝出勤することは困難であり、結果的に平城京内への移住を余儀なくされ、都城への集住が強化された。遷都によって飛鳥から切り離された貴族層は、元興寺（飛鳥寺）の周辺を「奈良の飛鳥」と呼んだ。一方、下級官人層、特に番上官クラスでは、遷都時点では都城に集住する必然性・メリットはまだ必ずしも大きくはなく、大和・摂津・河内・和泉・山背をはじめとするそれぞれの本貫地に拠点をおいたままのケースが多かったと見られる。そして、勤務評定木簡の削屑《けずりくず》の分析によれば、これら下級の番上《ばんじょうかん》官クラス官人層の勤務状況は、全般的にみると、必ずしも勤勉とは言いがたかった。平城宮での官人としての勤務とその報酬に、完全には依存しない人々が多かったと考えられよう。

†平城京の「都市性」

日本の古代都城は、政治的に造営された空間であり、天皇や貴族の拠点としての性格が強い。こうした点から、かつては、古代都城は「王侯の宿営地」であり、「都市」とは言いがたい、と評価されていた（鬼頭一九七七など）。しかし近年では、人口の一定以上の集中、それに伴う商工業を含めた活動、また一般農村と異なる景観といった点に注目し、古代都城の「都市性」を考察するという方向が強くなっている（舘野二〇〇一など）。

平城京の人口は、五万人程度から二十万人まで、推定に大きな幅がある。平城宮に勤務する官人だけでおよそ一万人であり、平城京内の貴族邸宅に勤務する人々、官人たちの家族、僧侶等も考慮すれば、五万人は超えるだろう。また、平城京の「人口」と呼べるかは微妙であるが、平城京に「居た」人々として、各地からの運脚も季節によっては相当の人数になったであろう。『日本霊異記』では平城京に買い物に来ている人も登場する。平城京に「集まった」人の数としては、十万人ほどを想定しても、多すぎることはないように思われる。人口という点では、平城京に一定の都市性を認めることができるだろう。

また、上述のように『日本霊異記』では高級品を求めて平城京に買い物に来ている。工房遺跡出土品などからも、平城京は高級な手工業品の生産や流通の拠点であった。全国からの貢納品の集積地であり、量的にも圧倒的な水準にあった。もちろん、「王侯の宿営地」としてその「巨大な消費」を支えるためではあるものの、人と物が集まり、商工業活動が活発に行われていることは、平城京の都市性を語っている。

正倉院文書を見ると、平城京の市から東大寺までの物資輸送に、しばしば「雇車」を用いている。運送業の一種とみることができ、車の大きさによって価格が異なる等、運賃の体系があった様子がうかがえる。必要に応じて適宜利用している様相から、平城京の市周辺では恒常的にこうした「雇車」を確保できたと考えられる。とすれば、「雇車《こしゃ》」業によって生活していた人々も存在していた可能性が高いだろう。物が集中することで、仕事が生まれ、仕事が生まれることが人を呼び集め、人が増えることがさらに物の集中につながるという連関を見いだすことができる。『続日本紀』にもしばしば記録が残るように、平城京とその周辺には流民化した人々が多数存在していた。こうした流民の受け皿の一つが、上記のような平城京ならではの「なりわい」であったのではないだろうか。

また、運送業という点では、宇治・木津川の材木輸送は「国懸文《くにのかけぶみ》」による公定運賃が存在していたことが知られる。また木津から平城京までの運送の記録も多数残る。平城京は、平城京内にとどまらない運送ネットワークを生み出し、当然ながらそこで働き、生活する人々も生み出していた。平城京は都市的様相を呈していたといえるだろう。

†平城京の変化と終焉

平城宮は、奈良時代前半と後半で大きく変化する。奈良時代前半、朱雀門北側には中央区朝堂院・第一次大極殿院が連なり、第一次大極殿がそびえ立つ。第一次大極殿院は、唐・長安城の含元殿を模したという説が有力である。一方その東側には、東区朝堂院が展開する。こちらは藤原宮朝堂院・大極殿院と類似する空間である。東区朝堂院は「太政官院」と呼ばれていた。大ざっぱにいえば、東区は伝統的な政務・儀礼空間で官司の論理、中央区は中国的な儀礼空間で、位階の論理、とみることができる。第一次大極殿を核とする中央区の儀礼空間は、朱雀門を通じて朱雀大路・羅城門と直線的に展開しており、平城京全体を儀礼空間として構成する中で、中心的で極めて重要な施設であった。

都市のランドマークとしても、平城京は第一次大極殿に視線が集中するよう設計されていた。平城京遷都の最大の眼目が、京全体を含んだ中国的儀礼空間の構築だったことを踏まえると、第一次大極殿とその周辺施設こそ、その目的を達成する空間だと評価できよう。

ところが、奈良時代後半には、第一次大極殿院が解体され、東区朝堂院・第二次大極殿が整備される。都城内の儀礼・政務空間は東区に一本化されるのである。背後には、支配のあり方やその表現方法に大きな変化があった可能性が想定できるであろう。都市のランドマークという点で、この時期注目されるのが東大寺大仏殿である。建物規模・標高の点から、大仏殿の存在感は圧倒的であり、奈良時代後半には平城京の新たなランドマークとなっていた可能性が高い。羅城門から朱雀門までの距離と、朱雀門から東大寺西大門までの距離は等しい点も、新たなランドマークとしてふさわしい表現に思われる。東大寺は平城宮の後ろから、平城京全体を見渡し、包摂する位置に存在するのである。

こうした空間構成から、平城宮内の政務・儀礼が整備されて東区に一本化されていく一方、都市としての中心性は天皇を中心とした平城宮から大仏を中心とした東大寺に移るという状況が看取される。聖武天皇が、整備が進む制度に依拠しつつ皇帝として国内に君臨する一方、「三宝の奴」と自ら称した姿に、奈良時代後半の平城京は実によく合致する。

そして、こうした様相故に、政治的都市としての平城京は終焉を余儀なくされる。また都市力という点でも、大きな河川を持たない平城京は水による浄化力が低く、物流の点でも不利である。平城京は、政治・思想的にも、流通・経済的にも、新しい都へと展開すべき段階に到達していたのである。

ただし、平城京から次の都城への展開過程にはまだまだ究明すべき点も多い。延暦三年(七八四)の長岡京遷都後も、平城宮の囲繞《いにょう》施設は維持され、宮内には物資が残されていた。これらが撤去されるのは延暦十一年(七九二)までくだる。ほぼ同時期に、平城京最後の大寺院、西大寺は急速に活動を低下させる。平城宮・京は、延暦十・十一年に活動を終了するといえるだろう。そして、直後の延暦十二年正月には、平安遷都が決定される。平城京の終焉と平安京造営には深い関連性があるように思われてならない。

さらに詳しく知るための参考文献

青木和夫『日本の歴史3　奈良の都』(中公文庫、一九六五)……奈良時代史の不朽の名著。読んでいると、ふと平城京の街角に紛れ込んだような錯覚をも引き起こされる一方で、さりげない一文にも深い洞察が籠もっており、その一言が今日最新の研究水準でようやく実証できる水準に到達した、という事例も多い。

北村優季『平城京成立史論』(吉川弘文館、二〇一三)……都市論を軸に、平城京の歴史的意義・位置づけを前後の都城等との比較を交えて考察。都城に関する堅実な研究を踏まえつつ、都市論としての普遍性を踏まえた議論や、野心的な提案も行う。

鬼頭清明『日本古代都市論序説』(法政大学出版局、一九七七)……初めて本格的に平城京の都市性について正面から論じた論文集。歴史理論を踏まえた上で、個別の官人等の具体的なあり方を実証的に研究する。実態として浮き上がる都市性と、理論上の意義づけの相克に真摯な歴史学者の姿勢が感じられる。

佐藤信編『史跡で読む日本の歴史4　奈良の都と地方社会』（吉川弘文館、二〇一〇）……奈良時代を、平城宮・京をはじめとする「遺跡」から読み解こうとする。平城宮・京を、同時代の日本列島内の一空間として把握して、その特性を探るためにも有意義な一冊。

舘野和己『古代都市平城京の世界』（山川出版社日本史リブレット、二〇〇一）……今日の平城宮・京の研究の最大公約数的な水準を、平易で安定的な表現で叙述する。平城京を概観するために最適。

田辺征夫・佐藤信編『平城京の時代（古代の都2）』（吉川弘文館、二〇一〇）……平城京をいくつかの視点から、それぞれの専門家が論じる。古代都城・平城京を巡る研究関心の所在や動向、その到達点を知ることができる。

奈良文化財研究所編『図説平城京事典』（柊風舎、二〇一〇）……平城宮・京の総合事典。奈良文化財研究所が蓄積してきた研究成果がふんだんに盛り込まれており、データ集としても有効。特に図版類は、豊富で圧巻。記述は総じて保守的だが、一部に思い切った提言も含まれる。

馬場基『平城京に暮らす——天平びとの泣き笑い』（吉川弘文館歴史文化ライブラリー、二〇一〇）……下級官人層を中心とした平城京住人のあり方を通じて、平城京の実相を叙述。現物資料に依拠した「皮膚感覚」を重視する。なお書籍の性格上、論証に紙数を割いていないが、根拠となる史料・データは掲載しているので再検証は可能。

渡辺晃宏『平城京一三〇〇年「全検証」——奈良の都を木簡からよみ解く』（柏書房、二〇一〇）……平城宮・京の出土木簡と関連遺構を軸に奈良時代史を叙述。空間も含めた「現場感覚」を叙述の基軸とする。筆者の「平城愛」が伝わるとともに、従来見落とされてきた遺構・遺跡の積極的な歴史的意義づけが、現場指向歴史学の醍醐味を感じさせて心地良い。

第6講

奈良時代の争乱

佐々田悠

†奈良朝政治史の基調

奈良時代の政治史は、皇位継承問題と藤原氏の台頭を縦横の糸として展開した。天武・持統天皇の直系の皇統は、持統が後見した文武《もんむ》天皇ののち、元明《げんめい》・元正《げんしょう》という二人の女帝を挟んで聖武天皇へと継承されたが、所生皇子の不在は如何ともしがたく、称徳天皇に至って途絶した。その一方で、藤原氏一門は聖武天皇の外戚となって以降、官僚としての枠を超えて独自の地位を確立していった。他の氏族は専権化する藤原氏に反発したが、自己のみでは行動を正当化できず、天武系の皇族を巻き込んで反逆を企てた。しかし、その試みは失敗し、皇族たちは次々に姿を消すことになったのである（倉本一九九八）。

およそ政治というものに政変は付き物である。武力を伴う争乱へと展開することも珍しくないが、こと日本の奈良時代においては、長屋王をはじめ、皇族が絡んだ数々の政変や争乱が生じたことが特筆される。それは、天皇という仕組みが個人的資質とその血統に左右され、後世のごとく安定的なシステムとして整っていなかったこと、政権に参画する氏族たちもそうした不安定な皇位に依存していたことを示していよう。

†密告の背景――長屋王事件

七二九年(神亀六)二月十日の夜、平城宮朱雀門のほど近く、二条大路に接した広大な邸宅を突如六衛《りくえい》の兵たちが取り囲んだ。軍勢を率いたのは式部卿の従三位藤原宇合《うまかい》である。邸宅の主は、左大臣正二位長屋《ながや》王。この日、左京の漆部君足《ぬりべのきみたり》・中臣宮処《なかとみみやどころの》東人《あずまひと》らの密告があり、長屋王に謀反《むへん》の疑いありとされてのことであった。翌十一日、舎人《とねり》親王ら皇族と議政官の多治比池守《たじひのいけもり》、藤原武智麻呂《むちまろ》らが邸宅を訪れ、王を詰問する。その結果、十二日に王は自尽、さらに王の妻である吉備《きび》内親王とその間の子ら四人の王までが首をくくって自死してしまう(以上『続日本紀《しょくにほんぎ》』)。当時の政権首班であった長屋王が二日と経たないうちに自殺に追いやられたこの事件は、世間に強い衝撃を与えた。動揺を押さえるかのように関係者の処分は穏便に済まされ、聖武天皇は吉備内親王には「罪なし」と言明して葬儀を行わせたほどである。

従来から言われるように、この事件は藤原氏――藤原不比等《ふひと》の四子である武智麻呂《むちまろ》・房《ふさ》

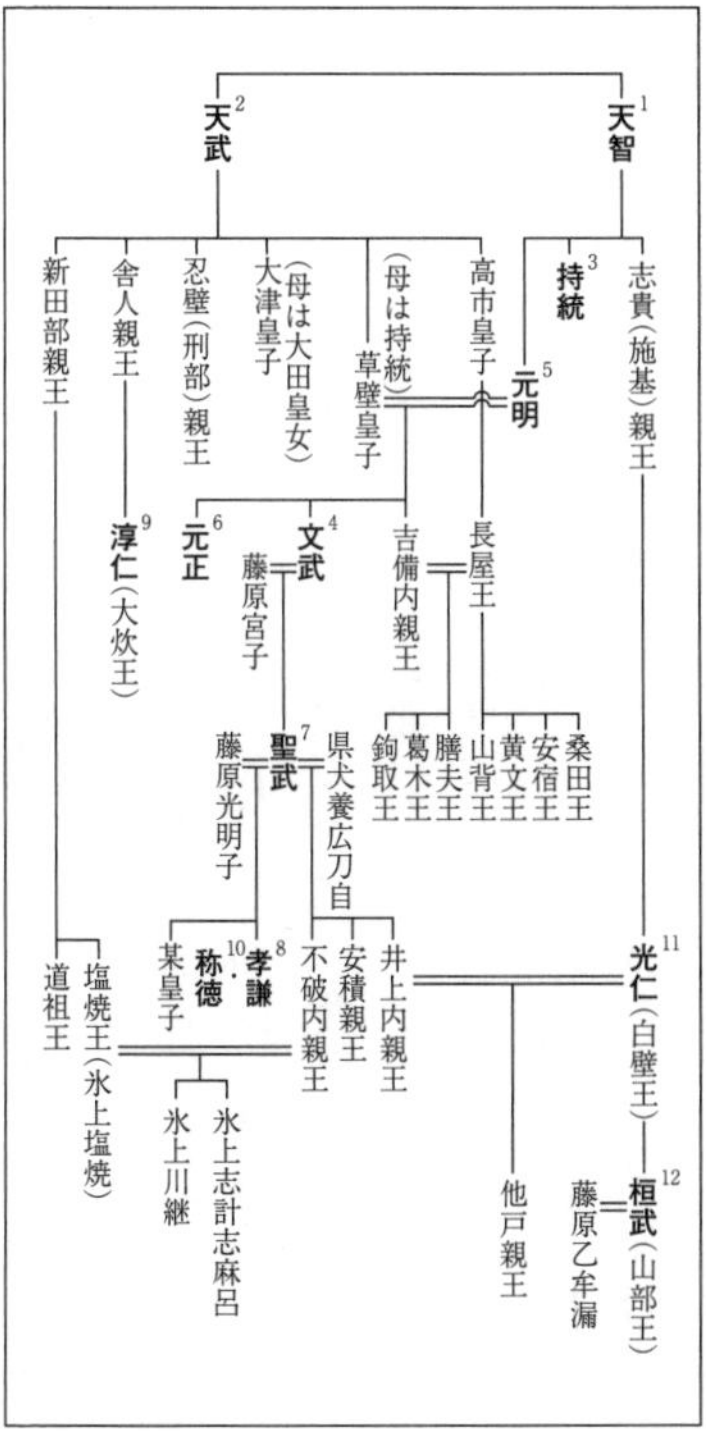

天皇略系図

前《さき》・宇合《うまかい》・麻呂《まろ》が主導したもので、聖武も了解していたと理解してよい。藤原氏が長屋王を排除した目的は、事件の半年後に「天平《てんぴょう》」と改元し、不比等の娘で聖武夫人の安宿媛《あすかべひめ》（光明子《こうみょうし》）を皇后に冊立したことに端的に現れている。正妻である皇后の地位は皇位継承への発言力が大きく、時に天皇の権力を代行することさえあったから、皇族から出す定めであった。光明立后はその原則を破るものに他ならず、朝廷内に大きな反発を招いたはずである。その代表格である長屋王を排除した、と考えられている（岸一九六九）。前年に光明所生の皇太子が夭折し、他腹の安積《あさか》親王が誕生したことが藤原氏に立后を強行させたのである。

このように事件の背景に光明立后をみる通説に対して、近年では皇位継承に重きを置く見方が有力である（寺崎一九九九）。七二七年（神亀四）閏九月、聖武と光明子の間に男子が生まれ、一月あまりで皇太子に立てられた。藤原氏の外戚化を既定路線とするためであるが、この時代、政治能力のない嬰児《えいじ》を皇太子とするのは極めて異例であり、皇族たちの強い反発を招いた。ところが当の皇太子は、上記のごとく一年を待たずに死去してしまう。藤原氏は危機感を募らせた。同年に聖武と県犬養広刀自《あがたいぬかいのひろとじ》の間に安積親王が生まれたこともあるが、これに劣らず問題なのが長屋王家である。長屋王は天武天皇の孫で高市《たけち》皇子の子であり、妻吉備内親王は天武・持統の子として皇位を望まれた草壁《くさかべ》皇子と元明天皇の間の娘である。この夫妻の血筋は聖武天皇より優れているとさえ言え、その子たちは次代の皇位の有力候補なのである。つまり事件は、藤原氏が皇位候補となり得る長屋王家そのものを抹殺することを目論んだものであった、と考えられるのである。もちろん、事件がなければ光明立后はなし得なかったのも事実であり、いくつもの要因が重なっていたと言うべきだろう。

†木簡と史書

長屋王と言えば、平城京の発掘調査を挙げないわけにはいかない。また、長屋王事件に限らず、政変・争乱については、史書編纂の政治性を踏まえた研究が深められているのが近年の特徴である。その一端を見よう。

一九八八年（昭和六十三）左京三条二坊の現場から三万五千点もの木簡が発見され、一・二・七・八坪にわたる巨大な長屋王邸の存在が明らかとなった（長屋王家木簡）。さらに翌年、王邸の北側溝から七万四千点もの木簡が発見される（二条大路木簡）。政変との関わりで見逃せないのはその立地である。二条大路木簡の検討から、七三六年前後の左京二条二坊五坪に藤原麻呂邸があったと考えられ、時期的に遡るとすれば、長屋王邸の北向かいに位置したことになる。ところで密告とは当処の長官が受理して真偽を明らかにする定めであり、左京の漆部君足《ぬりべのきみたり》・中臣宮処東人《なかとみのみやこのあずまひと》の密告先は左京大夫（左京職の長官）であった。当時その任にあったのがまさに麻呂で、さしたる調べもなく密告は事実とされている。長屋王邸そばに接していた麻呂邸、彼の許に報告されたとされる密告。この事件は実際には麻呂によって準備されたのだろう。そして宇合は六衛の兵を率いて邸宅を取り囲み、武智麻呂は王の糾問に訪れた。残る房前は中衛府の大将として宮内にあったらしい。用意周到に王家を死に追いやった藤原四子それぞれの姿がありありと見えてこよう。さらに木簡や軒瓦の検討からは、長屋王邸が事件後に光明の皇后宮《こうごうぐう》とされた可能性も指摘されている（渡辺二〇〇一）。藤原氏は執拗に王家を消し去ったのである。

一方、史書編纂と関わって重要なのは、事件から約十年後の七三八年（天平十）七月に宮城内で生じた殺人事件である。『続日本紀』によれば、従八位下大伴子虫《おおとものこむし》と外従五位下中臣宮処東人の二人は勤め先が近く、公務の合間に碁を囲んでいた。ところが、話が長屋王に及んだところで子虫が激高、東人を斬り殺したという。子虫はかつて長屋王に仕えた人物、一方の東人は「長屋王の事を誣告《ぶこく》せし人」であったと伝えている。

この記述は重大な意味を持つ。誣告とは故意に事実を曲げて密告することをいい、それ自体重罪である。その誣告と明記する以上、政府編纂の『続日本紀』の立場として、長屋王は冤罪であったと表明したに等しいのである。遅くとも延暦年間の『続日本紀』編纂段階で、冤罪は周知の事実であったことは疑いない。あるいは延暦以前の編纂段階で長屋王の復権がはかられたとする研究もある。もっともこうした研究は状況証拠と編纂意図を付会するものであるから、なかなか決定的なことは言えない。『続日本紀』の文脈からすれば、子虫の激高は誣告ゆえであるように思われ、天平十年の段階で冤罪が露見したとも理解し得るが、断定は避けておきたい。

ともかく、長屋王事件を経て、天皇家と藤原氏が朝廷の中核を占めることは決定的になった。聖武天皇と光明皇后のもと、藤原四子（四卿）が政権を主導する時代が訪れたのである。しかし、盤石かに思われた政権は、流行病によってもろくも瓦解することになる。

†疫病から内乱へ——藤原広嗣の乱

七三五年（天平七）に九州で流行した疫病（天然痘）はいったん終息したが、二年後の七三七年ふたたび猛威を振るい、列島を恐怖に陥れた。その勢いは都にも及び、四月に藤原房前、七月に麻呂と武智麻呂、八月には宇合が相次いで没した。わずか四カ月の間に四卿がみな死んだのである。世間には長屋王の怨霊によるとの見方もあったらしい。前後して議政官をはじめとする官僚たち、全国の百姓たちに多数の死者が続き、未曾有の大災害となった。まさに「近代以来、これ有らず」（『続日本紀』）という事態である。

この国難に際して政権の首班となり、復興を担ったのが橘 諸兄《たちばなのもろえ》（葛城王）である。そして諸兄が重用したのが下道《しもつみち》（吉備《きび》）真備《まきび》と僧玄昉《げんぼう》であった。彼らは七一七年（養老元）の遣唐使に従い、七三四年（天平六）に帰国した留学生・僧で、現地でよく学び、多くの文物を日本にもたらした。真備の唐礼百三十巻（永徽《えいき》礼）や太衍《たいえん》暦、玄昉の経律論五千巻は画期的な意味を持ったことで知られる。一方、四卿を失った藤原氏はと言うと、武智麻呂の

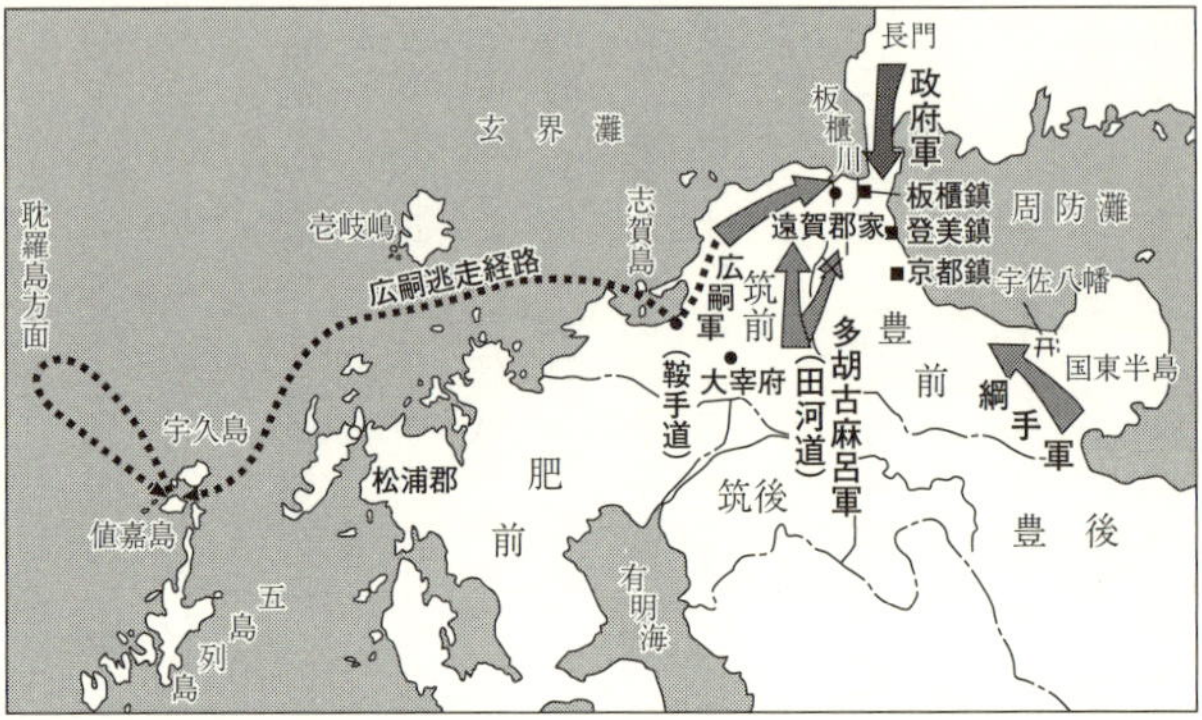

藤原広嗣の乱関係図（渡辺2001より）

長子豊成《とよなり》が若くして参議になっていたが、往事の勢いを失ったことは否めない。こうした実情に不満を募らせたのが藤原宇合の長子広嗣《ひろつぐ》である。彼は大宰少弐《しょうに》に左遷されたのをきっかけに実力行使に出た。七四〇年（天平十二）八月末、上表して時の政治を批判し、天地の災異も悪政によるとして、玄昉と吉備真備の排除を求めた。そして翌九月早々、ついに挙兵したのである。広嗣は兵を従えて上京し、奸賊を除こうとしたと思われるが、その行動は「反《へん》」に相違なく、極刑に値するものであった。朝廷では即座に、対蝦夷戦争で活躍した大野東人《おおののあずまひと》を大将軍に任命、軍を動員して広嗣追討を命じた。

　藤原広嗣の乱が古代史上注目を集めるのは、戦争の実例として具体的な詳細が知られるからである。征討軍は全国から一万七千人もの兵士が動員され、大将軍に委ねられた。前年に要所を除いて軍団は停止されていたから、帰農した兵士を召集したらしい。また、反乱軍の隼人《はやと》に投降をうながすため、畿内居住の隼人も派遣された。一方の広嗣は、父宇合が大宰帥《そち》であった関係で現地と繋がりが深く、また大宰少弐として「遠《とお》の朝廷《みかど》」の権限を握っていたことから、九州の軍団兵士を動員できた。しかし、いざとなるとなかなか思うように集まらない。この間、征討軍は長門《ながと》国に集う一方、九月下旬に先遣隊四千が九州に渡り、早々に豊前《ぶぜん》国北部の三つの鎮所《ちんじょ》を制圧した。また、広嗣の不孝不忠と、彼を誅殺した際の行賞を説いた勅符《ちょくふ》を九州一円に配布するという異例の措置もとられた。十月、板櫃《いたびつ》川を挟んで征討軍六千と反乱軍一万が対峙する。この時、勅使と広嗣の間で応酬があり、広嗣は言葉に詰まって退いた。この前後より征討軍に帰順する者が続出し、広嗣側は弟綱手《つなで》らの軍が板櫃に間に合わないなど、戦局は一方的となった。翌十一月、広嗣・綱手は捕まり、肥前《ひぜん》国松浦《まつら》郡で斬首に処された。

乱の経緯は、大将軍大野東人からの五通の報告によって知られるが、報告の日付の理解（発送時のものとみるか到着時のものとみるか）とも絡んで、戦況の前後関係や、鎮所を攻め落とした時期・兵力などについて種々議論がある。現在の到達点は、新日本古典文学大系『続日本紀』（岩波書店）の補注に的確にまとめられており、上述した内容もそれに基づいている。

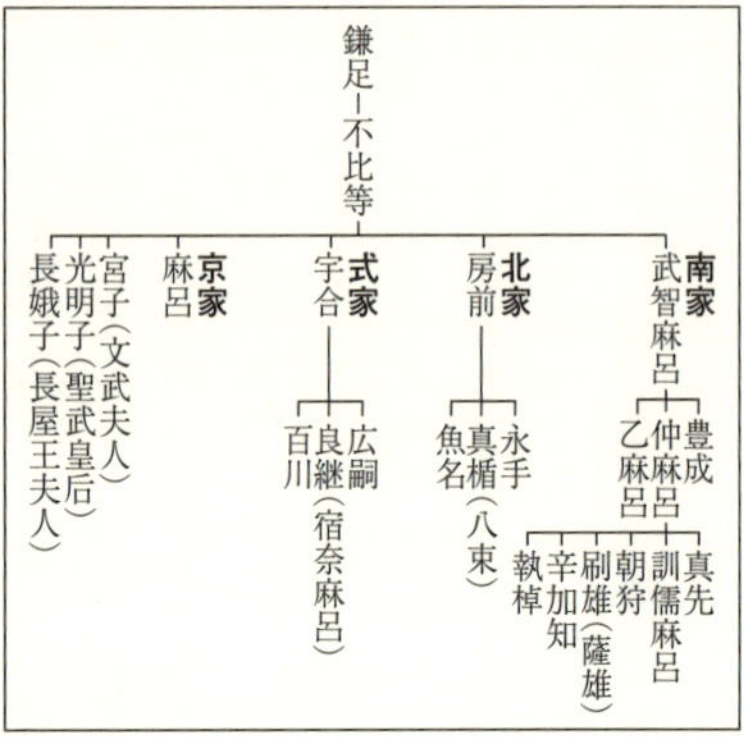

藤原氏略系図

†内乱に至る道程

こうして壬申の乱以来の大規模な内乱はあえなく潰《つい》えた。その矛先は天皇や国家体制には向けられず、中央でも呼応する騒動はなかった。社会矛盾と深く結びついていない内乱は広がりを持ち得なかったのである（北山二〇〇〇）。問題は藤原氏とそのなかでの広嗣の位置づけにある。

藤原広嗣は聖武天皇の従弟、光明皇后の甥であり、挙兵したことが朝廷に与えた衝撃は大きかった。ただし、広嗣は藤原氏を代表するような人物ではなく、この間の経緯を皇族出身の橘諸兄対藤原氏一門、という構図で理解するのは正しくない。そもそも諸兄は光明皇后と異父兄妹であり、四卿の政策を引き継ぎ、藤原氏と融和的に折り合っていた。その最たるものが阿《あ》倍《べ》内親王の立太子である。先に皇太子を失って以来、聖武と光明の間に男子は生まれなかった。一方で安積親王は日に日に成長していく。そこで皇統を聖武・光明直系とするために、七三八年（天平十）聖武・光明の娘である阿倍内親王を皇太子に立てたのである。女性の皇太子の例は皆無であったが、諸兄は藤原氏の意向に沿って立太子を実現させた。

こうした諸兄―藤原氏の関係性からすれば、むしろ広嗣こそ藤原氏からはみ出した存在であったと言えよう。彼は七三七年（天平九）九月に藤原乙麻呂《おとまろ》（武智麻呂第四子）や永手《ながて》（房前第二子）とともに従五位下に叙され、翌年四月には従五位上相当の大養徳《やまと》（大和）守《かみ》に抜擢されるなど、次世代を担う人材であった。ところが同年の十二月に大宰少弐（従五位下相当）にされてしまう。九州に配布した勅によれば、左遷の理由は「京《みやこ》の中《うち》に在《あ》りて親族《うがら》を讒《しこ》じ乱す」ことにあった。この「親族」は同世代の従兄弟たちというより、一族の要として君臨する光明皇后その人である可能性があろう。光明は諸兄と融和的関係を築く一方、玄昉将来経を底本とした一切経《いっさいきょう》書写事業（いわゆる五月一日経）を進めたことでも知られる。諸兄政権に不満を持つ広嗣の目に、こうした光明皇后の姿は苦々しく映ったに違いない。

なお、最近の研究では、その五月一日経の願文《がんもん》と広嗣の乱との関係も注目されている。五月一日経の書写事業は七四〇年（天平十二）四月に突如一年ほど中断され、願文が付けられた。願文の内容は光明皇后が亡き父母の藤原不比等と県犬養橘三千代《みちよ》の追福を祈るものであるが、わざわざ臣下の忠節に言及している。時期的に乱直前であり、大宰府から不穏な空気が伝えられるなかで、朝廷の動揺を抑える意味合いがあったと考えられる（小倉

慈司「五月一日経願文作成の背景」笹山晴生編『日本律令制の展開』吉川弘文館、二〇〇三)。

さて、広嗣の乱の最中、聖武天皇は関東に脱出した。以後五年間、都は恭仁《くに》・紫香楽《しがらき》・難波《なにわ》と転々とし、天皇はますます仏教に傾斜していくことになる。その時期に出世を重ね、橘諸兄と対峙するに至ったのが藤原仲麻呂《なかまろ》であった。

†仲麻呂政権と奈良麻呂の変

藤原武智麻呂の第二子である仲麻呂は、広嗣の左遷後に入れ替わるように登場する。聖武天皇の関東行幸に付き従って昇叙を重ね、七四三年(天平十五)に従四位上で参議となった。左大臣橘諸兄は在任していたが、重用していた玄昉は左遷され、七四八年には諸兄の後ろ盾であった元正太上天皇が没してしまう。翌年七月、聖武が譲位し、ついに孝謙天皇が即位すると、仲麻呂は正三位大納言へと一足飛びに昇進した。さらに同年八月、紫微《しび》中台《ちゅうたい》が新設され、仲麻呂は長官の紫微令《しびれい》となるのである。

紫微中台は光明皇后の皇后宮職《こうごうぐうしき》を改組・拡大したもので、その職掌は「中《うち》に居《お》り勅《ちょくう》を奉けたまわりて諸司に頒《わか》ち行う」、すなわち光明の詔勅を頒下するとされた。光明が娘の孝謙を後見し、大政を振るうための機関にほかならない。ただ、誤解のないように言っておくと、紫微中台は太政官に取って代わったわけではない。紫微中台の官人には大納言の仲麻呂のほか、参議や式部省・中衛府など文武の要職と兼官する者が多い。つまり、光明の詔勅をもとに太政官組織を動かしながら国政の掌握がはかられた、というべきである（木本二〇一一）。

仲麻呂がこの紫微中台を牙城として権力を拡張したのは衆目の一致するところである。七五七年（天平勝宝九）には紫微内相《しびないしょう》となり、「内外の諸の兵事」も掌握する。この間、橘諸兄は引退に追い込まれ、聖武が遺詔で定めた皇太子道祖王《ふなど》は廃されて新たに大炊王《おおい》が皇太子に立てられた。仲麻呂は大炊王を私邸に住まわせ、事実上身内関係にあったことから、皇太子の改廃が仲麻呂の画策によることは疑いない。七五八年（天平宝字二）に孝謙が譲位し、大炊王が即位して淳仁天皇になると、仲麻呂は大保《たいほ》（右大臣）となり、さらに恵美押勝《えみおしかつ》の名を賜る。二年後にはついに従一位となり（のち正一位）、臣下としてはじめて大師《たいし》（太政大臣《だじょう》）に昇った。まさに官位官職をきわめたわけである。

しかし、その急速な権力集中は多くの人びとに反発を引き起こした。七五七年の紫微内相就任後まもなく、いわゆる奈良麻呂《ならまろ》の変がおこる。橘諸兄の息男で参議であった橘奈良麻呂が、武力に秀でた佐伯・大伴氏ら伝統的氏族と連携して仲麻呂を誅し、大炊王を廃して新たな皇族を奉じようと計画したのである。孝謙・光明は関係者を呼んで戒めたが、仲麻呂は機先を制して軍勢を動かし、道祖王や長屋王の遺児である安宿王《あすかべ》・黄文王《きふみ》、鎮守将軍の大伴古麻呂《こまろ》（鑑真を来日させた遣唐使として著名）らを捕らえた。彼らは厳しい拷問にかけられ、多くが杖下に死した。こうして有力皇族がさらに姿を消したのである。ほかにも獄死者が少なくなく、配流処分だけでも四百人を超えるほどであった。

†絶頂からの転落――藤原仲麻呂（恵美押勝）の乱

クーデター未遂を乗り越え、藤原仲麻呂は絶頂期を迎えた。しかし、大師になった七六〇年正月から五カ月後、常に仲麻呂を支え、その権力の源泉となっていた光明皇太后が没する。紫微中台という特異な権力機構がその存在意義を失ったわけである。もっとも仲麻呂はすでに右大臣そして太政大臣として政治を動かしていたから、紫微中台の消長はそれほど大きな問題ではない。むしろ問題は、仲麻呂と孝謙との間を取り持つ存在が失われたことにある。仲麻呂と孝謙の関係は淳仁に譲位したあたりからこじれ始めていた。それでも間に光明が入り、彼女を中心に王権がまとまっていたが、その役どころが不在となったのである。拍車をかけたのは、病を機に孝謙が傾倒した僧道鏡《どうきょう》の存在であった。

孝謙と淳仁・仲麻呂の関係は急速に悪化し、ついに朝廷は分裂の様相を見せる。七六二年（天平宝字六）保良宮《ほら》から平城宮に戻ると、淳仁は中宮院（東区内裏）に入ったが、孝謙は東隣する法華寺に入った。そして「政事《まつりごと》は、常の祀《まつり》・小事は今の帝《みかど》行い給え。国家の大事・賞罰二つの柄《もと》は朕《われ》行わん」という有名な詔を出す。これまで政治力を発揮できなかった孝謙が大権の行使を表明したわけである。ただし、この詔だけで孝謙が権力を掌握できたとは考えられない。事態が動いたのは七六四年九月である。仲麻呂が兵を集めているとの不穏な情報を受けて、孝謙は中宮院にあった大権の象徴、駅鈴《えきれい》と内印《ないいん》（天皇御璽《てんのうぎょじ》）を武力で奪わせた。そして仲麻呂の反乱を宣言、三関《さんげん》を固めて仲麻呂の徒党を一気に追い詰めたのである。淳仁を帯同できなかった仲麻呂は、氷上塩焼《ひかみのしおやき》（塩焼王）を今帝《きんてい》に立てて近江国に脱出するが、中央政界に復帰した吉備真備の知略により、勢多《せた》橋を焼かれて行く手を阻まれ、さらに息子辛加知《かたかち》が国守を務める越前国を目指すも、先回りした軍勢に辛加知は斬られた。仲麻呂は引き返し、高嶋郡三尾《みお》埼《さき》で決戦となる。激戦の末、湖上に逃げた仲麻呂は捕らえられ、妻子徒党、塩焼ともども斬首に

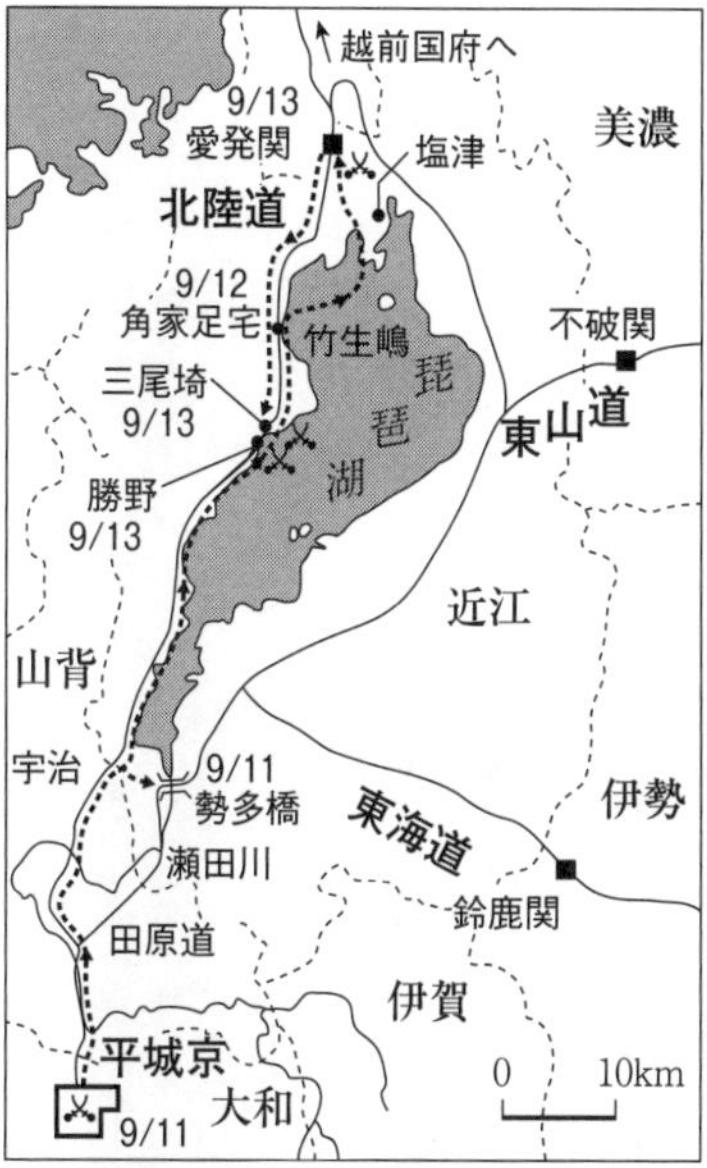

藤原仲麻呂の乱関係図（渡辺2001より）

処された。この間わずか三日あまり。太政大臣正一位のあっけない最期であった。乱後、淳仁は廃されて淡路に幽閉され、死に追いやられた。

『続日本紀』には仲麻呂が「遂に兵を起して反《そむ》く」とあるが、近年の研究で強調されているように、実際には孝謙側が機先を制して仕掛けたというのが実情であろう。また、この争いの端緒で、大権のシンボルであり、かつ実際の文書行政に不可欠な駅鈴・内印が重視されたことは見逃せない。孝謙は日嗣として皇位を継いだことを強調し、いわば伝統的権威を頼みとして朝廷内の支持を得ようとしていたが、律令体制が浸透した当時の官人社会にあっては、それだけでは成り立たなかったのである（木本二〇一一）。

仲麻呂に与する党派は大きく、乱の影響は大きかった。平城宮式部省跡より出土した木簡削屑に「仲万呂支黨除名」（平城宮木簡五－六一七〇、図版参照）などとあり、仲麻呂に同調した官人たちが除名《じょみょう》、すなわち官位を奪われたことを具体的に物語っている。また、乱に

仲麻呂に与した官人の処分を記す平城宮木簡（奈良文化財研究所蔵）

際しては、東大寺正倉院から大刀や弓などが出蔵され、孝謙側で用いられた。事実、正倉院宝物の胡籙《ころく》の一つには乱時に使用したことを示す木札が残っている。なお、正倉院宝物に関して言えば、聖武没後の宝物献納を仲麻呂の無血クーデターであるとする読み物があるが、学術的な意味はほぼないことを申し添えておく。

仲麻呂の乱後、大きな争乱はなかったが、皇位に絡む政変は絶えなかった。孝謙が重祚して称徳天皇となると、仲麻呂と同じように道鏡が成り上がり、皇位を狙うほどであったが、称徳の死によってあえなく没落した。称徳の後は天智系の光仁天皇が継ぎ、聖武の娘である井上《いのうえ》内親王を皇后、その間の子他戸《おさべ》親王を皇太子とすることで皇位の安定がはかられたが、藤原百川《ももかわ》ら式家の策謀により皇后・皇太子は廃されてしまう。ここに天武系に連なる目は完全に失われた。そして続く桓武天皇によって、新たな皇統意識が築かれるのである。

さらに詳しく知るための参考文献

倉本一宏『奈良朝の政変劇』（吉川弘文館、人物叢書、一九九八）……数々の政変の背景と意義を丹念に明らかにし、天武系皇親が途絶するに至るさまを示す。政変ごとに皇親の状況を一覧できるのは至便。

岸俊男『藤原仲麻呂』（吉川弘文館、一九六九）……仲麻呂の人物伝であるが、彼を通じて奈良朝の主要な政治・制度史が着実に描かれた名著。『日本古代政治史研究』（塙書房、一九六六）にまとめられた諸論文の成果が平易にまとめられている。

寺崎保広『長屋王』（吉川弘文館、人物叢書、一九九九）……長屋王邸跡の発掘調査に従事した著者による人物伝。文献の着実な読みと発掘調査の知見を縦横に用い、王と家政機関の実像を豊かに描き出す。

渡辺晃宏『日本の歴史04　平城京と木簡の世紀』（講談社、二〇〇一）……長年平城宮跡の発掘に携わる著者による奈良朝通史。長屋王家木簡や二条大路木簡に詳しい。同氏のより詳細な著作に『平城京一三〇〇年「全検証」』（柏書房、二〇一〇）がある。

新日本古典文学大系『続日本紀』一～五（岩波書店、一九八九～九八）……現在もっとも依拠すべき史料集で、補注が非常に充実している。政変の記述（特に奈良麻呂の変は詳しい）は是非とも原文・読み下し文で読みたい。各巻冒頭に置かれた青木和夫氏の「続日本紀への招待」が時代の流れと雰囲気を伝えてくれる。

北山茂夫『日本古代内乱史論』（岩波現代文庫、二〇〇〇）……北山氏の古典的名著『日本古代政治史の研究』（岩波書店、一九五九）から主要論文を編集したもの。政治史では見えづらい社会の矛盾を注視する。

木本好信『藤原仲麻呂』（ミネルヴァ書房、二〇一一）……岸氏の著作のあとに続く諸研究を踏まえつつ、著者独自にまとめられた最新の仲麻呂論。仲麻呂の「乱」とされるものの実態を明らかにする。

第7講

地方官衙と地方豪族

佐藤 信

†律令国家と地方官衙

日本古代の律令国家が、中央集権的な支配体制を形成する上では、地方官衙《かんが》としての国《こく》府《ふ》（国衙《こくが》）・郡家《ぐうけ》（郡衙《ぐんが》）などを整備することが必須であった。国郡里（郷）制という地方行政システムが実現しなければ、地方の領域的統治に向けての太政官からの命令が届くことはなく、また地方から調庸物などが都に貢進されることもままならず、律令政府は存立し得なかったといえよう。

律令国家が編纂した『日本書紀』や律令の制度によれば、諸国の民衆が天皇に直接奉仕する「一君万民」の「個別人身支配」が古代社会で貫徹していたかのような印象が得られる。しかし、実態としては、地方豪族のもつ在地支配権を統合・総括することによって、はじめて律令国家の集権的支配が成り立ったとみる「在地首長制《ざいちしゆちようせい》」の考え方（石母田正《いしもたしよう》）

が、妥当と思われる。中央から派遣される国司には任期があったが、地方豪族が任じられる郡司は一度任じられれば終生郡司である終身官であったなど、律令国家は郡司の在地土豪的な伝統的支配権を掌握しようとしたのであろう。

律令国家が地方行政システムとして形成した国郡制では、中央から国ごとに派遣される地方官である国司が国内を統治し、国造《くにのみやつこ》などの伝統的な地方豪族が任じられる郡司を通して郡内の民衆を把握することによって、地方統治を実現していた。その際の国司の国内統治の拠点が地方官衙としての国府であり、郡司の郡内統治の拠点が郡家であった。

また、律令制は文書によって官司どうしが連絡しあう文書主義を特徴としていたから、律令官人には、漢字・漢文の読み書き能力と中国的な儒教の教養が必要とされた。地方の国府・郡家でも、中央官司と同様に漢字能力と儒教を身につけた膨大な数の下級官人が必要であった。郡家では、大領《だいりよう》・少領《しようりよう》・主政《しゆせい》・主帳《しゆちよう》のもとに、書生などの郡雑任《ぐんぞうにん》と呼ばれる下級官人たちが相当数いなければ、郡家の諸活動を維持することはできなかった。

律令国家の領域支配システムとして不可欠であったこうした地方官衙とりわけ郡家は、どのような構造をもち、どのような機能を果たしたか、そして郡司はどのように郡内を統治したのか、ということは古代史の重要な課題であるといえよう。

武蔵国都筑郡家の復原模型（横浜市歴史博物館蔵）

郡家の構成

地方官衙としての郡家をとりあげたい。郡家は、正殿《せいでん》・脇殿・「庭」（広場）とそれをとり囲む区画施設・南門からなる郡庁《ぐんちょう》を中心として、諸機能を分掌する個別官司である曹司《そうし》（実務官衙・官舎）、郡司の居住する公邸である郡司館《ぐんじのたち》、国家的な大規模倉庫群が建ち並んで租税を保管する正倉院《しょうそういん》、郡家に勤める官人たちに給食をするための厨《くりや》（郡厨）、そして郡家を維持するための土器・鉄・瓦・漆などを作る手工業の生産遺跡などによって構成される。

また、郡家の近くには、郡司氏族の氏寺でもある寺院（「郡寺」）が、しばしば一体として営まれる。また、人形《ひとがた》・斎串《ゆぐし》・土馬《どば》・石製模造《せきせいもぞう》品《ひん》・人面墨書土器《じんめんぼくしょどき》などの祭祀具《さいしぐ》を用いて水辺で祓《はらえ》を行う律令制的祭祀が行われた祭祀遺跡も、しばしば郡家近傍にみられる。郡家には東海道など七道の駅路《えきろ》が通ることがあり、駅家《うまや》が郡家に付属する場合もあったと思われる。また駅路のない郡でも、郡家には伝馬《でんば》が配されており、国府や他の郡家との間を結ぶ地方官道「伝路《でんろ》」の交通を維持していた。駅路・「伝路」などの古代の直線官道の遺構が、郡家に向かっている例が確認されている。また、水上交通の港である郡津《つ》が郡家に付属する場合もあった。

郡庁の規模は方五〇メートル程度の事例が多く、国庁の方一〇〇メートル程度よりも小規模となっており、郡家は国府の構成にならいつつ小型化しているといえる。ただし、実際には七世紀半ばの天下立評で諸国に評《ひょう》（のちの郡）が置かれ地方豪族が「評司」（評督・助督）に任じられて地方官衙「評家（評衙）」が営まれ、「郡家」となっていく経緯からすると、国府よりも先行するといえるのである。大宝令からは八世紀前半といわれるが、最近では、七世紀後期に初期国府が営まれる場合が知られている。

正倉院は、国家的倉庫である正倉《しょうそう》の倉庫建物群が列をなして並び、それらを溝などの区画施設が取り囲んで院をなす倉庫群である。田租として徴税した籾穀や、公出挙《くすいこ》で収納する穎稲《えいとう》を収納・保管するための大規模な総柱の高床倉庫建物である正倉は、はじめは掘立《ほったて》柱《ばしら》建物であったのが八世紀後期頃に礎石建物へと変遷することも多い。正倉建物は、一般集落の掘立柱倉庫とは格段に異なる大規模な倉庫であり、それが何棟も建ち並ぶ威容は、律令国家の威厳を地方民衆に示す施設でもあった。立派な正倉群に保管された大量の稲穀の存在は、飢饉に際していざという時に国家が民衆を救済してくれる資源になるだろうという期待が、民衆の国家への依存心を高めることにつながったと思われる。立派な郡家や正倉院は、支配を確実にするための道具となる施設でもあったのである。

†遺跡群としての郡家跡

郡には、郡家（郡衙）のみでなく、郡家と同様な構成をもつ官衙の郡家出先機関が営まれる場合があり、また租税の運搬・保管に不便な地域がある場合に、郡家の正倉院からは離れた地に、正倉院（正倉別院）が置かれることがあった。

発掘調査で実際に一つの郡内に複数の地方官衙遺跡がみつかった例もある。この場合、郡家が移動した可能性がある場合もあるが、一方、郡家とは別に郡家出先機関が営まれたり、正倉院が郡家正倉院から離れた地域に別置される場合もあった。たとえば、因幡《いなば》国気《け》多《た》郡（鳥取県気高町）では、郡家と考えられる上原《かんばら》遺跡とは別に、中国山地により地形的に離れた交通要衝の地に、倉庫や官衙施設のある戸島《としま》遺跡や馬場《ばば》遺跡が配置されていた。また、筑前国御原《みはら》郡（福岡県小郡市）では、上岩田《かみいわた》遺跡・小郡官衙《おごおりかんが》遺跡・下高橋《しもたかはし》遺跡という複

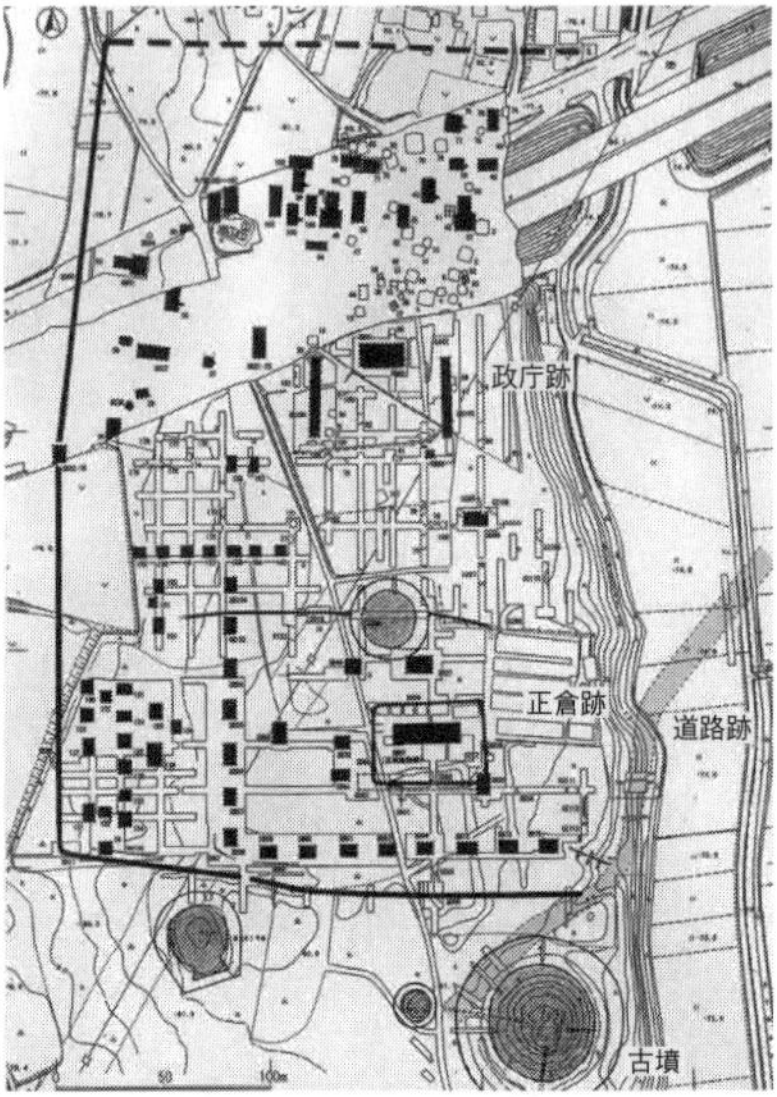

上神主・茂原官衙遺跡（栃木県宇都宮市・上三川町）の遺構配置全体図

数の郡家規模の地方官衙遺跡がみつかっており、七世紀後半の上岩田遺跡から、その後小郡官衙遺跡・下高橋遺跡へと時代順に移動したか、または一時は併存していたことが推定されている。

下野《しもつけ》国河内《かわち》郡では、これまで郡家と推定されてきた正倉院群のある多功《たこう》遺跡（下野市）に加えて、上神主《かみこうぬし》・茂原《もばら》官衙《かんが》遺跡（宇都宮市・上三川町）がみつかった。上神主・茂原官衙遺跡では、八脚門の西門をもつ区画施設（南北三九〇メートル・東西二五〇メートルを堀・塀で区画）に囲まれて、南に正倉院、中央に正殿・東脇殿・西脇殿からなる政庁、北方に雑舎が配置され、南東をかすめて斜めに古代東山道が走っている官衙遺跡の全貌が明らかにされた。正倉院の中で特別に大規模な礎石建ち瓦葺きの高床倉庫建物では、瓦に人名をヘラ書きした文字瓦が大量に出土しており、百名以上の河内郡の人名が知られた。また、西七五〇メートルに位置する西下谷田《にししもやた》遺跡は、七世紀後半から八世紀前半の官衙遺跡であり、西下谷田遺跡から上神主・茂原官衙遺跡への移動や上神主・茂原官衙遺跡と多功遺跡の併存などの検討が課題となっている。なお、河内郡には下野《しもつけ》薬師《やくし》寺《じ》跡（下野市）もあり、そこにも国府管下の官衙である「造下野国薬師寺司」が存在していた。

郡司層と郡雑任

複数の地方官衙が一郡内に併存するということの背景として、郡司層の存在がある。これまで、国造に由来して伝統的支配権をもつ郡司氏族が郡内を一元的に掌握してきたという見方が強かったが、実態として八～九世紀の郡司は十年くらいで官職交替が行われていた（須原祥二説）。これは、終身官であるはずの郡司が短期で交替をくり返したことを意味し、郡司が次の郡司候補に官職を譲るなどのことがあったことを示す。郡司氏族が一枚岩でなく郡司になり得る複数の氏族が並立していた様相もあり、郡の社会が郡司氏族のもとの一元的な社会でなく、複数の郡司候補すなわち郡司層が並び立つ多元的な社会であったことをうかがわせる。たとえば郡家に大領がいて、郡家の出先機関に少領がいるようなことがあったのであろう。

郡家に勤める下級職員として、様々な職務に携わる郡雑任《ぐんぞうにん》と呼ばれる人々がいた。有力家族層から官人化をめざして郡家に勤務したと考えられる。弘仁十三年（八二二）閏九月二十日太政官符《だいじょうかんぷ》（『類聚三代格《るいじゅうさんだいきゃく》』巻六）では、優遇して食糧を給う郡雑任の範囲を限定することが定められている。そこで記された郡雑任には、

書生・案主《あんず》・鎰取《かぎとり》・税長・徴税丁・調長・服長《はとり》・庸長・庸米長・駆使《くし》・厨長《くりやちょう》・器作《うつわづくり》・造紙丁・採松丁・炭焼丁・採藁丁・芻丁《まぐさ》・駅伝使舗設丁・伝馬長

などがみられる。一人の厨長に駆使五十人が属しているように、郡家に勤める下級官人には、多様な人々がいたのであった。

地方官衙遺跡の複合性

美濃《みの》国武儀《むぎ》郡家である弥勒寺《みろくじ》官衙《かんが》遺跡群（岐阜県関市）では、七世紀にさかのぼる白鳳寺院の弥勒寺跡が古くから知られており、「郡寺」と考えられる。その東側に、郡家遺跡である弥勒寺東遺跡がみつかり、七世紀後期にまでさかのぼる郡庁を中心に、北に倉庫群が列立する正倉院があり、東方に郡司館・厨などが配置されていた。東南には長良川が流れており、河川交通の水運が利用されたと思われる。弥勒寺跡のすぐ西には、人形・斎串や墨書土器などが出土した祭祀遺跡の弥勒寺西遺跡もみつかっている。弥勒寺西遺跡の西方

には、七世紀前期頃の池尻大塚古墳（方墳）があり、郡司氏族となるムゲツ氏の墓と考えられる。武儀郡は、六七二年の壬申の乱の際に天武天皇の舎人《とねり》として活躍した身毛君広《むげつのきみひろ》の出身地であり、彼の活躍が、地方豪族ムゲツ氏が飛鳥の国家的寺院の造営技術を導入して弥勒寺を創建したり、武儀郡の郡司となって郡家を営んだりするもとになったと考えられている。

武蔵国幡羅《はら》郡家跡（埼玉県深谷市・熊谷市）では、倉庫群の並ぶ正倉院や曹司《そうし》（官舎）・館《たち》・工房などの官衙施設が幡羅遺跡としてみつかっており、その東方に「郡寺」伽藍の基壇遺構が存在した西別府廃寺《にしべっぷはいじ》跡があるほか、すぐ北側の段丘崖下の湧水地点に、祭祀具である滑石製模造品《かっせきせいもぞうひん》が出土した西別府祭祀遺跡が存在している。この低湿地の湧水地点には、荒川筋につながる運河が推定され、正倉院への運搬には水運が利用されたであろう。また、正倉院に沿って直線に走る「伝路」の道路跡がみつかっているほか、陸上交通路の東山道《とうさんどう》武蔵路《むさしみち》とのリンクも推定されている。幡羅官衙遺跡群ともいうべきこの郡家遺跡では、郡家が仏教寺院とセットであるばかりでなく、神祇祭祀とも密接に結びついており、郡司氏族が在地社会の神祇信仰と新来の仏教とを混交して受容した状況を物語っている。

常陸国筑波郡家（茨城県つくば市平沢官衙遺跡）の復原正倉群

郡家の公的機能・財政機能

郡家は、地方行政上の多様な機能を果たした。その機能は、次のように整理できよう。 第一に、公的機能である。郡が果たす公共性を象徴する機能であり、そのための中心的な場が、政務・儀式・饗宴などの儀礼を行う郡家の政庁としての郡庁《ぐんちょう》であった。原則として南に面する正殿《せいでん》と、その前面の東と西の脇《わき》殿《でん》に囲まれた「庭」（広場）を中心に、南門とそれから延びる塀などの区画施設によって方五〇メートルほどで囲まれる構造をもつ。ここは、郡司が行う公務の儀礼が行われ、文書行政の場でもあった。

第二には、財政機能である。租税の徴税と収蔵に関わる機能である。郡家には、溝などの区画施設に囲まれて、国家的倉庫である正倉が列をなして群立する倉庫群の正倉院が存在する。稲穀を収納する高床倉庫や貢納物を収める屋《おく》などの正倉は、一般集落の倉庫とは異なる大規模な建物で、それが多く列立する威容は、律令国家の権威を地方社会において象徴する施設でもあった。

†郡家の宗教・祭祀機能

第三に、宗教・祭祀《さいし》機能である。郡家の近傍には、官衙とセットになる寺院が営まれることが多く、「郡寺」「郡家周辺寺院」などと呼ばれる。この寺院は、郡司氏族の氏寺《うじでら》としての性格をもつことになる。また、郡家の近傍には、律令制的祭祀が行われた祭祀遺跡が存在することがある。中央の宮都で全官人が参加して行われる六月・十二月晦日の大祓《おおはらえ》のような祭祀儀礼は、地方官衙の国府や郡家でも行われることがあったと思われる。水辺の祭祀として、人形・斎串・土馬・人面墨書土器などを用いた祭祀の遺跡や遺物が、郡家近傍に存在することがよくみられる。郡司たちは、官衙の郡家とともに仏教や神祇祭祀を神仏混交で導入して、メンタルにも地域の統制を実現しようとしたのである。

『常陸国風土記』の行方《なめかた》郡条には、次のような記事がみえる。

郡家の南門に、一つの大きなる 槻《つきのき》有り。其の北の枝は、自から垂りて地に触り、還《ま》た、空中に聳《そび》ゆ。其の地は、昔水の沢《さわ》有りき。今も霖雨《ながあめ》に遇《あ》へば、庁（まつりごとどの）の庭に湿潦《みずた》まる。

この記事によれば、常陸国行方郡の郡家は、在地社会の信仰を集めた神木と思われる特徴ある槻樹の大木を政庁南門の場所に取り込むように位置づけられていた。長雨が降ると湿地化する沢地形であったにもかかわらず、郡家の郡庁正殿・南門や広場（「庭」）の土地造成が為されたことがうかがえる。これは、伝統的な在地社会の祭祀を支配下に取り込む形で、郡家政庁の位置が決められ郡庁が営まれたのであろう。

また、宝亀《ほうき》三年（七七二）十二月十九日の太政官符によれば、武蔵国入間《いるま》郡において正倉の神火《じんか》があった際に、「郡家西北角に在る神□□出雲伊波比神《いずもいわいのかみ》祟りて……郡家の内外に所有る雷神を引率いて、此の火災を発し……」と、地元の神への幣帛《へいはく》の奉納が滞っていたために、神意により火災が発生したという記載がみられる。郡家の四隅や内外に祭られる神々があったことが知られるのである。

†郡家の文書行政機能

第四に、文書行政機能である。律令制は文書主義《もんじょしゅぎ》を特徴としており、中央から地方に向けた命令や地方から中央に上げる情報は、原則として文書によって伝達された。古代官人の必要条件は、漢字・漢文の能力と中国の儒教的教養であり、国府とともに郡家にも漢字文化を身につけた下級官人が大量にいなくてはならなかった。各地の郡家遺跡からは、木簡《もっかん》・漆紙文書《うるしがみもんじょ》・墨書土器《ぼくしょどき》などの出土文字資料が多く出土しており、古代の漢字文化の受容が地方官衙から地方社会に広まっていった様子が知られる。

漢字を習得するための練習書きである習書《しゅうしょ》を記した木簡は各地の地方官衙遺跡から出土し、たとえば東北の城柵《じょうさく》遺跡である出羽《でわ》国の秋田城跡（秋田市）や、鎮守府《ちんじゅふ》が置かれた陸《む》奥《つ》国の胆沢城《いさわじょう》跡（岩手県奥州市）などでは、漢文の名文を集めた中国の『文選《もんぜん》』の文章が習書されていた。東北の城柵は、軍事拠点であるとともに、地方行政の拠点であったことがこれまでの発掘調査成果からわかってきたが、漢字・漢文を習書する下級官人の姿は、そのことを証明している。

また、越後《えちご》国古志《こし》郡家である八幡林《はちまんばやし》官衙遺跡群（新潟県長岡市）からは、八世紀前半にさかのぼる郡符《ぐんぷ》木簡や封緘《ふうかん》木簡が出土している。郡符木簡は、郡司が部下の郷長などに命令を伝える際に発行した、律令の公式《くしき》令（13符式条）の書式にならった命令下達の公文書である。郡内の末端である郷への命令にも、公式な文書としての郡符木簡が使用されていることから、律令制の文書主義の拡がりが知られる。また封緘木簡は、紙の文書を二枚の木簡ではさんで封ずるもので、紐で木簡を綴じた上に墨書で封緘し、宛名を表書する使い方がなされた。この封緘木簡も、郡司より下のレベルの人々から紙の文書が郡司宛てに提出されたことを示している。これらのことから、漢字の世界が越後の古志郡のような地方社会の末端にも拡がっていた様相がうかがえたのである。

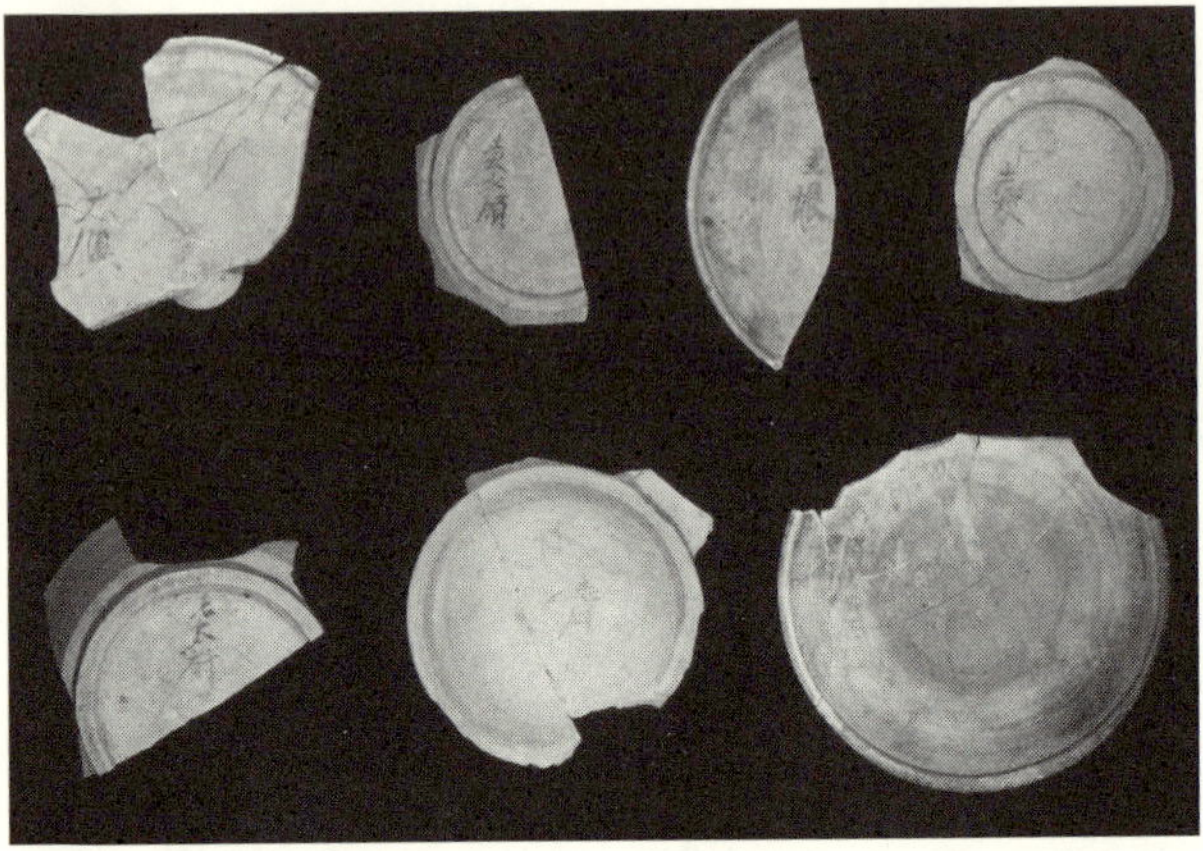

駿河国志太郡家跡（静岡県藤枝市御子ヶ谷遺跡）出土の「厨」墨書土器群（藤枝市郷土博物館蔵）

なお、郡司には伝統的な地方豪族が任じられたから、郡内への命令は使者による口頭伝達でも充分であったはずであるが、律令制の文書主義に従って郡符木簡が利用されたところに、地方行政の新段階が認められる。郡司となった地方豪族による在地支配は、律令制の確立とともに、口頭による人格的支配から文書による行政的支配へと変質していったのである。

†郡家の給食機能

第五に、給食の機能である。中央・地方すべての古代の官庁は、官僚制維持のために給食制が施行されており、勤める官人には、毎日、朝夕の給食が行われていた。古代の官人とくに下級官人たちを官僚業務に専念させるために、給食は必須な事業であった。食材や水・酒・食器などの調達・保管から調理・配膳などにわたる給食が前提となって、はじめて役所が機能することができたのである。国府に国府厨《こくふくりや》があるように、郡家にも郡家厨《ぐうけくりや》・郡厨《ぐんくりや》が存在した。郡家厨で利用される食器には、須恵器《すえき》・土師器《はじき》の杯《つき》・皿《さら》・椀《わん》の、定形化した一定方量の土器群が採り入れられた。こうした大量の食器が破損して廃棄されるなどして、郡家遺跡からは多くの土器片が出土する。そのなかに、食器の所属を示す「厨」の墨書土器が多く出土している。駿河《するが》国志太《しだ》郡家跡（御子ケ谷《みこがや》遺跡・静岡県藤枝市）では、「志太厨」「志厨」「志大領」などと墨書した須恵器の杯が二百数十点出土しており、志太郡家厨の存在が指摘されている。

†郡家の生産機能・交通機能

第六に、手工業生産の機能である。郡家にも、中央官庁や国府と同様に、大規模な官衙や寺院を維持するために、様々な手工業生産の官営工房が付属していなくてはならなかった。郡家維持のための鉄生産、郡家における給食用の土器（食器）生産、「郡寺」のための瓦生産、多目的な用途をもつ漆生産などのための官営工房《かんえいこうぼう》が、郡家には付属する場合があった。

第七に、交通機能である。これは、陸上交通と河川・海上に分かれる水上交通との両方に関連する機能である。郡家には、東海道など七道の駅路《えきろ》が通ることがあり、公使の往来を支援するため駅路の三〇里（約一六キロメートル）ごとに置かれた駅家《うまや》が付属する場合もあったと思われる。駅路のない郡でも、郡家には伝馬《でんば》が配されており、郡家と国府・他郡家を結ぶ地方官道である「伝路《でんろ》」の網の目を維持していた。各地の駅路・「伝路」などの古代直線官道の発掘調査によって、幅一二メートル・九メートル・六メートルなどの道幅で両側溝をもつ遺構が確認されている事例があり、それが郡家と結びつく場合がある。

また、河川や運河につながる水上交通の港である郡津《つ》が郡家にともなう場合もあった。陸奥《むつ》国磐城《いわき》郡家である根岸《ねぎし》官衙遺跡群（福島県いわき市）の根岸遺跡の関連遺跡からは、郡内の郡雑任《ぐんぞうにん》である津長に宛てた九世紀代の郡符《ぐんぷ》木簡が出土している。それによれば、郡司の管理下にあった立屋津《たてやのつ》の場所は地名から夏井川が太平洋にそそぐ地であり、この津は太平洋の海上交通と夏井川の河川交通の結節点に置かれた郡の港と考えられる。古代には水上交通が頻繁に用いられたことを考慮しておくべきであろう。

†地方豪族と王権

郡司は、律令制下では国司の下位に位置する地方官であるが、ヤマト王権の時代には、国造《くにのみやつこ》として大王に奉仕し、大王からはカバネなどを賜与される直接的な関係をもち得る立場であった。大王と地方豪族の関係は、はじめは同盟的関係であったのが次第に支配・従属的関係へと変化していったと思われるが、そうなってから後も、直接関係をもつことがあった。地方豪族の大王への奉仕の実像は、特産物の貢進、軍事動員・労役動員への協力、子弟の舎人《とねり》としての近侍、姉妹娘の采女《うねめ》としての近侍などであった。

舎人については、壬申の乱の際に大海人皇子（天武天皇）に近侍する東国出身の舎人たちの活躍により、不破関《ふわのせき》の地を抑えて東国の軍勢を動員することに成功し、大海人皇子は最終的に近江朝廷を打ち破ることができたという経緯が象徴的である。東国の地方豪族の子弟である舎人たちを味方にしたことの意義を、過小評価することはできない。また、采女については、後宮職員令《こうきゆうしきいんりよう》（18氏女采女条）に、「其れ采女を貢《みつ》がむには、郡の少領以上の姉妹および女の、形容端正なる者を、皆中務省《なかつかさしよう》に申し、奏聞《そうもん》せよ」とあり、地方豪族である郡司の大領・少領以上の、姉妹・娘の美しい女性を天皇のもとに出仕させる制度である。七世紀代には、天智天皇が伊賀（三重県）の地方豪族の娘である伊賀采女《いがのうねめ》との間に生まれた大友皇子《おおとものみこ》に近江朝廷を主宰させて皇位を譲ろうとしたこと、また、天武天皇と筑紫（福岡県）の地方豪族宗像君《むなかたのきみ》の娘である宗像采女《むなかたのうねめ》との間に生まれた第一子の高市皇子《たけちのみこ》が、壬申の乱の軍事指揮を行い勝利に導いたことから、有力な皇位継承候補でもあったことなど、采女は天皇の妻となり次代の天皇の母ともなり得る存在であった。

こうした地方豪族と王権の結びつきは、律令国家の形成の上でも有意義であった。地方豪族と天皇との間の直接的な人間関係は、律令時代になっても継続しており、舎人や采女が下級職員化しても、意味を持ち続けた面がある。とくに采女の場合、奈良時代後期の孝《こう》謙《けん》太上天皇《だじょうてんのう》・称徳《しょうとく》天皇の時代に、女官である多くの采女が取り立てられ貴族となり、本国の国造にもなるなどしたことは、そうした関係が生きていたことを示そう。

✝上野国佐位郡司の檜前部君氏と采女

上野《こうずけ》国佐位《さい》郡では、佐位郡正倉跡（三軒屋遺跡、群馬県伊勢崎市）が、発掘調査で明らかになった。佐位郡家については、国司が交替する際の文書である一〇三〇年（長元三）の『上野国交替実録帳《こうずけのくにこうたいじつろくちょう》』に、官舎の欠失・破損の記録がある。それによれば、この時すでに多くの郡家の正倉・郡庁・厨家《くりや》の建物は「無実」で、すなわち建物は滅失していた。正倉では十八棟の倉庫がすでに無実となっている。発掘調査では、掘立柱の総柱《そうばしら》倉庫から礎石をもつ総柱倉庫へと変遷する、多くの倉庫群が列立する正倉院の遺跡が明らかになった。その中で、文書に「第一八面甲倉壱宇《はちめんこうそういちう》」と記された倉庫の遺跡がみつかった。象徴的に大規模な八角形（八面）の校倉《あぜくら》（甲倉）の倉庫であり、全国はじめての八角形の大規模正倉として注目された。郡庁の遺跡は未解明であるが、正倉院の北方一キロメートルに、「郡寺」上植木《かみうえき》廃寺《はいじ》の遺跡が知られる。七世紀後半にさかのぼる、東国でも初期の白鳳寺院として名高い寺跡である。南門、中門から発して講堂《こうどう》にとりつく回廊に囲まれた中に金堂《こんどう》・塔《とう》があり、食堂《じきどう》そして瓦窯跡もみつかっている。西側に、正倉院に向けて南に延びる道路遺構が知られる。出土した文字瓦には、郷名を記載した「佐」（佐井《さい》）、「雀」（雀部《さざきべ》）、「美」（美侶《みろ》）、「渕」（渕名《ふちな》）、「反」（反治《ほむじ》）があり、各郷を動員して郡寺の造営が行われたことがわかる。

ところで佐位郡の郡司氏族は、奈良の正倉院に伝わる七四九年（天平感宝元）の調庸布の墨書銘に「大領《だいりょう》檜前部君賀《ひのくまべのきみか》味《み》麻《ま》呂《ろ》」とあるように、檜前部君氏であった。この氏族の女性である檜前部老刀自《ひのくまべのおいとじ》（のち檜前君老刀自さらに佐位朝臣老刀自となる）という采女が、『続日本《しょくにほん》紀《ぎ》』に次のようにしばしば登場する。

天平神護《てんぴょうじんご》二年（七六六）十二月癸巳《きし》条（称徳天皇）
　称徳《しょうとく》天皇の西大寺行幸の際に、外従五位下《げじゅごいのげ》檜前部老刀自に外従五位上を授ける。

神護景雲元年（七六七）三月乙卯条（称徳天皇）
　上野国佐位郡の人外従五位上檜前君老刀自に上野佐位朝臣《こうずけのさいのあそん》の姓《せい》を賜《たまわ》る。

神護景雲二年（七六八）六月戊寅条（称徳天皇）
　掌膳《しょうぜん》上野国佐位采女外従五位下（ママ）上野佐位朝臣老刀自を本国の国造とす。

宝亀二年（七七一）正月庚申条（光仁天皇）

……外従五位上上毛野佐位朝臣老刀自……に従五位下を授ける。

ここに、采女として称徳天皇の後宮に仕えて重用された檜前部老刀自は、檜前君《ひのくまのきみ》さらに上野佐位朝臣の姓《せい》を賜わっており、本国の国造にも任じられ、ついに自ら従五位下の貴族にまでなっている。上野佐位朝臣の姓を得たり、老刀自が上野国造になったことは、出身氏族の檜前部君氏としては、佐位郡司の地位を確実にする上で有意義だったであろう。娘が出仕して采女となることは、王権との結びつきを深め、郷里における氏族の地盤を強化することにつながったのである。檜前部老刀自が仏教にのめり込んだ称徳天皇に重用された背景には、佐位郡で育った頃に「郡寺」で氏寺である上植木廃寺で仏教信仰に親しんでいたことで、称徳天皇と心を通じ合うことができたのであろう。

†郡家と地方豪族

発掘調査によって明らかになってきた郡家の考古学的な構造と、郡家が果たした多様な機能を対応させて考えることによって、律令国家の地方行政のなかで郡家が担った位置を具体的にとらえることができるように思う。また、官衙としての郡家の実像とともに、官人としての郡司や郡司氏族の在地社会における実態をさぐることによって、在地での地方官衙の実像が立体的に明らかになるであろう。その際、ヤマト王権時代にさかのぼり、律令時代にもつづいた、地方豪族と王権との直接の人間的関係についても考えることによって、より律令国家の中央集権性の実像に近づけるものと考える。本講では、そうした方向での検討を進めた次第である。

さらに詳しく知るための参考文献

阿部義平『官衙』(ニュー・サイエンス社、一九八九)……古代官衙遺跡の発掘調査成果を、考古学的にまとめて概観した書。

江口桂編『古代官衙』(ニュー・サイエンス社、考古調査ハンドブック11、二〇一四)……古代の中央・地方の官衙遺跡の発掘調査成果や研究の現状と課題を、考古学的に概観した書。

佐藤信『古代の地方官衙と社会』(山川出版社、日本史リブレット8、二〇〇七)……古代の地方官衙の構造や多様な機能について、発掘調査成果をふまえて明らかにし、地域社会との関係を平明に見通した概論。

条里制・古代都市研究会編『日本古代の郡衙遺跡』(雄山閣、二〇〇九)……古代の郡家遺跡の発掘調査成果の全体像を知る上で大変便利な書。

栃木県立しもつけ風土記の丘資料館『律令国家の地方官衙　古代の役所2』(栃木県教育委員会、二〇〇二)……地方官衙遺跡の発掘調査成果を、遺跡・遺物の両面から簡明に展示した特別展の図録。

奈良国立文化財研究所編『古代の官衙遺跡Ⅰ遺構編』(奈良文化財研究所、二〇〇三)/『古代の官衙遺跡Ⅱ遺物・遺跡編』(奈良文化財研究所、二〇〇四年)……古代の中央地方の官衙遺跡の発掘調査成果で

ある遺構や遺物・遺跡の様々な図面・表を提供して分析を加えた書。なお奈良文化財研究所ホームページで提供される「古代地方官衙関係遺跡データベース」は、各地の遺跡を調べる上で有益。

山中敏史『古代地方官衙遺跡の研究』(塙書房、一九九四)……専門書であるが、古代の国府・郡家の遺跡について詳細に考古学的な分析を加えて、地方官衙の発掘に指針を示した研究。

山中敏史・佐藤興治『古代の役所』(岩波書店、一九八五)……古代の中央・地方の官衙遺跡の発掘調査成果を、わかりやすく復元図を用いて説いた早い時期の書。

第8講

遣唐使と天平文化

飯田剛彦

†天平文化における国際性とは

奈良時代に花開いたきらびやかな文化を天平《てんぴょう》文化と呼ぶ。その第一の特徴は、遣唐使らによってもたらされた先進国・唐の文物に象徴される国際色の豊かさである。唐との交通によって様々な文物が日本に移入され、天平文化として結実したとされている。天平文化の精髄《せいずい》を伝える正倉院宝物には、その国際性が如実に反映されており、西域に由来する要素がとりわけクローズアップされ、正倉院は「シルクロードの終着駅」である、といった表現も広く一般に受け入れられている。

天平文化の「国際色の豊かさ」という性格については疑う余地はないものの、その内実について正しく理解されているかといえば、必ずしも十分とは言い切れない。例えば、シルクロードの東の果てであるがゆえに日本に必然的に船載品が集積され、正倉院宝物の大半はそれら舶載品から構成されている、といったイメージを、漠然とでも抱いている人々が多いのではなかろうか。これらは説明不足による誤ったイメージに過ぎないので、本講においては天平文化の国際性の内実について具体的にみていくことで、イメージの修正を図りたい。

　まず、あたかも日本が東西文化交流の一大拠点であったかのような理解について検証してみたい。手掛りとして、正倉院に伝来した平螺鈿背鏡《へいらでんはいきょう》を俎上《そじょう》に載せる。平螺鈿背鏡は古代における代表的な宝飾鏡であり、その背面は東南アジア海域産の玳瑁《たいまい》、ミャンマー・中国産の琥珀《こはく》、南海産の夜光貝《やこうがい》螺鈿、アフガニスタン産のラピスラズリ、イラン産のトルコ石など、多様な地域から運ばれた素材で飾られている。これらは鏡胎の金属組成が中国で出土する鏡に一致することから、唐からの舶載品であることが明らかであり、多彩な素材で飾られたこのような工芸品が生み出されたのは、唐においてだからこそ可能であったことが理解できる。世界帝国である唐は当時の国際交流の中心であり、周辺の諸地域から様々な物資や文化が集積されていた。平螺鈿背鏡は、それを象徴するような宝物なのである。

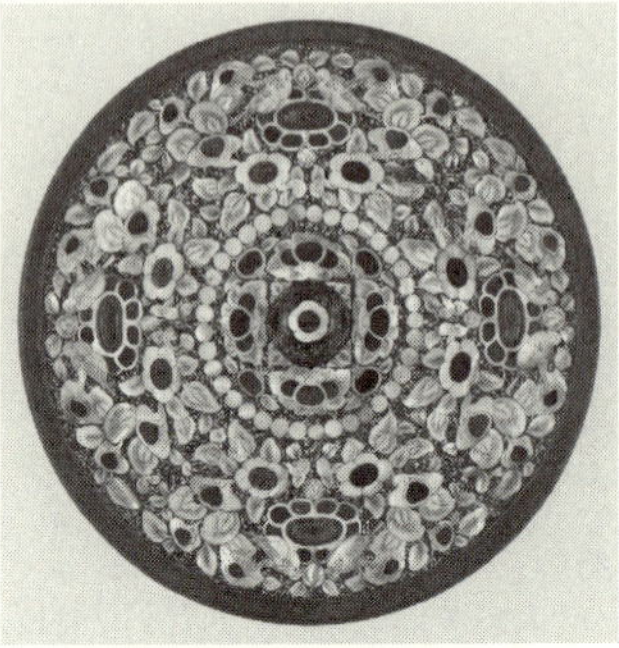

円鏡　平螺鈿背　第11号（正倉院宝物）

正倉院に平螺鈿背鏡が伝来するとは言っても、それは東西文化交流の一大拠点であった唐からその果実のほんの一部分を継受したものに過ぎず、「シルクロードの終着駅」というフレーズに幻惑されて当時の日本の国際性を過大評価することは厳に避けねばならない。このフレーズを案出した文様研究者の林良一氏も、日本が国際交易の一大拠点であったと言いたかった訳ではない。のちの説明によれば、これは正倉院が唐朝文化を反映した美術工芸品を現代に伝えることを表現しただけで、「終着駅長安についた貨車をそのまま入れている車庫」といった程度の意味であるとの見解を示している（『シルクロード』美術出版社、一九六二）。すなわち、あくまで具体的な「もの」が正倉院に奇跡的に残されたという事実を重視したのであり、このフレーズによって天平時代の日本の国際交流史上における位置付けを歪めるべきではない。この点について、まず正しい理解を持つ必要がある。

†正倉院宝物の中の舶載品

天平文化の国際性、東西文物交流のありようを、具体的な「もの」のかたちで示す正倉院宝物についてより詳しくみてみよう。もと東大寺の正倉であった正倉院は、天平勝宝《てんぴょうしょうほう》八歳（七五六）六月二十一日に光明皇后が東大寺盧舎那仏《るしゃなぶつ》に献納した聖武天皇の遺愛品を中心に、東大寺で催された儀式の道具や様々な仏具、造東大寺司《ぞうとうだいじし》の管理下にあった諸物資など、約九千点の多種多様な宝物を現代に伝える。北倉に収められた宝物は、光明皇后による宝物献納時の目録である国家珍宝帳《こっかちんぽうちょう》以下五通の東大寺献物帳《とうだいじけんもつちょう》に対応しており、全体の中でも由緒の正しい部類に入る。

宝物の中で、最も直接的に海外との結び付きを表すのは、海外で製作され、舶載されたものであろう。これらを精査することにより、奈良時代にどのような舶載品がもたらされたのかが判明するが、正倉院宝物の中でも、一見して海外で製作されたことが明らかな品は意外なほど少ない。そのことを示す銘文の存在や、海外での出土品との成分の一致などによって舶載品である確度が高いものから、様々な状況から舶載品であると推定できるものまで様々である。

銘文から唐製と判明する宝物には、唐の宮廷工房によって製作された金銀花盤《きんぎんのかばん》、唐・開元二十三年（七三五）の製作が推定される金銀平文琴《きんぎんひょうもんきん》、開元四年（七一六）銘の墨などがある。また、技術の卓越性からは、現存唯一の五絃琵琶である螺《ら》鈿紫《でんし》檀《たん》五絃琵琶、円形の銅と長い頸が特徴的な螺鈿紫檀阮咸《げんかん》、織幅が通常の二倍ある縹地大唐花文錦《はなだじだいからはなもんにしき》を用いた錦琵琶袋などが、また、彼の地の出土例からは、つま先に花形飾りのある履物である繍線鞋《ぬいのせんがい》、銀製の球形香炉である銀薫炉《ぎんくんろ》、遊戯盤の木画紫檀双六局《もくがしたんのすごろくきょく》、陶製の硯を木画で飾った台に据えた青斑石硯《せいはんせきのすずり》などが、献物帳の記載からは、中国に密教を伝えたインド僧金剛智《こんごうち》の袈裟《けさ》とされる七条褐色紬袈裟《しちじょうかっしょくつむぎのけさ》、末金鏤《まっきんる》という研出蒔絵《とぎだしまきえ》の技法で飾られた金銀鈿荘唐大刀《きんぎんでんかざりのからたち》などが、それぞれ唐製と推定できる。

新羅からの舶載品としては、「新羅楊家上墨」銘のある墨、新羅の徴税関係文書の反故紙を素材に利用した華厳経論帙、同じく新羅の文書を緩衝材に用いた重ね鋺《わん》である佐波理《さはりの》加盤《かばん》、交易用の布製ラベルを付す毛氈《もうせん》などが確実なところで、蠟燭《ろうそく》の芯切り鋏《はさみ》である白銅《はくどう》剪子《のせんし》や佐波理匙などが彼の地の出土品との類似性によって舶載品と推定可能なものである。唐からの舶載品には高級な工芸品の割合が多いのに比して、これらは日常使いの品が多い印象を受ける。天平勝宝四年（七五二）の買新羅物解《ばいしらぎもののげ》は新羅からの輸入品に対する日本の貴族の購入申請書であるが、薬物・香料・仏具・調度・食器・毛氈などが取引されており、正倉院の新羅製品と一致するものも多い。八世紀半ばには新羅との交易が盛んになっており、正倉院の新羅製品も交易によって入手された可能性が高い。なお、輸入品には新羅の特産品を含む一方、薬物・香料・毛氈類など、新羅が唐や東南アジアとの交易で入手したと思しき品が多く、新羅の交易が中継貿易的な性格を有していたことが分かる。

その他、アルカリ石灰ガラス製の紺瑠璃坏《こんるりのつき》・白瑠璃碗《はくるりのわん》・白瑠璃瓶《はくるりのへい》等はササン朝ペルシャ製、約六十種の薬物・香料は、東南アジアやインドなど広くアジア地域を原産地とする宝物であり、唐や新羅を介しての入手ではあるものの、極めて幅広い地域から様々な文物が運ばれ、伝存しているのである。また、献物帳には既に失われた船載品と見られる宝物の記載が多く認められる。百済の義慈王《ぎじおう》から藤原鎌足に贈られた赤漆欟木厨子《せきしつかんぼくのずし》、唐製の画屏風、王羲之《おうぎし》・王献之《おうけんし》父子の真跡書、王羲之書法二十巻、欧陽詢《おうようじゅん》真跡屏風など、この上なく貴重な品々がかつて正倉院に収められていたことが分かる。

以上、唐をはじめ海外から船載された可能性の高い正倉院宝物を概観した。代表的なものを挙げたに過ぎないが、数について言えば、これにやや可能性の低いものを加えたとしても、薬物を除けば、宝物の総点数九千点のうちの五パーセントにも満たない（成瀬正和「正倉院宝物を考える」『正倉院宝物に学ぶ』二、思文閣出版、二〇一二）。すなわち、正倉院宝物の大半は日本で製作されたものであり、「正倉院宝物＝船載品」が成り立たないのは明白である。教科書や展覧会でクローズアップされる優品に船載品の占める割合が高く、数よりも質に注目して、正倉院宝物の大半が船載品であるといった誤ったイメージが定着してしまったのであろう。数のうえでは正倉院宝物における船載品はごく一部であり、その点についても確認しておきたい。

†正倉院宝物にみる文化の受容と展開

正倉院には、僅かな船載品と圧倒的多数の国産品が伝わる。このことは天平文化の「国際色の豊かさ」の実体を考えるうえで大きな意味を持つ。数は少ないが、第一級の船載品が存在することも、「国際色の豊かさ」の一面であることは否定し得ない。ただ、正倉院宝物には、より深い意味での「国際色の豊かさ」が見出せるのではなかろうか。結論を先に言ってしまえば、天平文化が「国際色の豊かさ」を特徴としているのは、単に船載品が正倉院に残されているからではなく、そこに具現化している外来文化を吸収・血肉化する営為が国産の宝物の中に厳然と認められるからなのである。

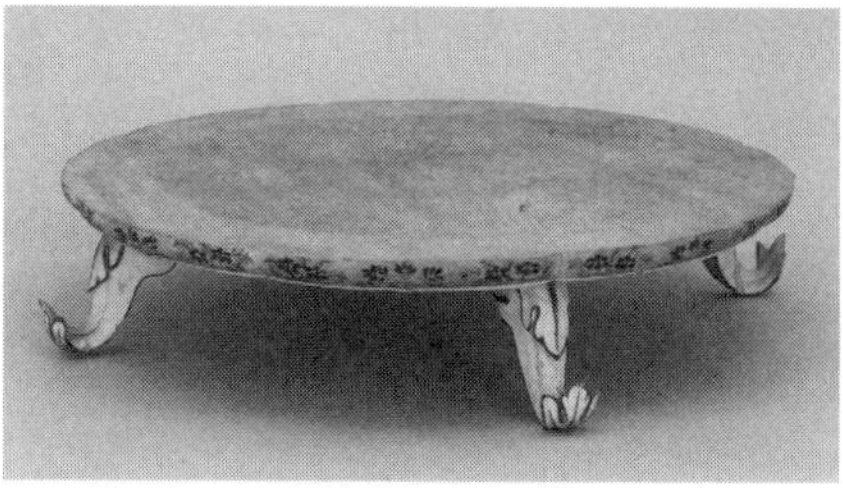
粉地金銀絵八角几 第5号（正倉院宝物）

すなわち、国産品製作における手本としての船載品、といった側面にさらに光を当てるべきではないか、と考える。このことは国産品のモデルとして東大寺が船載品を所持していたという状況に直結する訳ではないが、これらが船載されたそもそもの目的の一つに国産品製作時の手本にするという側面があったことを忘れてはならないだろう。

正倉院には東大寺で使用された大量の仏具類も収蔵されているが、それらには船載品の意匠や技法を参考に日本で製作されたものが多い。具体例をいくつか挙げてみよう。前節で代表的な舶載品として金銀花盤を紹介したが、その器形や文様を踏襲して日本で製作されたとみなせる八稜《はちりょう》花形《はながた》の銀盤が正倉院に伝来している。さらに、ほぼ同じ器形を金属ではなく木で再現した、粉地《ふんじ》金銀絵八角几《きんぎんえのはっかくき》と称する献物几も伝わる。これなどは、より加工・量産の容易な素材を用い、新たな展開を図ったものと評価し得る。

素材について言えば、楓《かえで》や杉や欅《けやき》などを蘇芳《そほう》で染めて外来高級材の紫檀の代わりとして用いたり、金薄押しの木材に墨や蘇芳で斑紋を描いて南海産の玳瑁を擬するなど、入手困難な海外産の素材を、入手し易い別の素材に彩色や文様を施すことで再現する技法が用いられた宝物も認められる。同様の技法で、黒柿、斑竹《はんちく》、金具などを再現した例もある。これらの技法は、献物几《けんもつき》や献物箱など仏堂で使用する国産品に多く用いられており、意匠・形状を舶載品に学びつつ、さらに独自の工夫によって雰囲気の再現を試みた痕跡と言える。

以上は、やや稚拙な部分も残しつつ、様々な工夫によって舶載品の姿を写し取ったものであるが、中には容易に舶載品と見分けの付かないレベルの国産品もある。鳥毛立女屏風《とりげりつじょのびょうぶ》は樹下に典型的な唐美人を描く作品であり、羊木臈纈屏風《ひつじきろうけちのびょうぶ》は樹下にペルシャ風の巻角の羊を描く作品であるが、前者には日本の文書の反故紙《ほごし》が、後者には調庸《ちょうよう》絁《あしぎぬ》がそれぞれ素材に使用されており、国産品であることが判明している。また、楓蘇芳染螺鈿槽琵琶《かえですおうぞめらでんのそうのびわ》は、かつてはその捍撥画《かんばちが》が盛唐期山水画の代表作とされてきたが、使用された顔料の分析などから現在では国産品と推定され、日本への高度な技術の伝播が窺える。

やや稚拙な部分も含む模倣から、舶載品と見紛《みまが》うばかりの逸品まで、製作目的や携わった技術者の素性など異なる条件のもと、正倉院に残る多様な国産品が製作された。特に前者の背後には、手本とした舶載品の存在があったと考えられる。東大寺献物帳を通覧すると、聖武天皇の個人的な嗜好《しこう》に基づいて物珍しい海外の品が無節操に蒐集されたのではなく、文物の体系的な摂取を目指して多種多様な品々を取り揃えた観がある。献物帳の第一、国家珍宝帳の願文に、聖武天皇の徳を慕ってインドから菩提僊那《ぼだいせんな》が、唐から鑑真がそれぞれ渡来したとの記載があるが、そうした天皇を中心とした世界観は、献物帳にみえる、舶載品を多く含む文物の体系的なラインナップと軌を一にしている。献物帳に窺える態度が外来の文物に対する当時の日本の基本姿勢であり、これをいかに自らのものとして吸収・展開させたのか、ということこそ、正倉院宝物にみえる天平文化の「国際色の豊かさ」の内実であろう。

楓蘇芳染螺鈿槽琵琶 第１号 捍撥部分（正倉院宝物）

†仏教文化の受容

豊かな国際性と並ぶ天平文化の特徴の一つは、仏教的な色彩の濃さである。仏教文化の導入こそが、当時の国際化の大きな柱であったと言っても過言ではない。平城京の内外には大規模な寺院が建立され、全国には国分寺・国分尼寺が置かれた。これらは地域の文化拠点となり、天平文化の浸透に大きな役割を果たした。仏教には、その力によって国家を外敵や災厄から守護し、繁栄をもたらすことが期待され、具体的には国家のための祈禱や教学研究が実践されたのである。そのために、寺院・僧侶・経典を国家が積極的に整備する必要があった。寺院には、仏像・仏具なども備えられていたが、前節でみた、仏具製作における外来の要素の摂取に表れているように、環境整備の様々な場面において、唐・新羅から摂取した種々の情報が必要とされた。仏教は六世紀に百済を通じて日本に伝えられたが、八世紀には遣唐使に同行した留学僧《るがくそう》が直接渡海して修学に努め、その成果を日本にもたらした。ここでは、仏教を根付かせるうえで最も重要な要素である、経典の整備について、当時の代表的な一切経の書写を取り上げて考察したい。

奈良時代には国家主導による写経が盛んに行われた。中でも光明皇后が発願した天平十二年御願経《ごがんきょう》（別名「五月一日経」）は奈良時代を代表する一切経であり、その製作に伴って作成された帳簿群である正倉院文書により、写経事業の流れを把握することができる。五月一日経の書写は天平五年（七三三）頃から始められた。二年後の天平七年（七三五）に僧玄《げん》昉《ぼう》が五千巻の経論を唐から持ち帰ったが、その中には、開元十八年（七三〇）に智昇《ちしょう》が著した、唐の最新の経巻リスト「開元釈教録《かいげんしゃっきょうろく》」が含まれていた。これを機に、五月一日経は「開元釈教録」入蔵録所載の大小乗経律論及び聖賢集伝五千四十八巻を目標とし、本経（底本）を蒐集して書写するという方針を採ることとなった。

ただし、国内で利用可能な本経は限られていたため、この方針での一切経の完成は実現困難であり、天平十五年頃には入蔵録に含まれない、抄出経典である別生経や偽経、経律論の注釈である章疏に対象を拡大して、入手可能なあらゆる仏典を揃える方向に舵を切る。一方、良質なテキストを整備するという原則は維持されており、天平勝宝六年（七五四）から天平宝字二年（七五八）には、図書寮経《ずしょりょうきょう》（図書寮所蔵の経巻）中の唐からの船載経など、玄昉将来経とは別系統の経巻を証本として校訂する、勘経《かんぎょう》という事業が進められた。五月一日経の勘経が開始された天平勝宝六年には遣唐使が帰国しており、鑑真が同行していた。遣唐使の将来した経巻や、鑑真が帯同した経巻がこの勘経に利用されたものと考えられる。

以上のように、唐の最新の情報に基づいて備えるべき経巻の範囲を定めたものの、本経の入手の難しさという壁に阻まれて方針転換を余儀なくされ、それでも新たな善本による勘経を経て、よりよいテキストの整備を追求していたことが理解できる。唐からの経巻の将来を含めた情報の流入のあり方によってその動向が決定づけられており、日本における仏教文化移入の上で、将来経の存在がいかに重要であったかが実感できる。仏典をはじめとする書籍類は、漢字文化という基盤を周辺諸国と共有する日本にとっては極めて有効な道標であり、良質な写本を求めて弛《たゆ》まぬ努力が重ねられていたのである。

†遣唐使の果たした役割①——修学と技術の修得

天平文化について語るうえで、遣唐使の果たした役割は極めて大きい。舒明天皇二年（六三〇）の第一回派遣から、寛平六年（八九四）に停止されるまで十数回派遣され、文化の移入に大いに貢献した。言うまでもなく、遣唐使は基本的には外交使節であり、外交関係を樹立・維持できたがゆえの文化の移入であった。唐の周辺諸国の王は、唐皇帝からの冊書《さくしょ》によって君臣関係を結んで国王としての正当性を認められ、中国に対して朝貢し、回《かい》賜品《しひん》を受け取った。このような古代における中国を中心とした国際秩序を冊封《さくほう》体制と呼ぶ。白村江での敗戦後、日本は唐と距離を取ってきたが、唐と新羅の関係修復が進む中、外交的な孤立を防ぐために、大宝二年（七〇二）、約三十年ぶりの遣唐使を派遣した。七世紀には唐と対等、もしくはそれ以上の関係を求めた日本であったが、この頃には、冊封体制に組み込まれることは避けつつも、唐に対して朝貢する姿勢を明確にし、唐もそれを許した。これによって、日本は唐を中心とする国際秩序の中に入ることを認められ、遣唐使は朝貢使として外交上の優遇を受け、唐の先進文化を円滑に吸収することができたのである。

八世紀の規模でいえば、船四隻・六百人ほどの使者がほぼ二十年をめどに派遣されていた。彼らは、渡来系氏族出身者を含む、極めて優秀な人材であった。遣唐使には大使以下の役人以外に、留学生《るがくしょう》・留学僧等が加わり、制度や技術、様々な文化を吸収した。

短期派遣の学生・僧を請益生《しょうやくしょう》・還学僧《げんがくそう》と称したが、同行した遣唐使が帰国する際には共に帰国した。彼らは学問や技術、あるいは教義や経典の上での具体的な疑問点や課題を携えて入唐し、彼の地の専門家や僧から回答・指導を得て、即座にそれを活用する役割を担ったのである。

一方、正規の留学生・留学僧は、入唐する際に同行した遣唐使が帰国してもそのまま現地に残り、次の遣唐使が入唐するまで修学に励んだ。彼らは約二十年間もの長期間にわたって唐で学業を修めたのである。請益生・還学僧と比較すれば、より大局的見地から唐の先進文化を眺め、日本にとって必要な要素が何かを吟味し、じっくりその課題に取り組んで文化の移入に貢献したと考えられる。

帰国後は、その学識を活かして、大きな影響力を及ぼす場合も多かった。吉備真備《きびのまきび》や玄昉の活躍はあえて記すまでもないが、ここでは道慈《どうじ》について取り上げたい。大宝年間の遣唐使に加わった道慈は、十五年間、彼の地での修行に励み、養老二年（七一八）に帰国した。唐の皇帝に手厚く遇された俊才で、帰国後、大安寺の平城移転に尽力するなどの功績を残す一方、日本仏教界の状況を批判し、それを正すべく僧侶に戒を授けることのできる戒師の唐からの招請を提案した。彼は宮中での最勝会《さいしょうえ》の講師を務めるなど、聖武天皇の信任も篤く、やがて天平の遣唐使において栄叡《ようえい》・普照《ふしょう》が戒師招請を目指して渡海し、鑑真の来日という形で日本仏教界に大きな転換をもたらす、その契機を作った点でも、道慈が唐で修学し、日本の仏教界を相対化し得たことは文化史上、極めて大きな意味を有する。

『延喜式』によれば、玉生《ぎょくしょう》・鍛生《たんしょう》・鋳生《ちゅうしょう》・細工生《さいくしょう》等の技術者も遣唐使一行に加わっており、ガラス・金工・木工等の技術を直接唐で学ぶ機会が設けられていた。その他にも、舞楽を学ぶ舞生《ぶしょう》、薬物について学ぶ薬生《やくしょう》などの存在も確認できる。帰国後の彼らの活躍については杳《よう》として知れないが、正倉院宝物にみえる唐製品を模倣した国産品の製作などにこういった技術者らが関わった可能性は極めて高い。

以上、遣唐使は明確な目的をもって渡海し、場合によっては現地で新たな課題を見出しながら、様々な文化を選択的に摂取し、日本に移転していた状況が知られる。

†遣唐使の果たした役割②――文物の将来と異邦人の招請

前節では、日本から派遣された者が唐での修学や技術の習得に励み、帰国後にその知識・技術を活かして天平文化の担い手になったという側面についてみた。一方、遣唐使の担った使命の一つに、必要な書籍・仏典や工芸品などを日本に持ち帰ることがあった。ただし、唐は文物・技術の海外への移転を無条件に認めていた訳ではなく、錦・羅などの絹製品、金・銀製の工芸品など、高度な技術を用いた文物の輸出を制限していた。これらを入手するには朝貢への回賜品として獲得するか、特別な許可を得て特注品などを獲得するかのいずれかであり、必要な文物を入手する使命には困難が伴ったものと考えられる。『旧唐書《くとうじょ》』日本伝には、養老の遣唐使について、「皇帝から賜った品々を売り払い、その代金全てで書籍を購入し、それらを船に積み込んで帰っていく」との記事がある。なりふり構わず中国からの文化移入に努めた様子が窺えるが、ここで注目すべきは、不要な高級品を持ち帰るより、直接役立つ書籍を求める姿勢である。このエピソードから知られるのは、遣唐使が文物を入手するにあたって、かなり計画的、能動的に活動していたことである。また、留学生であった吉備真備は、天平勝宝の遣唐使と共に帰国した折、礼制・暦法・奏楽に関する書物、測量器具、基準音階の楽器、様々な武器などを将来したことが知られる。基本的な技芸に関する書物や国産品製作の際の基準となる品が取り揃えられており、まさに必要な情報を計画的に蒐集したことは、ここにも看取できる。

既述したように、留学僧は仏典の蒐集に尽力し、日本にもたらすことに努めた。渡唐して玄奘《げんじょう》を師とした道照《どうしょう》は、帰国時に玄奘所持の経論を日本に持ち帰り、自らの禅院でそれら良質の写本を保持・継承したことが卒伝において特筆されている。また、繰り返しになるが、真備と同年に入唐した留学僧の玄昉も、五月一日経の本経となる経巻五千巻を将来し、日本仏教教学の発展に大きく寄与した。書籍・仏典の移入は特に入唐間の交流の核心であり、近年、シルクロードならぬ「ブックロード」としてその重要性が強調されるようになっている。そこで果たした遣唐使の功績は、どんなに強調してもし過ぎることはない。

文物の将来以外に、唐人もしくは唐在住の異邦人の招請も、遣唐使の大きな任務であった。ここで特に言及すべきは、鑑真の招請であろう。天平四年（七三二）任命の遣唐使には、鑑真に来日を決意させた栄叡・普照が加わっていた。彼らは日本で活動する戒師候補の推薦を求めて鑑真の許を訪れた。日本行きに尻込みする弟子達の様子を見た鑑真は、自ら日本への渡航を承諾し、弟子達も同行することとなった。仏教を辺国に広めるという使命感に駆られ、五度の航海失敗にも屈せず来日し、日本仏教に大きな足跡を残したのである。日本で戒律の普及に尽力したことは言うまでもないが、渡日時に唐から様々な経論を

刻彫梧桐金銀絵花形合子 第４号（正倉院宝物）

将来し、また、日本の一切経の校訂を自ら率先して行ったことは特筆に値する。なお、現在正倉院事務所が管理する聖語蔵《しょうごぞう》には、鑑真が将来したと推定される四分律が現存する。

　鑑真一行には、技術の伝播においてもその功績が認められる。失敗に終わった第二次渡航には、玉工・画師・仏師・彫刻工・鋳物師・刺繡職人・石碑工といった技術者が加わっていた。成功した第六次渡航（七五三）にも、これほどの規模ではないものの同様に技術者が伴っていた。正倉院には、「戒壇」銘のある黒柿蘇《くろがきす》芳染金絵長花形几《おうぞめきんえのちょうはながたき》や刻彫梧桐金銀絵花形合《こくちょうごとうきんぎんえのはながたごう》子《す》など、かつての戒壇堂の什物《じゅうもつ》が伝来するが、これらには檀像《だんぞう》に通じる鋭い木彫表現など、鑑真来朝以前には認められない特徴が見出せる。鑑真一行は、日本仏教の基盤整備に様々な側面から貢献したと言えるのである。

　鑑真以外にも、唐僧道璿《どうせん》、唐人袁晋卿《えんしんけい》・皇甫東朝《こうほとうちょう》、インド僧菩提僊那・ペルシャ人李《り》密翳《みつえい》・林邑《りんゆう》僧仏哲《ぶってつ》等、遣唐使の招請に応じて来日した人々が確認できる。最近では、破《は》斯清通《しのきよみち》と称するペルシャ人が大学寮の官人として勤務していた事実を示す天《てん》平神護《ぴょうじんご》元年（七六五）の木簡が確認された。彼については、李密翳本人または関係者であった可能性も指摘されており、このような人々が文化移入の担い手として尽力していた状況も判明している。

前節と併せ考えれば、遣唐使による文化移入の特徴はその直接性にあり、少数ながら濃密な人的交流によって、円滑に外来文化を受容・吸収することが可能となった。天平文化の国際性はこのような人々の移動・交流に支えられたものと評価できよう。

さらに詳しく知るための参考文献

東野治之『遣唐使』（岩波新書、二〇〇七）……遣唐使の外交使節としての意義、渡航の具体相、人や物の交流、日本文化への影響等について、平易に叙述する。

杉本一樹『正倉院――歴史と宝物』（中公新書、二〇〇八）……正倉院と正倉院宝物の歴史を総覧し、分かりやすくまとめている。

榎本淳一『唐王朝と古代日本』（吉川弘文館、二〇〇八）……唐における諸外国への文物の流通管理制度など、様々な観点から日唐交流のあり方について検討を加える。

鈴木靖民・金子修一・田中史生・李成市編『日本古代交流史入門』（勉誠出版、二〇一七）……古代アジアの交流について、歴史学、考古学、美術史など諸分野の研究者が多角的視点から論じる。

第9講

平安遷都と対蝦夷戦争

吉野 武

桓武天皇の即位と二大事業

八〇五年（延暦二十四）、桓武《かんむ》天皇の命で藤原緒嗣《おつぐ》と菅野真道《すがののまみち》が天下の徳政を議論し、天下の苦しみの原因は軍事と造作《ぞうさ》にあり、その中止が民を安寧に導くとする緒嗣の意見を採って桓武は二つの事業を停止した。軍事とは征夷（対蝦夷《えみし》戦争）、造作は長岡京から平安京に続く造都を指す。核心をついた緒嗣の言によって、それらは桓武天皇の二大事業として名高い。治世中、天皇は二つの事業を強力に推し進めた。

桓武天皇は光仁天皇の長子である。七七〇年（宝亀元）に称徳天皇が危篤《きとく》となった時、それまで皇位継承の候補になった天武天皇の子孫はほぼ絶えており、藤原氏北家の永手《ながて》、式家の良継《よしつぐ》・百川《ももかわ》によって天智天皇の孫の光仁天皇が擁立される。光仁は聖武天皇の娘の井上内親王を后として他戸《おさべ》王をもうけており、それが天武皇統への継承の点で意味を持った。光仁は時に六十二歳、すでに老境に入っていた。次いで井上内親王が皇后、他戸《おさべ》親王が皇太子となるが、皇后は呪詛をした容疑で一年余りで廃され、皇太子も廃された。代わって立太子したのが山部《やまべ》親王、すなわち桓武である。彼は長子だったが、母の出自（百済《くだら》系氏族）が低かった。その後、内親王と他戸王は幽閉され、不可解にも同日に揃って死去する。

一連の経緯は皇位継承の道が桓武に開くがごとくであり、『日本紀略』や『公卿補任《くぎょうぶにん》』では藤原百川《ももかわ》と山部親王の親交、百川と永手・良継の画策による光仁擁立、百川の奇計による他戸廃太子などを伝える。また、桓武の皇后藤原乙牟漏《おとむろ》は良継の娘で、百川の娘の旅子も夫人となった。つまり、桓武は百川を黒幕とする画策で皇位への道を歩み始めた。

光仁天皇はよく働いたが、老齢であり、限界は見えていた。七八一年、即位後十一度めの元旦に年号を天応と改元し、四月に桓武が即位する。この年は辛酉《しんゆう》年で、『続日本紀』では元日も辛酉の日である。中国の革命思想では辛酉年には天命が革《あらた》まって王朝が交替するとされ、その思想は日本にも伝わっていた。改元は辛酉年の元旦が辛酉という慶事で行われたが、思想的には光仁の譲位と桓武の即位という天智の血筋による継承がなされ、皇統の交替（天武系→天智系）、いわば王朝交替の確定を意識させる。ただ、元日が辛酉という慶事は実は暦を操作した作為であり、変革を印象づける演出だった。

こうして即位した桓武は四十五歳。新王朝の牽引にふさわしい年齢だったが、その権威

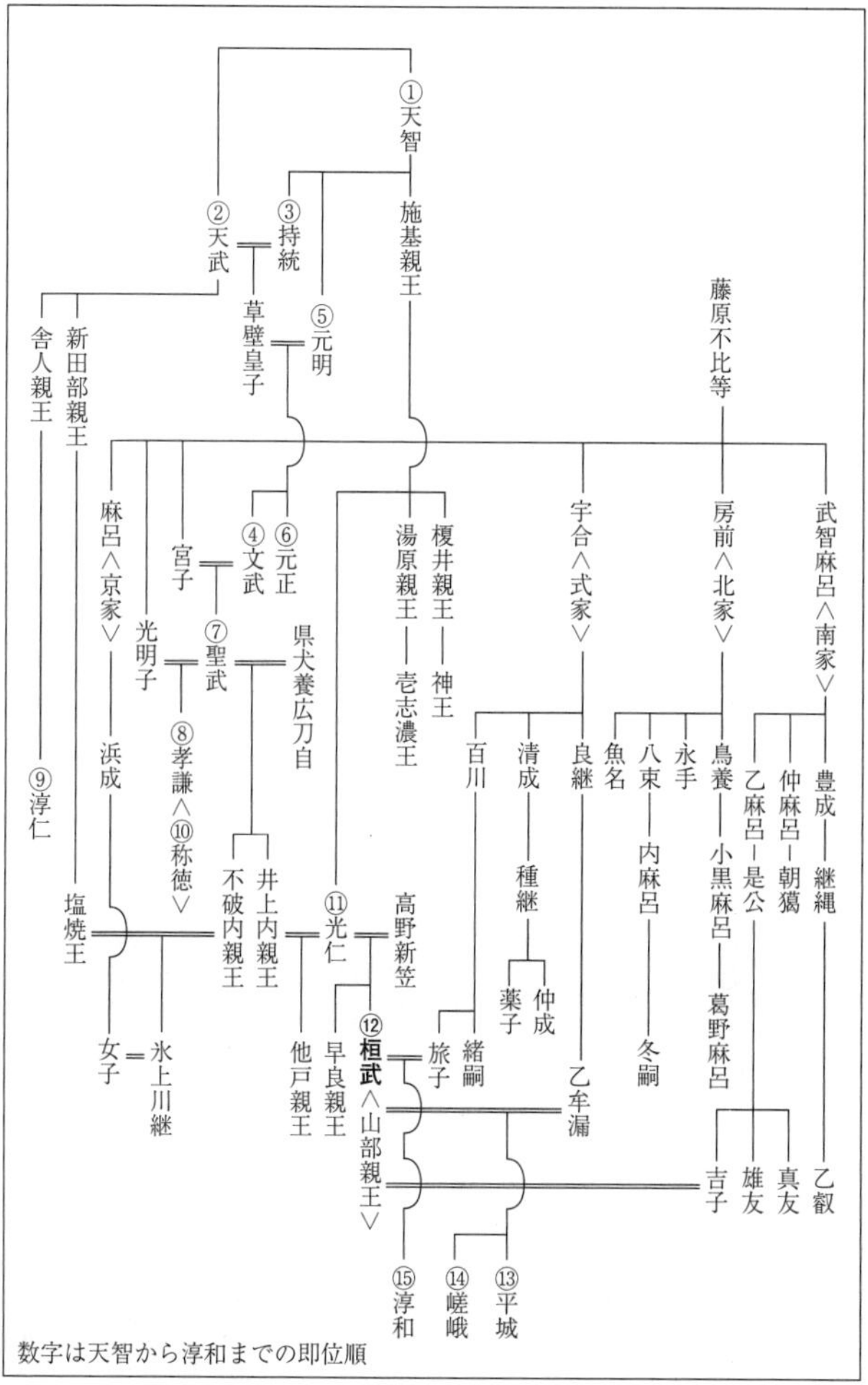

天皇家・藤原氏関係系図（坂上2001に加筆）

はそう強くはなかった。桓武の即位宣命《せんみょう》は即位の事情や正統性に詳しい天武系の宣命とは異なり、簡明に天智からの父系の皇統に連なる光仁からの譲位を述べる。また、母を皇太夫人《こうたいぶにん》とし、光仁の嫡妻とした。彼には血筋から正統性を強める術《すべ》はなく、母の嫡妻化も自分を嫡子として正統性を高めるためである。出自の低さは最大の欠点だった。さらに画策で手にした皇位には不安や不信、うしろめたさがつきまとう。革命思想による演出にもそうした欠点や暗さを隠し、中国の思想で塗り替える意識がみえる。

即位当初の桓武の立場は即位翌年の氷上川継《ひかみのかわつぐ》の変にも窺われる。この変は桓武を廃し、天武の曾孫の川継を皇位につける陰謀が発覚した事件であり、川継は配流され、連坐した者も多かった。この事件には陰謀を事実とする説と桓武による謀略説があるが、事実なら王権の転覆を謀《はか》る一派がおり、謀略でも桓武の不安・不信から出た粛清となる。いずれ当時の桓武の立場を象徴する事件であり、その王権の強化は重要な課題であった。それは革命思想の喧伝《けんでん》や不穏分子の粛清でも多少は可能だが、前者は所詮は飾り立てにすぎず、後者は周囲の不信・不安をいっそう煽《あお》る。とすれば、正攻法で前皇統以上の治績をあげて自己の器量と指導力を示すのがよい。そうして桓武は造都と征夷へと進んでいく。

†長岡遷都と郊祀祭天の儀

造都は、長岡京の造営と中止を経て平安遷都に至る。長岡京の造営は七八四年（延暦三）五月の藤原種継《たねつぐ》・小黒麻呂《おぐろまろ》（式・北家）による視察、六月の造長岡宮使の任命で始まり、それに伴って副都の難波京を廃し、建物を解体して長岡に運んだ。そして、十一月に桓武は早々と長岡宮に移り、事実上の遷都がなされる。もちろん宮も京も未完成だったが、居所となる施設を造り、速《すみ》やかに移ることで桓武遷都を既成事実とした。

遷都の理由は主に革命意識の所産や寺院勢力の排除とされてきたが、一つに絞《しぼ》るのはなかなか難しい。水運に長じた長岡の立地や様々な問題から破綻《はたん》しつつあった平城京の実態（物資供給の難、物価の高騰、貨幣経済の混乱、都市民の生活破綻、治安の悪化、難波津の機能不全と難波宮の意義喪失、官人層と京外基盤との結び付きなど）が複合的に絡《から》んでいる。即位当初の課題も考慮して大雑把にいえば、前途の暗い平城京を離れて発展性のある新都を造り、それを指導した英明な君主となることで王権を強化するということころだろう。

とはいえ、遷都は簡単ではない。特に寺院や官人層の抵抗は憂慮《ゆうりよ》されるが、桓武はすばやく既成事実を作って見事に成功させた。それは難波宮の資材転用、水運による運搬の容易さ、長岡近辺が藤原種継・小黒麻呂や母と縁のある秦《はた》・百済王《くだらのこにきし》氏の勢力圏であるのを活かし、物資と輸送・労働力を揃えたことが可能にした。なお、長岡京の概観や構造は平城・平安京とほぼ同等である一方で、平城京から平安京への過渡的な特徴がみられるというのが定説だが、近年は条坊の様相や宮の位置・構造などについて新見解が提示されている。続出する新発見や地形に基づいた説得力のある見方で、今後の展開が注目される。

ところで、翌年九月、造営が続く長岡京で造営総責任者の藤原種継が射殺された。その犯人の大伴継人《つぐひと》らの自白では、首謀者は事件直前に死去した大伴家持《やかもち》であり、皇太子早良《さわら》の了解を得たうえでの凶行が語られる。家持には冤罪感があるが、春宮大夫《とうぐうのたいふ》であり、連坐した者には春宮坊の官僚もいた。そのため皇太子にも累が及び、幽閉後に食を絶った早良は淡路への移送中に衰弱死する。彼は桓武の同母弟だったが、律令制下では弟の皇太子は初例であり、立太子は光仁天皇の意志によるらしい。即位の際に自分を嫡子とした桓武との間柄は微妙で、その嫡子安殿《あて》親王（平城天皇）の母の藤原乙牟漏《おとむろ》が立后すると尚更だった。また、もとは僧籍にあり、南都ともつながりがあった。遷都推進者の桓武や種継とは真逆の立場にあり、種継の射殺は追い込まれつつある早良側が凶行に走ったらしい。もっとも、氷上川継《ひかみのかもつぐ》に続く不穏分子の始末と安殿親王の立太子には好都合だった。

そして十一月、桓武は「宿禱《しゅくとう》を賽《つぐな》う」（大願成就のお礼）ために長岡京南の河内国交野《かたの》で天神を祀《まつ》る。これは中国の皇帝が冬至の日に都の郊外に設けた天壇で天帝を祀る郊祀祭天《こうしさいてん》の儀（郊祀）にならった儀式で、王朝の始祖も合わせて祀り、二年後に桓武が再び行った時には光仁天皇を始祖とした。同じであれば、大願成就とは桓武の即位、遷都の成功、不

和暦	西暦	事　　　項
宝亀元	770	8．称徳天皇没。道鏡左遷。10．光仁天皇即位。
宝亀3	772	3．井上内親王廃后。5．他戸廃太子。
宝亀4	773	1．山部親王（桓武天皇）立太子。
宝亀5	774	7．陸奥鎮守将軍らに征討を命ず。蝦夷が桃生城を襲撃。10．陸奥国遠山村を制圧。
宝亀6	775	4．井上内親王・他戸王没。
宝亀7	776	2．陸奥出羽の軍士を徴発。11．陸奥国軍士で胆沢の賊を伐つ。
宝亀11	780	3．伊治公呰麻呂叛す。多賀城焼失。藤原継縄を征討大使に任命。9．藤原小黒麻呂を持節征東大使に任命。
天応1	781	4．光仁天皇が譲位し、桓武天皇即位。早良親王立太子。8．藤原小黒麻呂が征夷を終え帰朝。12．光仁天皇没。
延暦1	782	閏1．氷上川継の変。
延暦3	784	2．大伴家持を征東将軍に任命。5．山背国長岡村に遷都の地を視察させる。6．造長岡宮使に藤原種継らを任命。11．長岡宮に移幸。
延暦4	785	9．藤原種継暗殺。早良廃太子。11．天神を河内国交野に祀る。安殿親王（平城）立太子。
延暦5	786	7．朝堂院完成。8．東海・東山道の軍士と武具を検閲。
延暦6	787	11．天神を河内国交野に祀る。
延暦7	788	3．軍粮等を運送し、東海・東山・坂東諸国の兵に翌年3月の多賀城集結を命ず。5．夫人藤原旅子没。7．紀古佐美を征東大使に任命。
延暦8	789	6．阿弖流為（アテルイ）の軍に征討軍大敗。12．皇太后没。
延暦9	790	閏3．革甲の製作と軍粮の備蓄を命ず。皇后藤原乙牟漏没。
延暦10	791	1．東海・東山道の軍士と武具を検閲。10．大伴弟麻呂を征東大使、坂上田村麻呂らを副使に任命。
延暦11	792	6．皇太子安殿の病のため畿内明神に奉幣。早良親王の霊を祀る。6．洪水で式部省南門が倒れる。8．洪水。
延暦12	793	1．山背国葛野郡宇太村に遷都の地を視察させる。天皇、長岡宮東院に移る。9．新京（平安京）で宅地を班給。
延暦13	794	1．大伴弟麻呂に節刀を授く。6．坂上田村麻呂らが蝦夷を征討。7．東西市を新京に移す。10．遷都の詔を布告。
延暦15	796	1．大極殿完成。天皇、百官の朝賀を受ける。
延暦16	797	3．造宮役として遠江・駿河・信濃・出雲国に雇夫20040人を進上させる。11．坂上田村麻呂を征夷大将軍に任命。
延暦18	799	7．伊賀以下11カ国から造宮役夫を徴発。
延暦20	801	2～10．坂上田村麻呂に節刀を賜い、蝦夷を征討。
延暦21	802	1．胆沢城を造営。4．阿弖流為、投降。8．阿弖流為を斬る。
延暦22	803	3．坂上田村麻呂が志波城を造営。
延暦23	804	1．田村麻呂を征夷大将軍に再任。米・糒を陸奥国に運送。
延暦24	805	12．藤原緒嗣と菅野真道が天下の徳政を論じ、緒嗣の意見で征夷と造都を停止する。
大同1	806	3．桓武天皇没。5．平城天皇即位。
弘仁2	811	4～10．文室綿麻呂による征夷。閏12．志波城移転。

桓武天皇と造都・征夷関係年表

穏分子の一掃をへて、光仁→桓武→安殿（平城）による皇位継承が目前となり、皇統の交替が確定したことだろう。桓武はそれを中国的な儀式で印象づけ、その直後に安殿親王の立太子を行った。また、種継の死は造営に影響せず、翌七八六年には朝堂院が完成し、百官が朝座につく。新宮の体裁も整い始めた桓武は翌年再び天神を祀る。この頃の桓武は順風満帆の感がある。しかし、その後、征夷に失敗した頃から雲ゆきが怪しくなった。

†対蝦夷戦争の継承

征夷は桓武天皇の事業として著名だが、律令国家の東北政策としてそれ以前から行われている。桓武はそれを継承し、国家の版図《はんと》を岩手県胆沢・志波地方に広げた。

版図の拡大は大仏造立頃の中断を挟んで、藤原仲麻呂政権が七六〇年（天平宝字四）に桃《もの》生《う》・雄勝《おがち》城の造営から再開し、同政権の瓦解後も宮城県北限の栗原地方に伊治城が造られた。その動きはさらに北の胆沢・志波の蝦夷を刺激し、宝亀年間には陸奥国との戦闘が激しくなる。そして七八〇年（宝亀十一）に覚鱉《かくべつ》城を造営するために陸奥国軍が伊治城に進んだ際に伊治公呰麻呂《これはりのきみあざまろ》による陸奥按察使《あぜち》の殺害事件が起きた。動機は私怨だったが、陸奥出羽最高官の殺害は蝦夷の一斉蜂起をうながし、蝦夷は国府多賀城を襲撃、その主要施設は灰燼に帰した。この事態に光仁天皇は直《ただ》ちに征討軍を送って多賀城を回復するが、大使藤原継縄《つぐただ》は一向に赴任せず、征夷は進まなかった。大使を藤原小黒麻呂《おぐろまろ》に代えて下向させても同じで、さほどの戦果もなく越年したところで桓武が即位し、征夷を引き継ぐ。

ところが、その翌月に小黒麻呂は軍を解散して凱旋を申し出た。戦果なき凱旋に桓武は怒ったが、詳細を報告させたうえで帰京した小黒麻呂らには叙位を行った。一度怒った桓武による賞賜《しょうし》は奇妙だが、小黒麻呂は失陥した城柵を復旧させていた。この時の反乱では多賀城以外の拠点も襲われ、備蓄していた武具・軍粮《ぐんろう》も失われていた。その状況での軍事

志波城跡（写真提供　盛岡市教育委員会）

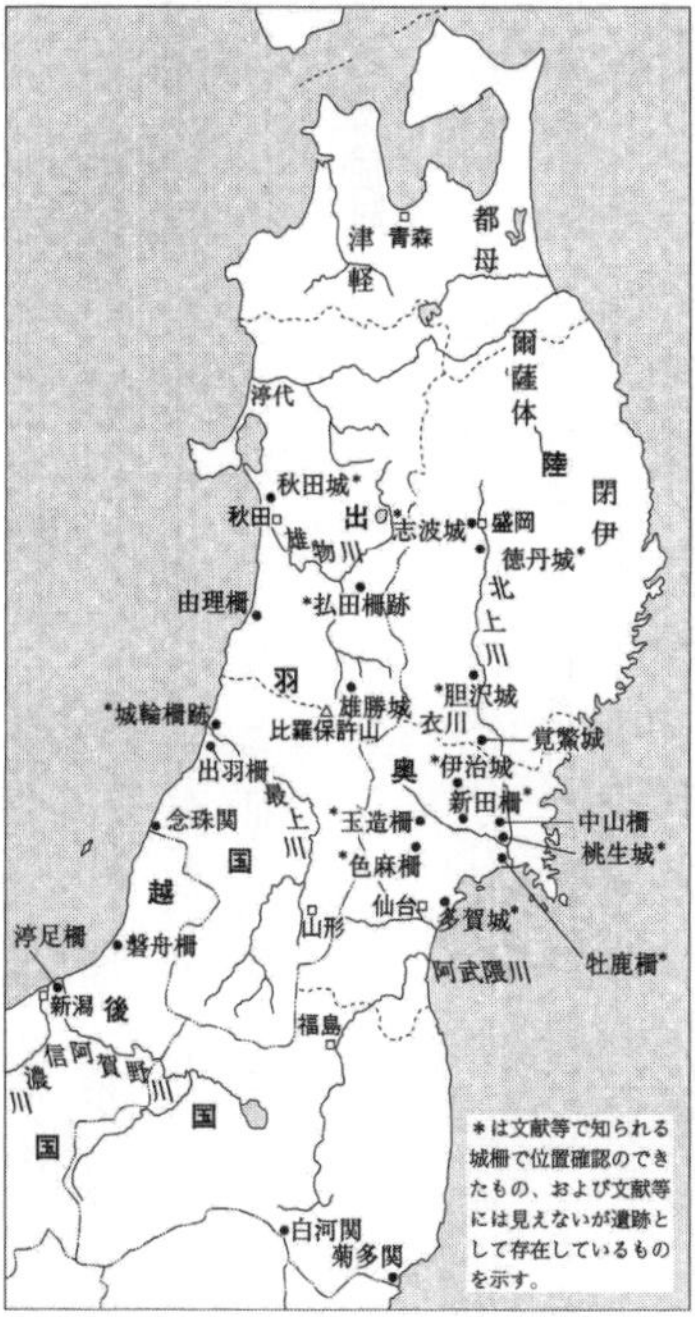

古代東北地方略図（鈴木2008から作成）

行動は酷である。征討軍は蝦夷の制圧どころか軍の維持すら厳しかった。陸奥国の被害は大きく、ただ軍を送ればすむ問題ではなかったのである。とすれば、拠点の復旧は評価すべきで、多量の軍粮が必要な軍の早期解散にも一理がある。奇妙にみえる賞賜は報告を通して詳細を把握した結果であり、同時に桓武は即位早々にして征夷の難しさを知った。

†征夷の失敗と成功――第一次征討と第二次征討

桓武朝の征夷は五回計画されたが、最初と最後の計画は実施されていない。最初は長岡京造営の開始、最後の計画は冒頭で述べた徳政相論で中止された。征夷の実行は七八九・七九四・八〇一年（延暦八・十三・二十）の三回で、桓武朝の第一〜三次征討と呼ぶ。

第一次征討は実施三年前の八月に軍士と武具の検閲を命じた。前年には郊祀《こうし》と安殿《あて》親王の立太子を行い、ひと月前に朝堂院の完成をみたうえで桓武は征夷に取り組んだ。実施一年前には軍粮を多賀城に運び、五万余の軍兵に翌年三月の集結を命じる。全焼した多賀城は復興され、胆沢地方との中継地として玉造塞《たまつくりのさい》も整備された。十二月には征東大使紀古佐美《きのこさみ》が節刀を賜り、翌三月に征討軍は進発、衣川《ころもがわ》を越えて胆沢に軍営を築く。ここで滞陣したが、桓武の叱咤で五月に活動を再開、蝦夷側の盟主阿弖流為《アテルイ》の居を目指して北上川両岸の集落を焼き払いながら進撃する。しかし、阿弖流為の巧みな戦術にかかり、多数の死傷者を出して大敗を喫した。その後は補給がままならず、反撃はできなかった。結局、古佐実は蝦夷に多少の損害を与えた戦果を喧伝し、残った軍粮で非常時の体制を整えて軍を解散する。桓武は叱責《しっせき》したが、もはや征夷は続けられない。第一次征討は失敗した。

この征討では軍粮が少なく、滞陣もしたことで反撃前に軍が維持できなくなった。また、軍の統括にも問題があった。戦闘時に征東使が後方におり、蝦夷と直接戦ったのは別将《べっしょう》という在地主体の将官達による混成軍だった。戦場を広く見渡して各隊に適切な指示をする指揮官がおらず、窮地には崩れ易かったのである。大軍を迅速に動かして一挙に蝦夷を制す能力を持つ将官と、その下で各将が整然と戦う組織が必要だった。そうした分析と反省をふまえ、桓武は翌年早くも第二次征討の準備にかかる。なお、征討中に桓武は征東使をよく叱責したが、戦後の処罰は寛大で、従軍者にも最大級の褒賞をした。実態を詳しく把握して公正に賞賜を定める姿と厳しい処罰が与える影響に配慮した寛大な姿を示した。

第二次征討の準備は周到で、失敗の翌年から膨大な武具の生産と供出を命じ、前回をはるかに上回る軍粮も用意する。征東大使と副使には征夷や陸奥国官人の経験者と武人を任じ、大使は大伴弟麻呂《おとまろ》とした。著名な坂上田村麻呂も副使の一人として登場する。まだ若かったが、藤原仲麻呂の乱で功を立てた坂上苅田麻呂《かりたまろ》の子で、近衛将監・少将を務めた桓武側近の武人であり、副使就任前から軍士等の検閲にもあたっている。後年、田村麻呂は勇気と腕力が人に勝《まさ》り、また寛容で部下を大切にすることで彼らの力を存分に引き出したと言われるが、その資質は早くに見出され、活躍が期待されていた。また、この征東使では下僚（軍監《ぐんけん》・軍曹）を増やして別将を征討使官人に組み込み、指揮系統を整えた。

かくして、延暦十一年末に大使大伴弟麻呂が征途につくが、翌年正月からの平安京の造営で征討は延期され、弟麻呂は征東大使から官名を変えた征夷大将軍として同十三年正月にあらためて征途につく。結果は『日本後紀』の欠失のため詳細は不明だが、六月に副将軍田村麻呂が蝦夷を征し、十月二十八日に大将軍弟麻呂から詳しい戦果が報告された。そして、同じ日に平安遷都も布告される。それが両事業の成功を最大限に顕示する演出だったのは明白であり、実は征討の延期もそのためだった。ここで再び造都に目を戻そう。

†長岡廃都と平安遷都の決断

長岡京の造営は前期（延暦三〜五）と後期（同七〜十）に分かれるが、先述のように前期は順調だった。一方、後期はうまく進まず、最終的には中止して平安遷都に舵をきる。その動機は藤原種継の事件で死に追い込まれた早良《さわら》親王の怨霊への恐れが強調されてきた。すなわち、親王の死後に桓武の周りでは母と皇后・夫人（藤原乙牟漏《おとむろ》・旅子）の死が相次ぎ、皇太子安殿《あて》も病にかかる。また、病の原因が占いで早良親王の祟りと出たため親王の霊を祀《まつ》るが、その直後に長岡京は洪水にみまわれた。そして桓武は一連の不幸と災厄を親王の怨霊の仕業《しわざ》と考え、逃れるために平安遷都を行ったとする。

しかし、近年では怨霊を強く意識したのは平安遷都後と指摘されている。また、発掘調査とともに立地がよく検討された結果、長岡京には制約が多いこともわかってきた。長岡京は低丘陵による起伏が多く、また、北東・南東部が桂川の流路にあたるため条坊の全面施行には難があった。さらに桂・宇治・木津川の合流地に面する立地は洪水の被害を受け易い。前述の洪水もそれによるのは明らかで、桓武も洪水の様子を視察したが、実況見分に赴くほど現実的な彼がみたのは、怨霊というよりも、最初は都を発展させると考えた河川が京内の起伏と合わせて都の完成と発展を阻《はば》む諸刃《もろは》の剣《つるぎ》であるという事実であろう。怨霊への恐れは少し控えめにみてもよいかもしれない。

それにしても、このころの桓武は不調である。征夷には失敗し、第二次征討を準備中だが勝敗はわからない。造都は洪水後に平城宮諸門の移築を命じたが、遷都後七年も経た宮門の移築であり、遅れは明らかである。洪水で地勢の問題が表面化し、先行きも暗くなった。征夷と造都は前皇統以上の治績を示す格好の素材だが、未完のままとも倒れになる可能性すらあった。そのうえ皇太子の病の原因が祟りとなれば一連の不幸や失敗、災厄がすべて桓武の不徳に帰しかねない。藤原種継も含めた母以外の不幸が式家の者という点を敷《ふ》衍《えん》すれば、百川《ももかわ》による桓武の立太子や光仁即位までそれは溯《さかのぼ》る。桓武は意外に窮地に立っていた。そこで長岡京に見切りをつけて新たに平安京を造り、また、準備が整った第二次征討を少し遅らせて両事業を同時に成功させる策（演出）によって形勢の逆転を図《はか》る。

✝平安遷都

平安遷都は和気《わけの》清麻呂の密《ひそ》かな奏によることがその薨伝《こうでん》にみえる。具体的な動きとしては七九三年（延暦十二）正月の藤原小黒麻呂《おぐろまろ》と紀古佐実《きのこさみ》による山背国葛野《かどの》郡宇太村の視察に始まり、その六日後に長岡宮を解体し始めた。宇太村は長岡京より平地が広がり、水陸の便も悪くない。六月には宮門の造営を命じ、九月には宅地の班給がみえるので京域も造られ始めている。翌年七月に東西市を遷し、九月には内裏の造営がほぼ終わって十月二十二日に桓武が新京に移り、二十八日に遷都の詔を発布する。征夷の戦勝も報告され、企画どおり二つの事業の成功を演出し、翌月には山背国を山城国と改めた。時に集まってきた庶民らは口々に新京を平安京と呼び、翌年正月には群臣が「新京楽、平安楽土、万年春」という合いの手を入れて踏歌《とうか》を奏上した。まさにお祭り騒ぎだった。

平安京の構造・規模は『延喜式』などからも知られる。北に宮城を置き、南北が北辺坊のつく九条、東西（左右）が宮城南辺中央から伸びる朱雀大路《すざくおおじ》を挟んで各四坊の条坊を施行し、規模は南北一七五三丈（一丈約三メートル）、東西一五〇八丈である。概観は基本的に平城京と同じだが、平城京が京域全体を機械的に一定の方眼に割り（分割地割方式）、各分割線を中心に異なる幅の道路を配したために宅地の面積に不均等が生じたのに対し、平安京の条坊制は均一な面積の宅地と各々規定の幅を持つ道路を集積した様相（集積地割方式）をみせる。ただ、実際は均一な宅地と規格的な大路・小路等の幅を踏まえた緻密《ちみつ》な基準線を設けて法則的に道路を割り振り、平城京よりも高度な分割原理で施行していた。

平安宮は大垣で外周りを囲み、東西に各四門、南北に各三門を開く。そのうち東西北端の門は北部倉庫群への搬入を考えて大垣を切っただけの門だが、正門の朱雀門は二階建ての重層門、ほかは単層の八脚門だった。宮内は大きく三つに分かれ、上東・上西門以北は倉庫群、待賢《たいけん》・藻壁《そうへき》門以南は国家的儀式・饗宴を行う朝堂《ちょうどう》・豊楽《ぶらく》院と諸官司の庁舎、中間は内裏を中心に天皇と皇后・皇太子のための官司などがある。内裏は平城宮では朝堂・大《だい》極殿《ごくでん》の北に連なる形態だったが、長岡宮で分離し、平安京も踏襲する。また、朝堂院の朝堂は難波宮の移転による長岡宮では八堂だったが、平安宮は平城宮の十二堂に復した。

ところで、造宮には和気清麻呂と藤原継縄《つぐただ》（南家）など寵臣や藤原小黒麻呂（北家）といった長岡遷都の功績者をはじめ、その関係者（菅野真道《すがののまみち》・住吉浜主《すみのえのはまぬし》）や子供（和気広世《わけのひろよ》、藤原乙叡《たかとし》・葛野麻呂）などが係わり、造宮《ぞうぐう》使や民部省・京職《きょうしき》などの職を帯して造営を支えていた。

南家と北家を中心に藤原氏が目立つ。また、藤原継縄・小黒麻呂は宇太村を視察した紀古佐実も含めて征夷では失敗したが、造都では子供も含めて活躍している。征夷での処断の寛大さが効を奏し、また第二次征討使とは対照的な顔ぶれには適材適所の感がある。恩恵

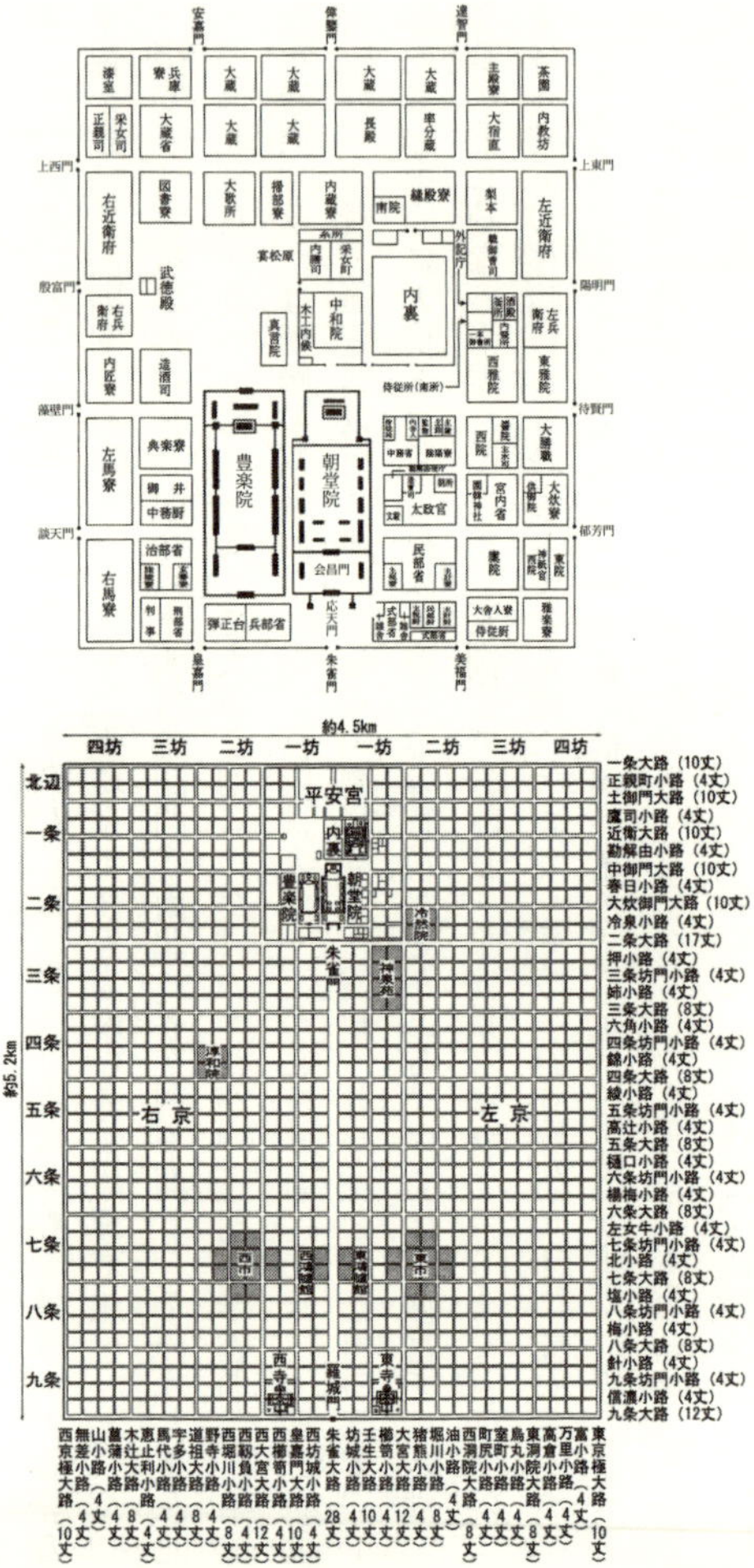

平安京の大内裏と条坊（坂上2001、西山・鈴木2010から作成）

に浴した彼らは造都でよく働き、それによって君臣の結び付きも深まったろう。遷都時のお祭り騒ぎには演出もあろうが、桓武を仰ぐ実も育っていた。

†二大事業の継続と終焉

平安遷都は七九五年（延暦一四）五月の造宮使《ぞうぐうし》主典《さかん》以下の叙位で一段落がつき、大極殿も同年中には完成したが、朝堂院の竣工は翌年に及んだ。また、七九七年には二万人余の雇夫を徴したものの豊楽院《ぶらくいん》は七九九年正月でも未完成で、十二月にはさらに役夫の徴発がみられる。条坊の施工も京の中心から離れるほど遅れ、造営は依然として続いた。

征夷も七九七年（延暦十六）に坂上田村麻呂を征夷大将軍とし、第三次征討に踏み切る。その準備や征夷の詳細は『日本後紀』の欠失で不明だが、任命から三年余の八〇一年に田村麻呂は四万の軍で征夷を行い、九月に戦勝を報告、十月に帰京する。この征討で胆沢《いさわ》・志波《しわ》の地を制圧し、翌年正月には田村麻呂を再派遣して胆沢城を造らせた。そのさなか、かつて征討軍を破った阿弖流為《アテルイ》が同志の母礼《モレ》とともに投降する。二人を連れて上京した田村麻呂は今後の蝦夷の懐柔のために助命を願うが、中央政府の憎悪は深く、処刑された。翌年、桓武はさらに北方に志波城を造らせる。志波城は陸奥国最北に位置するが、東北地方最大級の城柵である。桓武はさらなる版図の拡大を目論《もくろ》み、第四次征討を計画する。

しかし、こうした二大事業は冒頭で述べた八〇五年の徳政相論で停止される。理由は、藤原緒嗣《おつぐ》の言葉からみて民の疲弊と言ってよい。二十年以上も両事業を続ければ当然で、それは桓武も承知していたろう。また、このころには各々一定の成果も得ていた。平城京を離れて二十一年、平安遷都からも十一年を経て、都としての平安京は完全に既成事実である。発展を阻む大きな問題もない。征夷も胆沢と志波の地を征し、城柵を置いた。これらは確かな成果であり、桓武の企図は半ば達成している。その一方で百姓が疲弊しているならバランスをとり、進行を止《や》めることがむしろ王権の安定につながる。年が明ければ桓武は七十歳になる。両事業の完成をみるのは難しい。最晩年の彼にできることは何か。

両事業を続ける気なら当時三十二歳の緒嗣の意見など桓武は聴きはしないし、そもそも徳政相論をさせたりはしない。その実施は桓武が両事業を止めようとしたからに他ならない。そして『日本紀略』によれば、両事業の停止は有識者を感動させた。実はそれこそが狙いであり、最後まで徳のある英明な君主の姿を演じ、桓武は三カ月後に生涯を閉じる。

桓武天皇の二大事業は、皇位継承の根拠が薄弱な王権の強化のためになされた面がある。革命思想や郊祀《こうし》も利用はしたが、新奇な飾り立ての感は否定できない。郊祀は桓武以後には一度行われただけで馴《な》じまなかった。一方、造都と征夷は前皇統も行った事業である。七世紀以降の日本の古代国家は唐と同じ帝国たらんと欲し、急速に律令制を整備し、中国的な都城を模した都を造り、諸外国を諸蕃《しょばん》、国内周縁部の未服の民を夷狄《いてき》としてそれらの反抗には征討を行った。したがって、造都と征夷は前皇統以上の治績を示し、王権を強化するには格好の素材であった。前皇統による平城京は破綻しつつある。桓武は発展性がある恒久の都を造ろうとする。即位とともに継承した征夷にも積極的に取り組み、領域の拡大を図る。その結果、失敗もしたが、ともに一定の成果を収めた。

もっとも、桓武朝頃には国際情勢の変化もあり、日本も以前ほど背伸びをする必要もなくなっていた。そのため、桓武以後は国家レベルの都の造営や征夷は行われず、桓武はそれらを実施した最後の天皇となる。やがて平安京は千年の都となり、蝦夷も八一一年（弘仁二）の陸奥国レベルの征討後は比較的穏便に同化されていくが、その国家の頂点には天皇が座し続けた。皇統の如何《いかん》を問わず、二大事業で最大の結果を残した桓武の治績が一役かったのは疑いなかろう。自己の皇統による王権の強化を求めた桓武は、結果的に天皇を中心に頂く国家も安定に導いた。

さらに詳しく知るための参考文献

川尻秋生「平安京造営考」吉村武彦・山路直充編『都城　古代日本のシンボリズム』（青木書店、二〇〇七）……長岡京と平安京の造営賞を検討し、平安京の造営賞には造宮使への賞賜以外に遷都詔発布の日の叙位・任官も含むことを指摘。昇進者の経歴や出自の精査を通して平安京造営における寵臣や長岡遷都功績者の子供の積極的な利用、民部省や京職と造営との係わり、藤原氏の復調などを明らかにする。

坂上康俊『日本の歴史05　律令国家の転換と「日本」』（講談社、二〇〇一）……国家体制が転機を迎える九世紀を中心に二度の遷都と天皇権威の確立、摂関政治の形成、郡司層の没落と国司受領化の進展などを分かりやすく述べた通史。長岡遷都に関しては平城廃都の原因と長岡選定の要因の二方向から分析を行う。また、八世紀後半の国際関係の検討から国際秩序構想の転換を指摘し、帝国の再編を述べる。

鈴木拓也『戦争の日本史3　蝦夷と東北戦争』（吉川弘文館、二〇〇八）……古代陸奥・出羽国の官制・軍制・財政に関する綿密な理解のもとに八世紀から九世紀初頭の東北地方で行われた征夷の実態を克明にあとづける。中央政界の動向にも意を払い、特に光仁・桓武朝の征夷について詳しく検証している。

西山良平・鈴木久男編『古代の都3　恒久の都 平安京』（吉川弘文館、二〇一〇）……平安京の実相を描き出した総論ほか十編の論考を収録。遷都以前の山背国から平安京の都市構造や庭園・寺院・葬地など多彩な諸相に迫り、律令制都城から中世都市に変貌する全貌を見通す。特に総論で定説をあげたうえで提示された長岡京の新見解、文献史学の視点から整理検討された平安遷都の様相、考古学からみた平安京の構造・造営過程・条坊設定に関する論考は、近年の研究の動向をみるうえで最適。

仁藤敦史「「山背遷都」の背景――長岡京から平安京へ」（今谷明編『王権と都市』思文閣出版、二〇〇八）……早良親王の怨霊が強く意識されるのは平安遷都後であり、怨霊忌避の視点のみでは平安遷都の説明がつかないことを指摘。長岡京から平安京へ至る遷都を山背遷都として評価し、二つの遷都を水陸交通の要地という視角から一体的に考えている。

第10講
平安京の成熟と都市王権の展開

仁藤智子

平安初期の政治基調

神護景雲四年（七七〇）八月、称徳《しょうとく》女帝が皇嗣《こうし》を立てずに死没した。遺詔によって、天智天皇の孫にあたる白壁《しらかべ》王が皇太子に立てられ、道鏡の左遷など混乱が収拾された後に、即位して光仁《こうにん》天皇となった。光仁天皇の登壇によって、「天武《てんむ》系から天智《てんち》系へ王統交替が行われた」と従来いわれてきたが、聖武《しょうむ》天皇皇女の井上内親王をすぐに皇后に立てて、その子他戸《おさべ》を立太子していることを加味すると、光仁当初は「断絶→新王統の創始」というより、「聖武系王統との連続性」を意識していたようである。しかし、井上廃后と他戸廃太子事件以降、聖武系王統とは全くつながらない、渡来人系の高野新笠《たかののにいがさ》を母に持つ山部親王が、立太子し、さらに天応元年（七八一）に桓武《かんむ》天皇として即位すると「新王統の創始」という認識が強くなった。

桓武は強力なリーダーシップを発揮して、山城遷都（長岡京・平安京）を遂行し、さまざまな政治課題に立ち向かった。しかし、国家財政は窮乏し、晩年には徳政《とくせい》論争と呼ばれる議論まで起こり、東北経営や平安京の造営事業は縮小を余儀なくされた。あとを継いだ平《へい》城《ぜい》天皇は、皇后藤原乙牟漏《おとむろ》との間の長子で、同母弟神野《かみの》親王を皇太弟とした。彼の治世は、四年余りの短期間であったことや、譲位後の復位と遷都騒動（弘仁元年〔八一〇〕、平城上皇の変）で過小評価されているが、後述するように思い切った国制改革を実施した。その政治基調は、次の嵯峨天皇・淳和《じゅんな》天皇にも引き継がれた。

新王統の始祖である桓武皇子の平城・嵯峨・淳和が順番に皇位を継承し、その次世代も皇太子に立てられていたので、三統迭立《てつりつ》がしばらく行われた。平城天皇―神野親王（のちの嵯峨天皇）、嵯峨天皇―高丘《たかおか》親王（平城皇子）・大伴親王（のち淳和天皇）、淳和天皇―正良《まさよし》親王（のち仁明《にんみょう》天皇）、仁明天皇―恒貞《つねさだ》親王（淳和皇子）・道康《みちやす》親王（文徳天皇）といった具合に、三統から互いに皇太子が擁立された。

平城上皇の変が教訓となり、譲位後の太上天皇は尊号奉上を受け、皇太后を連れて平安宮から退去し、「後院」と呼ばれる別邸に居住するようになった。嵯峨院、淳和院、冷然《れいぜい》院などである。これによって内裏は、初めて天皇一人の居住スペースとなった。内裏と院に別居した天皇と太上天皇の関係を可視化するために、朝覲行幸《ちょうきんぎょうこう》が行われるようになった。

天皇が、後院にいる太上天皇や皇太后もとに行幸し、拝舞《はいぶ》して臣下の礼をとるのである。太上天皇（院）を家父長とするイエ概念が醸造されていく大きな契機となった。

承和九年（八四二）に嵯峨・淳和太上天皇の死没を契機に起きた政変（承和の変）で、平城系に続き淳和系も皇位継承から離れて、「嵯峨＝仁明王統」が、それ以降の皇位継承を担う王統になった。その時立太子した道康親王が即位して文徳《もんとく》天皇になると、その後、清《せい》

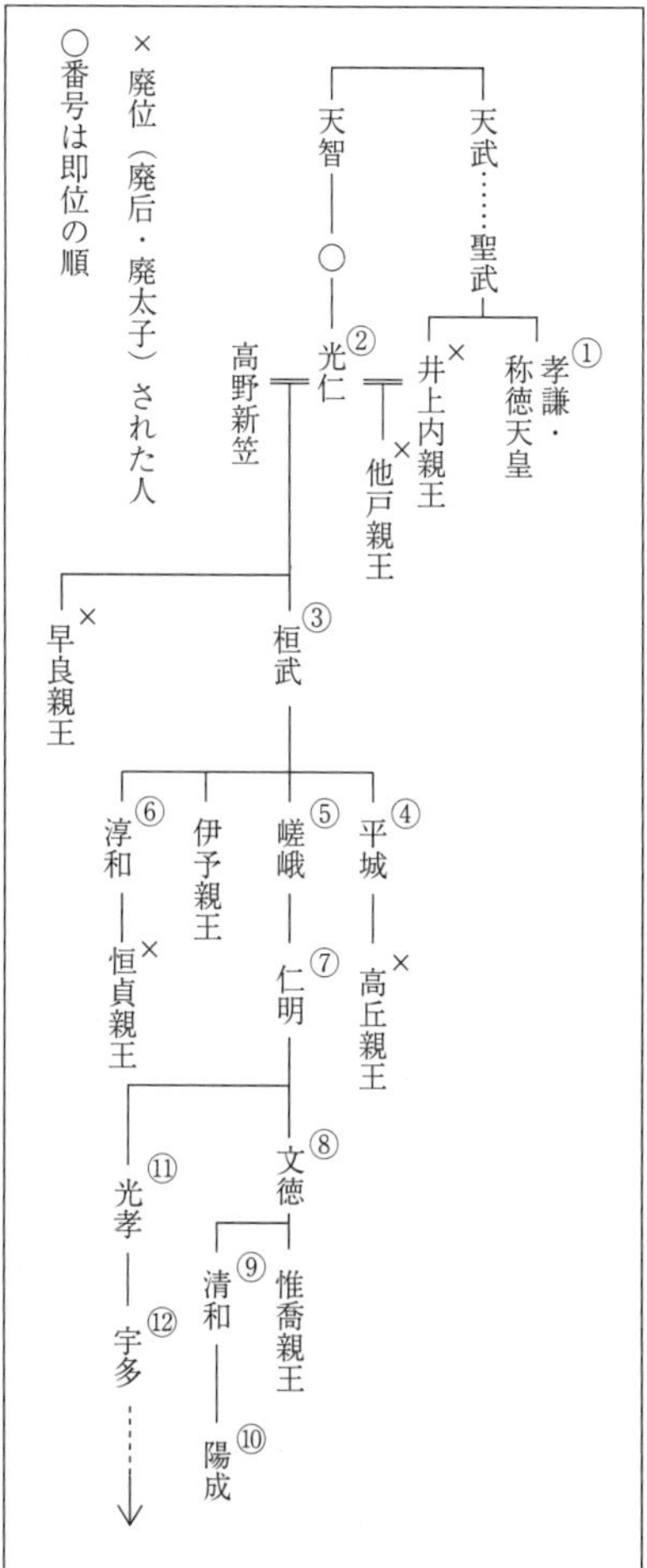

称徳天皇～宇多天皇の系図

和《わ》天皇・陽成《ようぜい》天皇と父子継承が続いた。文徳天皇の早すぎる死は、清和天皇という「幼帝」を生み出すこととなった。このような太上天皇不在時の幼帝の出現に対応するために、「摂政」や「関白」などの権能が創設されることになるが、この権能が職になるにはもう少し時間が必要であった。貞観《じょうがん》期は、大震災や富士山の噴火など災害の続いた時期でもあった。清和の子である陽成天皇は、若くして退位を迫られ、紆余曲折の後に仁明天皇の子世代の光孝《こうこう》天皇が擁立された。老齢で皇位に就いた光孝天皇であったが、その後は宇多《うだ》・醍醐《だいご》天皇と続き、後世に「寛平《かんぴょう》・延喜《えんぎ》の治」とたたえられた時代が到来する。

†平安初期の政治改革

九世紀は古代国家の転換期にあたり、それに対応するために変革が必要であった。その変革は、法的根拠を必要とし、『弘仁格《こうにんきゃく》・式《しき》』『貞観格・式』『延喜格・式』が編纂されて、常に有効法の確認が行われた。格《きゃく》とは、刑法にあたる律や行政法である令の補足・改訂法であり、式《しき》とはそれらの施行細則にあたる。残念ながら『延喜式』以外の式は現存しておらず、その全貌は知られない。格については、九世紀末に菅原道真《すがわらのみちざね》らがジャンル別に三代の格を編纂した『類聚三代格《るいじゅうさんだいきゃく》』によって大概を知ることができる。また、『弘仁格抄《こうにんきゃくしょう》』によって、弘仁格の配列や復原も可能である。近年、この復原を通じて平安初期に国制について様々なことが明らかになってきた。

その一つが、大同《だいどう》期の国制改革の実態である。平城天皇の四年に満たない治世――大同期は、従来「女難の時代」として軽視されてきたが、その的確な政治手腕による政治基調は、政変後の嵯峨朝・淳和朝にも継承された。その証左として大同期の国制にかかわる法改正の多くが、『弘仁格』に有効法として残されている。

九世紀初頭に行われた大同期の国制改革の最大の目玉は、中央・地方を問わない大胆な官制改革である。大同元年（八〇六）に、畿内と西海道《さいかいどう》を除く六道（東海道・東山道・北陸道・南海道・山陽道・山陰道）に参議《さんぎ》を主体とする観察使《かんさつし》を置いた。これは、地方の実情を視察し、中央の政治に反映させることを目的としており、翌年には畿内・西海道にも派遣され、全国の情報が中央に集約されることになった。大同二年（八〇七）からは、中央官司における冗官《じょうかん》整理が行われた。観察使の設置や官司の統廃合による中央官庁の大規模な縮小は、多くの既存権益享受者の猛反対を受けながらも断行された。

もう一つ禄制改革も忘れてはならない。律令に規定されていない諸司時服《じふく》・馬料《めりょう》・要劇《ようげき》料《りょう》など令外《りょうげ》の禄《ろく》制が整備された。国家への労働の対価として支払われる令制の禄には手をつけず、令外の禄を使って官人を再編したところにこの時期の特色がある。諸司時服は、天皇権力を強力に支える特定の官司に仕える官人に、天皇との人格的な関係を意識させる禄となった。馬料は、上級貴族への特権的給与から、職事官《しきじ》全般に「銭」を支給する禄となった。要劇料は、激務《げきむ》官への「銭」の支給から衆司《しゅうし》への「米」支給となった。これは単なる支給範囲や費目の変化ではなかった。平安京の造営を一つの契機として、全国的な物資と労働力を平安京に集中させる構造が急速に形成される過程で、平安京の物流経済に「米―銭―労働力」のリンクができあがった。今回の禄制改革は、その経済リンクにタイアップする形で遂行されたのである。

徹底した官司の統廃合と官人の削減を行った後に、それによって確定した官人へ、実際の流通経済に適応した新たな禄制が加味されたのである。これによって、国庫が支払うべき官人報酬の削減に成功しただけでなく、官人たちは禄の支給という形で王権からの再分配に依拠せざるをえず、王権への依存を強めていくことになった。

大同期の改革から半世紀たった元慶《がんぎょう》期にも大規模な改革が行われる。元慶の国制改革と呼ばれる。大同期を上回る官司の統廃合と、中央官司の独自財源確保のための官田《かんでん》の設置を特色とする。当時、中央財政の悪化による官人給与の財源獲得のため、地方財源を転用せざるをえなかった。しかし、度重なる天災に見舞われ、出羽国では反乱が起きて秋田城が焼亡する事件が起きた。地方も混乱が続き、地方財政は深刻な状況に陥ることになってしまった。そのため、元慶三年（八七九）には、班田《はんでん》の見直しと共に、畿内五カ国（大和・和泉・摂津・河内・山城）に四千町の官田を設定し、そこから得られる獲稲《かくとう》と地子《じし》などを官司の財源に充てるようにした。これを元慶官田という。運用法の詳細も決まり、一時期は効果が出た。しかし、十世紀には早くも抜本的な改革が求められるようになった。

†平安京の成熟と空間認識

桓武天皇によって挙行された山城遷都によって、長岡京・平安京がミヤコとなったが、平安京が「万代宮《ばんだいきゆう》」として定着したのは、弘仁元年（八一〇）の平城上皇の変以降である。定都となることによって平安京は繁栄し、平安京を中心とする流通・物流網、情報網が急速に形成されていく。

こうした空間認識の変化を如実に語るのが、固関《こげん》である。固関とは、反乱の勃発時や天皇またはそれに準じる人（太上天皇・皇后・女院、時には摂関まで）の没時に、三関《さんげん》（伊勢鈴鹿関・美濃不破《ふわ》関・越前愛発《あらち》関のちには近江逢坂《おうさか》関）を閉鎖し、あらゆる交通を遮断することである。その軍事的有効性の淵源は、七世紀の壬申《じんしん》の乱に求められるが、実際の例としては令制三関国（伊勢・美濃・越前国）の成立と元明《げんめい》太上天皇の死没時の実例を待たなければならない。奈良時代において固関は、藤原仲麻呂《なかまろ》（恵美押勝《えみのおしかつ》）の乱などの兵乱時に、畿外への戦乱の拡大や畿外からの人的物資的供給を切断するのに有効に機能した。しかし、桓武天皇は三関の廃止を命じ、過去のものになりつつあった。そのなかで、平城上皇の変時に復活された固関は、上皇の東国入りを阻止することに成功し、固関の有用性は再認識された。固関を行うために、宮中にて勅使を発遣する儀式を固関儀《こげんぎ》とよぶ。固関を解除する開関・開関儀《かいげん》と対を成す儀礼として、幕末まで細々と存続した。平安初期においては、平城上皇の変や承和の変という緊急事態、および文徳天皇死没とそれに伴う清和天皇即位時に行われた固関が有名である。

天安二年（八五八）八月、まだ三十二歳であった文徳天皇が没した。皇太子惟仁《これひと》親王が、祖母である皇太后順子と同輿して宮中に入り、清和天皇として即位した。幼帝の出現という王権の危機に、従来の三関の固関だけでなく、平安京周辺の宇治・淀・山崎も警固が命じられた。宇治は南都との中継点であるだけでなく、水陸交通の要所であり、淀・山崎も同様に交通の要衝として繁栄していた。承和の変では、上述した三カ所だけでなく、山陰道の入り口にあたる大枝《おおえ》、また北国街道や若狭街道のショートカットコースの要衝である大原（時には龍華《りゅうげ》・和邇《わに》）などにも派兵された。九世紀には畿内と畿外の境界に位置する三関の固関だけではなく、新たに平安京の周辺の宇治・山崎・淀・大枝・大原など、がヒト・モノ・情報の結節点として警固されるようになったことがわかる。ここでは「大索《おおあなぐり》」など検非違使《けびいし》による犯罪人の捜索も行われるようになり、より重要視されるようになった。

　九世紀になって、平安京の定都とともにそれを取り巻く周辺世界が形成されていく。その中で、経済的にも政治的にも重要な要衝として認識されるようになった和邇・逢坂・大枝・山崎では、平安京に入ってくる鬼気をくい止め、反対に平安京から邪気を追い出す陰陽道祭祀として四堺《しかい》祭が成立する。鬼気や邪気は、宮中の四角四隅から平安京域の境界へ、さらに畿外へ、そして国外へと払われる。このような内裏を中心とする同心円的な空間認識が形成されていくのである。

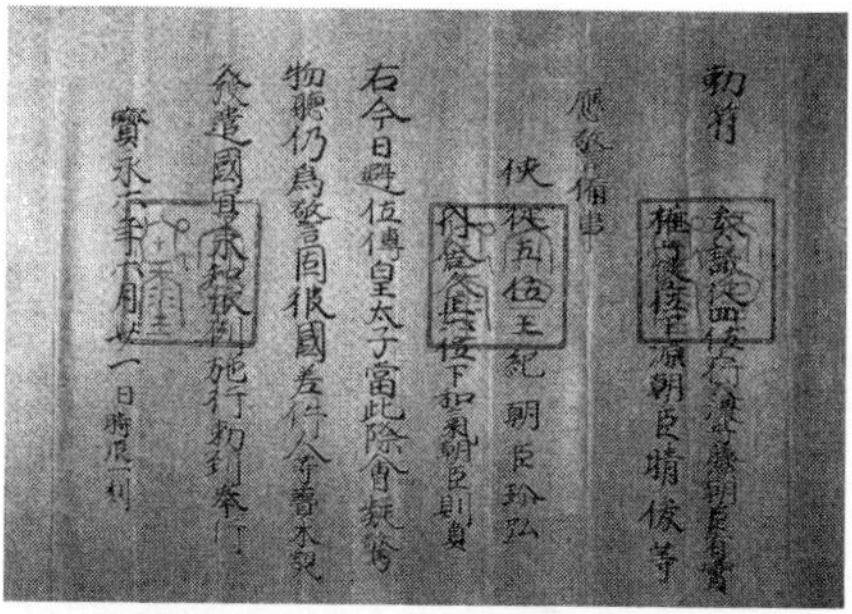
宝永６年の固関勅符（名古屋大学所蔵、真継文書）

　九世紀初頭に畿外行幸が終焉することによって、天皇や朝廷にとって畿外は観念上の「遥かなる畿外」と認識されるようになった。畿内と畿外を含む全国を統治する天皇は、結節点としての三関の開閉する固関儀・開関儀を行うことによって「天下率土《そつど》を統治する王」として君臨することになったのである。儀式で再確認されるミヤコを中心とする同心円的な空間認識が、時代とともにその実を失っても、首都京都が東京奠都《てんと》によって否定され

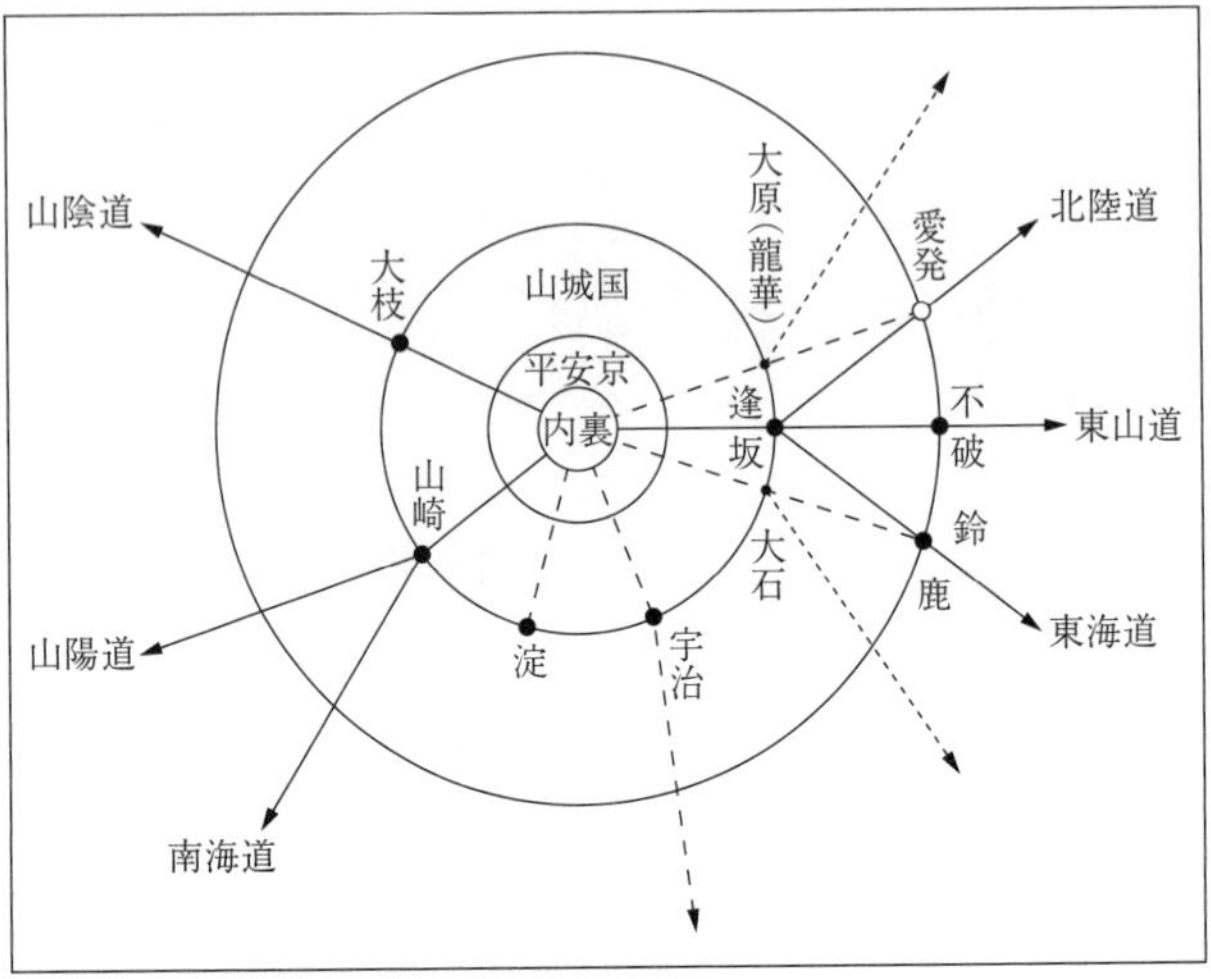

平安京を中心とする交通と境界（仁藤2000）

るまで、固関儀が重要な王権儀礼として存続したことの意義を受け止めるべきであろう。

†王権を揺るがす政変——承和の変・応天門の変

承和九年（八四二）七月に嵯峨太上天皇が没した。葬送儀礼に伴う宮中の警固と三関の固関が解かれると、仁明天皇は、皇太子である恒貞親王とともに、祖母のいる冷然院に出かけた。淳和を父とし、嵯峨と太皇太后 橘《たちばなの》嘉智子《かちこ》の所生である正子皇太后を母とする恒貞は、仁明とは、父系では従兄弟、母系では叔父と甥の近しい関係にあった。その留守中に、春宮坊《とうぐうぼう》官人である伴健岑《とものこわみね》や橘《たちばなの》逸勢《はやなり》らが立てたとされる東宮擁立計画が露見した。

春宮坊は差し押さえられ、関係者は捕縛、さらには恒貞が廃太子されるに及んだ。新しい皇太子には、仁明と藤原順子の子である道康《みちやす》親王が立てられた。恒貞は出家して、承和《じょうわ》の変と呼ばれるこの事件は幕が下りた。

桓武天皇以来、皇位継承は三統（平城・嵯峨・淳和）迭立がとられていたが、平城上皇の変以降は、両統（嵯峨・淳和）迭立になっていた。迭立によって生じた、重層的で複合的な平安初期の王権の矛盾が噴出することになったのが、この承和の変である。これ以降、嵯峨—仁明に繋がる直系のみが皇位を担うことになった。後宮では、平安初期になってキサキの三后《さんごう》制が成立したが、正子皇后以来、藤原氏のキサキは皇后に立后されず、皇太夫人《こうたいぶにん》から皇太后《こうたいごう》・太皇太后《たいこうたいごう》へと進んだ。皇后不在の時代が約一世紀続く。

道康は即位して文徳天皇となったが、若くして逝去し、わずか八歳の幼帝清和が即位することになった。日本史上初めての幼帝の登場である。

貞観八年（八六六）早春に、平安宮の朝堂院の正門である応天《おうてん》門が焼失した。数カ月後に、大宅鷹取《おおやけのたかとり》が、火災は放火で放火犯を知っていると証言したことから、政治疑獄事件へと発展した。最初に放火犯として名指しされたのは、左大臣源信《みなもとのまこと》であった。最終的に伴善男《とものよしお》・中庸父子が真犯人とされ、連座する形で伴氏・紀氏などが処罰された。この時十七歳になっていた清和天皇は、政界から距離を置いていた藤原良房《よしふさ》を呼び戻し、「天下の政を摂」らしめた。これを摂政の嚆矢とするが、この時はポスト（職）ではなく、まだ権能を付与されたにすぎない。左大臣源信は政界から身を引き、娘を文徳・清和の二代にわたって女御として後宮に入れ、勢力を拡大していた良房の同母弟である右大臣藤原良相《よしみ》は家門を閉じた。後世まで語り継がれる応天門の変である。良房の養女高子が清和天皇に入内し、やがて貞明《さだあきら》親王が誕生する。陽成《ようぜい》天皇である。

この事件には、面白い後日談がある。吏部王《りぶおう》と呼ばれた醍醐皇子重明《しげあきら》親王のもとを尋ねた藤原実頼《さねより》が、父忠平《ただひら》から聞いた話を披露した。文徳天皇は自分の子供のなかでも惟喬《これたか》親王を寵愛し、彼に皇位を譲りたいと思っていたが、別の皇子惟仁《これひと》の祖父である藤原良房を憚って実現できないでいた。惟喬親王の立太子を強行しようとした文徳に、道理を説いて抑えたのが源信であった。後日、応天門の変の際に、良房は清和に「陛下大功之臣」である源信を処罰してはならないと唱え、源信は厳罰を逃れることができたのだという。

父系による直系継承を原則とするようになった王統は、天皇の早世や幼帝の出現に対応することができず、母系による輔弼《ほひつ》を必要とした。母后である皇太后が臨朝するだけでなく、「摂政・関白」という新たな機能を付加し、王権の要請に応える形で、藤原氏が権力を伸長・独占するようになっていく。しかし、この段階では摂関政治という政治形態が出現したというには尚早であろう。陽成の退位と光孝《こうこう》の擁立が、次の大きな転換点になる。

『伴大納言絵巻』（部分、応天門炎上）

都市民の祈り

酷暑の中で行われる山鉾《やまほこ》巡行で有名な京都の祇園《ぎおん》祭が、平安初期にその起源を持つことは意外と知られていない。民間で行われていた疫病の神をまつる習俗と、中央政界にて無念の死を遂げた人たちの御霊を慰撫する御霊会《ごりょうえ》が合同で行われたのは、貞観五年（八六三）五月のことであった。この時慰撫された御霊は、崇道《すどう》天皇（早良親王）、伊予親王、藤原夫人（吉子）橘逸勢、文室宮田麻呂《ふんやのみやたまろ》、観察使（藤原仲成か）の六座である。早《さわ》良《ら》親王と伊予親王・母の吉子は、平安初期の皇位継承争いの敗者である。橘逸勢は、承和の変で恒貞親王を立てようとしたとして捕縛され、伊豆国に流されたが、途上の遠江国で息絶えた。文室宮田麻呂は、新羅商人張宝高《チャンボコ》などとの密貿易で財をなしたが、新羅と通じたと従者に謀反を密告されて捉えられた。彼がその後どうなったのか史料は語らない。観察使については、奈良時代の藤原広嗣《ひろつぐ》とする説と平城上皇の変で射殺された藤原仲成《なかなり》とする説がある。この時の御霊会の性格を考慮すると、後者のほうがふさわしいように思える。彼らは御霊となり、天皇ゆかりの人に祟ったという。神泉苑《しんせんえん》で行われたこの御霊会は、門戸開放し、一般の人々の見物を許した。これは画期的な措置であった。王権が、自分に祟る怨霊からの解脱だけではなく、都市民を脅かす疫病や不安に対峙している姿を見せたからである。ここに、都市の平安・平穏の維持や畏怖の排除を担うようになる「都市王権」の形成の一端を見ることができよう。

初夏の風物詩となっている葵祭は、賀茂祭といい、平安時代にその淵源を求めることができる。平安京の東側を流れる鴨川は、大嘗《だいじょう》祭の御禊《ごけい》が行われ、「都市王権」にとって重要な存在であった。都市民にとっても、厄介な水害も含めて、生活するうえでなくてはならない親しい河川であった。その上流に祀られたのが賀茂上下社で、平安京の守護神として崇高を集めるようになった。平城上皇の変の際に、嵯峨天皇は土地神である賀茂神に、皇女を「阿礼少女《あれおとめ》」に賭けて戦勝を祈願したという。変後、嵯峨皇女有智子《うちこ》内親王が、上賀茂社（賀茂別雷《わけいかづち》神社）と下鴨社（賀茂御祖《みおや》神社）に奉仕したことを初例に、賀茂斎院は十三世紀に後鳥羽皇女である礼子《れいし》内親王が承久の乱によって廃絶されるまで続いた。賀茂祭を主催するのは賀茂斎院であり、中には村上皇女選子《せんし》内親王のように、五代の天皇に斎院として半世紀以上も仕える人もいた。

皇女が祭祀をつかさどるのは、賀茂だけではなかった。壬申の乱以後、「天皇の御杖《みつえ》代《しろ》」として、伊勢神宮の祭祀に奉仕するようになった皇女を伊勢斎王《さいおう》という。そのために設けられたのが斎宮《さいくう》である。この地には、現在三重県立斎宮歴史博物館が置かれ、その歴史を垣間見ることができる。史書に見える伊勢斎王の創始は古いが、確実なのは天武天皇皇女の大伯《おおく》皇女から、南北朝動乱期の後醍醐天皇皇女の祥子《しょうし》内親王まで続いた。伊勢と賀茂は、王権にとって欠かせない祭祀に奉仕する斎王が置かれた特別の場所である。

伊勢・賀茂や石清水《いわしみず》など王権が崇拝する神以外にも、都市京都周辺には都市民が崇拝・参詣するようになった神がある。その一つが稲荷《いなり》社である。今も朱塗りの鳥居が林立して観光スポットとなっている伏見稲荷の坂を、『蜻蛉《かげろう》日記』の作者藤原道綱《みちつな》母も息を切らして上り、願掛けした。都城として作られた平安京が、都市京都へとゆっくりと変貌しようとしている。

さらに詳しく知るための参考文献

遠藤慶太『六国史』(中公新書、二〇一六)……古代史研究に必須の正史である『日本書紀』から『日本三代実録』までの六つの歴史書の成立、史料的な性格を論じた一般書。さまざまなエピソードも挟まれており、歴史書の息吹が聞こえるようだ。

笹山晴生『平安初期の王権と文化』(吉川弘文館、二〇一六)……長らく日本古代史研究を牽引してきた大家の平安時代の論文集。平安初期の王権とそれを守る武力の問題、史書の編纂と平安文化論、九世紀政治史からなる。講演を主体とした平易な文章で深遠な研究の世界に誘う。同『平安の朝廷——その光と影』(吉川弘文館、一九九三)は手に取りやすい概説書である。

目崎徳衛『平安文化史論』(桜楓社、一九六八)……一九六〇年代に公刊された諸論文を集めた一冊。平安初期の政治基調や奉献に関する研究と和歌からみた文化論の二部からなる。半世紀の時間の流れを感じさせない斬新な視点と造詣の深さに魅了される。

榎村寛之『伊勢神宮と古代王権』(筑摩選書、二〇一二)/同『斎宮』(中公新書、二〇一七)……天皇の代替わりごとに占いで選ばれ、伊勢神宮に仕えた皇女を伊勢斎宮と呼ぶ。『伊勢物語』『源氏物語』など平安文学の舞台にもなった斎宮。最新の研究成果による最適な入門書である。

米田雄介『藤原摂関家の誕生』(吉川弘文館、二〇〇二)……教科書的な摂関政治論は古い、として摂政・関白がどのように生まれてきたのかを、貴族の日記を使って内部からわかりやすく論じる。

木村茂光『「国風文化」の時代』(青木書店、一九九七)……中世史研究者の目線で語る平安時代史。在地社会の変貌、平安京から都市京都への変化、外交の中断と交流の諸相、そういった社会全体の変質を受けて成立する国風文化を捉え直す。

仁藤智子『平安初期の王権と官僚制』(吉川弘文館、二〇〇〇)……古代における行幸の意義を王権と官僚制との関係から解明。固関や平安京を取り巻く空間認識の変容、大同期の官制改革や禄制改革が平安京の流通経済と連関していたことなど、従来看過されてきた研究視角から解く。

第11講

摂関政治の実像

榎本淳一

†摂関政治とは

現在使用されている高校の日本史の教科書には、「摂政は天皇が幼少の期間にその政務を代行し、関白は天皇の成人後に、その後見役《こうけんやく》として政治を補佐する地位である。摂政・関白が引き続いて任命され、政権の最高の座にあった十世紀後半から十一世紀頃の政治を摂関《せっかん》政治と呼び、摂政・関白を出す家柄を摂関家《せっかんけ》という」（『詳説日本史』山川出版社、二〇一四、六九頁）と記されている。また、「摂政・関白は、天皇のもっとも身近な外戚《がいせき》として、伝統的な天皇の高い権威を利用し、大きな権力を握ったのである」（同上書、七〇頁）とも書かれている。摂関政治に関する教科書の説明は、大筋では間違いはないのだが、しかし、実態に照らして見てみると問題がないわけではない。

例えば、摂関政治の最盛期とされる藤原道長の執政期は、九九五年（長徳元）から一〇一七年（寛仁元）まで、二十二年に及ぶが、そのうち摂政の地位にあったのは最後の一年余りであり、ほとんどの期間は摂政・関白ではなかった。摂関が存在しない時期が摂関政治の最盛期という逆説的な実態をどう理解すべきか、大きな問題であろう（大津透『道長と宮廷社会』講談社、二〇〇一）。

この問題に関しては、道長は関白に就任したことはないにもかかわらず、御堂関白《みどうかんぱく》（御堂＝法成寺を建立した関白）と尊称されていたことが注意される。道長は、執政期間のほとんどを内覧《ないらん》・左大臣の地位にあったわけだが、内覧は関白に准ずるもの（准関白）と認識され、通称として「関白」という呼称が流布したものと考えられる。したがって、当該期の権力構造や政治形態を考えるにあたっては、摂政・関白に加え、内覧も含めるべきものと思われる。実際、この時期に摂政・関白不在で内覧しか存在しない時期は他にもあった。

内覧は関白と同様に、天皇へ奏聞する文書、天皇から宣下される文書に先立って目を通し、天皇の政務を補佐する地位・職掌だが、摂政・関白は本来天皇の外戚であり太政大臣にある者が就くものであるのに対し、内覧は左右大臣や大納言にも命じられることがあり、外戚でないこともあった。また、摂政・関白は公卿《くぎょう》（国政最高機関であった太政官の高級幹部）会議に参加できないという違いもあった。しかし、近年の研究では、内覧の職掌・権能を強化・拡大させることで摂政・関白が生まれたとされる（春名宏昭「草創期の内覧について」

『律令国家官制の研究』吉川弘文館、一九九七)。すなわち、摂政・関白・内覧の職掌・権能の根幹は、太政官を中心とする官僚機構を統括し、天皇への奏上・天皇からの宣下に先だって独占的に政務関係文書に目を通す内覧という行為・権限にあったということである。摂関政治の政務の本質が内覧にあったとするならば、内覧・左大臣の地位に長くあった道長の執政期が摂関政治の最盛期であったことも理解できるであろう。

摂関政治の時代

教科書のように、摂関政治期を十世紀後半からと設定した場合、九世紀後半に人臣初の摂政となった藤原良房《よしふさ》の執政期、その後継者で摂政・関白となった基経《もとつね》の政権期や、その子で十世紀前半に摂政・関白になった忠平の時期をどう捉えるかも問題となるだろう。なお、基経の時代には摂政・関白の地位・職掌は成立していたとされる(坂上康俊「関白の成立過程」笹山晴生先生還暦記念会編『日本律令制論集』吉川弘文館、一九九三、同「初期の摂政・関白について」笹山晴生編『日本律令制の展開』吉川弘文館、二〇〇三)。それゆえ、良房・基経・忠平の時期も含め、九世紀後半から摂関政治の時代と捉える見方も存在している。ただし、九世紀後半から十世紀前半までを前期摂関政治期、十世紀後半から十一世紀頃までを後期摂関政治期と区別し、前期と後期とでは摂関の性格に違いがあるとされている。

前期摂関政治期には、宇多天皇・醍醐天皇・村上天皇の親政の時期もあり、摂関が常置されていたわけではない。また、摂関は太政大臣という官僚の最高位にあるものが就くものであった。それに対し、後期摂関政治期には、九六九年（安和二）に起こった安和《あんな》の変以後は摂関がほぼ常置されるようになり、忠平の孫の兼家が摂関に就任した時期に摂関の性格が大きく変えられたとされる。兼家政権における摂関の性格変化とは、具体的には、①摂関の地位が律令官職を超越したこと、②摂関と太政大臣が分離したこと、③摂関と藤氏長者が一体化したこと、である（橋本義彦「貴族政権の政治構造」『平安貴族』平凡社、一九八六、初出一九七六）。

この変化により、摂関一族が隔絶した待遇を得て、その地位を同一の系統が独占することが可能になったとされる（玉井力「10・11世紀の日本」『平安時代の貴族と天皇』岩波書店、二〇〇〇、初出一九九五）。すなわち、摂関家という摂関の地位を継承する家柄が生まれることになったのである（摂関家という家格の成立は、院政期に下る）。さらに、道長の時代には、娘四人を天皇・皇太弟の后妃とし、その間に三人の天皇を儲けるなど、強固な外戚関係が形成され、摂関・内覧と王権との密着度が強まることとなった。そして、奏事という他の公卿を介在させない新たな政務処理方式が始められ、摂関・内覧の権限・地位が隔絶的に高められることになったのである（玉井力「10・11世紀の日本」前掲、遠藤基郎「中世公家の吉書」

羽下徳彦編『中世の社会と史料』吉川弘文館、二〇〇五。古瀬奈津子「摂関政治と王権」大津透編『王権を考える』山川出版社、二〇〇六)。

以上要するに、十世紀後半からの後期摂関政治期に摂関政治の制度的確立・最盛期が訪れたということであり、教科書がこの時期を摂関政治の時代に設定したことにも一理あると言えよう。中世以降も摂関は存在したわけであり、摂関が存在したからといって摂関政治とは認識されていないように、摂関が実際にどれほどの権力を有したのか、政治制度としてどれだけ機能していたのか、という実態に即して考えなければならないということであろう。

†摂関政治期の国政・政務

摂関政治においては、摂政・関白・内覧が大きな権力を振るったことは事実である。『栄華物語』など当時の文学作品には、藤原道長らの権勢を並ぶものなきかのように描いているものもある。そのため、かつては、摂関が天皇の権力を侵奪し、国政を恣《ほしいまま》にし私物化していたと考えられた。国政が行われた場所も摂関家の家政機関であった政所《まんどころ》とされ、そのため摂関政治は「政所政治」と捉えられた(黒板勝美『国史の研究』文会堂、一九〇八)。この「政所政治」論は、当時の政務を記した史料に基づき実証されたものではなく、ある意味観念的所産であった。摂関政治期の基本史料集である『大日本史料』第二編（東京大学史料編纂所編）の編纂が進み、『御堂関白記』（藤原道長の日記）・『小右記《しょうゆうき》』（藤原実資の日記）などこの時代の貴族の日記（『大日本古記録』東京大学史料編纂所編）が刊行され、実証的研究の条件が整うと、「政所政治」論は根拠のない謬説であることが明らかにされた。

政所政治論を根底から否定した土田直鎮《つちだなおしげ》氏は、摂関期においても国政の中心は朝廷にあり、国政は太政官を中心に運営されたのであり、摂関政治とは「太政官政治」であると明確に論じた（「摂関政治に関する二、三の疑問」『奈良平安時代史研究』吉川弘文館、一九九二、初出一九六一）。「太政官政治」においては、国政に関わることは全て太政官を経由して天皇に奏上され、天皇の裁定も太政官を通して下命・執行されたのであり、摂関・内覧が国政を私物化したという見方は全く成り立たない。現在の摂関政治研究は、この土田氏の「太政官政治」論を土台にして展開している。

ただし、「太政官政治」といっても、十世紀後半になると官僚機構は大きく改変され、政務処理方法も異なっていたため、律令制と全く同じ政治運営が行われていたわけではなかった。そのため、その変化の意義づけにおいて、古代の律令政治の延長・展開と捉える（大津透「律令国家の展開過程」『律令国家支配構造の研究』岩波書店、一九九三）か、中世の権門政治の始まりと捉える（吉川真司「摂関政治の転成」『律令官僚制の研究』塙書房、一九九八、初出一九九五）かで、意見が分かれている。しかし、この時代の性格を二者択一で決める必要はなく、古代から中世への転換期として、その両方の性格が現れていたと捉えるべきであろう。

摂政が天皇の大権の一部を代行し、関白・内覧が天皇の政務を補佐したが、天皇に代わりうる存在ではなく、あくまでも天皇制を補完する存在であった。独自に政治判断・権力行使のできない幼帝の時であっても、儀式・先例重視の時代であったので摂政が判断裁量できる範囲は限られていたし、決定権のない会議とは言え公卿会議を通す必要があったので多数の非難を受けるような決定はしがたく、摂政といえども自由勝手に権力を行使できたわけではなかった。また、摂政はあくまでも天皇の大権の一部のみ代行したのであって、神事祭祀・軍事外交など天皇本人しか行使できないものも少なくなかった。成人した天皇を補佐した関白・内覧にあっては、天皇の意向を無視することはできず、協調的な政治運営が心懸けられていたのである。

摂関期の官僚機構の再編ということでは、宇多天皇の頃の昇殿《しょうでん》制の成立と蔵人所《くろうどどころ》の拡充が重要である。昇殿制とは、天皇の日常空間である清涼殿《せいりょうでん》の南庇《みなみびさし》の「殿上の間」に伺候（昇殿）することのできる者を天皇自身が決めるという制度である。これにより、天皇の側近的な官僚層が形成され、天皇と一部の官僚との間に主従制的な結びつきが形成された（古瀬奈津子「昇殿制の成立」『日本古代王権と儀式』吉川弘文館、一九八七）。蔵人は平安時代初期に置かれた令外官《りょうげのかん》で、元々天皇の秘書官的な役割を担っていたが、蔵人の所属機関である蔵人所は次第に内廷所司を束ね、諸所と呼ばれた天皇の家産機関を統轄するようになっていった（玉井力「九・十世紀の蔵人所に関する一考察」『平安時代の貴族と天皇』岩波書店、二〇〇〇、初出一九七五）。

十世紀以降、天皇の家産機構が拡大し、蔵人所召物《めしもの》という国家運営に必要な料物を蔵人所が確保する制度が設けられるなど国政を支える機能も付加されていったが、それにつれて蔵人所の国政に占める比重も高まった（大津透「平安時代の収取制度の研究」『律令国家支配構造の研究』岩波書店、一九九三、初出一九九〇）。逆に、太政官の相対的な地位は低下し、政務は太政官系統の官方と蔵人所系統の蔵人方の二本のルートで行われるようになった。道長は敢えて関白とならず、左大臣と蔵人所別当を兼ねることで、官方と蔵人方の官僚を押さえようとしたとされる。関白は、太政官の公卿会議や政務に関わることができず、蔵人所別当を兼ねることはできなかったからである。

天皇の主従関係や家産機関といった私的な政治・経済基盤が拡充する中で、天皇との私的な関係性の頂点にあったのが最も身近なミウチであった摂関・内覧であったのであり、天皇の外戚が摂関・内覧となって天皇を補佐する体制が生まれたのは、そうした時代の流れに対応したものとも思われる。

†摂関政治の権力構造

冒頭に引用したように、教科書では「摂政・関白は、天皇のもっとも身近な外戚《がいせき》として、伝統的な天皇の高い権威を利用し、大きな権力を握ったのである」と記されている。君主の外戚が権力を持つケースは日本に限らないが、摂関期においては母后は実家に戻って出産し、生まれた皇子の養育に母后の親族（外戚）が深く関わったことから、とりわけ皇子（即位すれば天皇）と外戚との関係が密接であった。「もっとも身近な外戚」とは、具体的にはまず天皇の母方の祖父（外祖父）であり、それに次いで母方の伯父・叔父ということになる。しかし、外祖父として摂関に就任したのは、平安時代を通して三例しか存在しなかった（倉本一宏『藤原道長の権力と欲望――「御堂関白記」を読む』文春新書、二〇一三）。すなわち、清和天皇の時の良房、一条天皇の時の兼家、後一条天皇の時の道長である。

後一条・後朱雀・後冷泉三代五十一年もの間、摂関の地位にあった頼通のように伯叔父のケースが多かったが、外戚でない者が摂関・内覧に就くこともあった。基経のように光孝・宇多二代にわたって外戚関係がないにもかかわらず大きな権力を振るった場合もあったが、冷泉・円融天皇の摂関となった実頼は「揚名　関白《ようめいのかんぱく》」（名ばかりで実力のない関白の意）と自嘲し、円融・花山天皇の関白となった頼忠は「よそびと（他人）」（天皇とミウチ関係にない者）と呼ばれたようにあまり大きな力を持つことはできなかった。摂関・内覧という職掌は、やはり天皇との外戚関係（ミウチ関係）が伴わなければ、実質的に機能しなかったということであろう。外祖父・外伯叔父という天皇のミウチの年長者であるからこそ、天皇との深い信頼関係を背景に、天皇の政務を協調的に補佐・後見し、天皇の家産機関化した官僚機構をも指導・統率できたのであろう。

しかし、その一方で、外戚以外の者が摂関・内覧となったケースがあるように、外戚であれば誰でも摂関・内覧になれたというわけでもなかったことを意味する。天皇の代行・補佐として官僚を統轄するためには、官僚のトップとしての権威と実力・実績も必要であったことを物語っている。

頼通が長期間安定的な政治運営ができた背景には、父道長の時代に強固な外戚関係が構築され、摂関政治のシステムが整備されたことなどもあるが、国母《こくぼ》（天皇の生母・母后）として姉の上東門院彰子（後一条・後朱雀の生母）がバックアップしてくれたことが大きかった。摂関政治というと摂政・関白にばかり目が向くが、当該期の権力構造を考える上で、国母の持った政治力を見落とすことはできない。国母は天皇や摂関・内覧に対しても発言力を持っており、国政に大きな影響を及ぼすこともあった（藤木邦彦「藤原穏子とその時代」『平安王朝の政治と制度』吉川弘文館、一九九一、初出一九六四。服藤早苗「王権と国母」『民衆史研究』

五六、一九九八)。円融天皇の母であった安子が遺した書き付けによって兼通が有力な弟兼家を抑えて内覧になることができたことや、一条天皇の母詮子《せんし》の強力な後押しによって道長がライバルの伊周《これちか》を押しのけて内覧に就くことができたことなどはよく知られている。

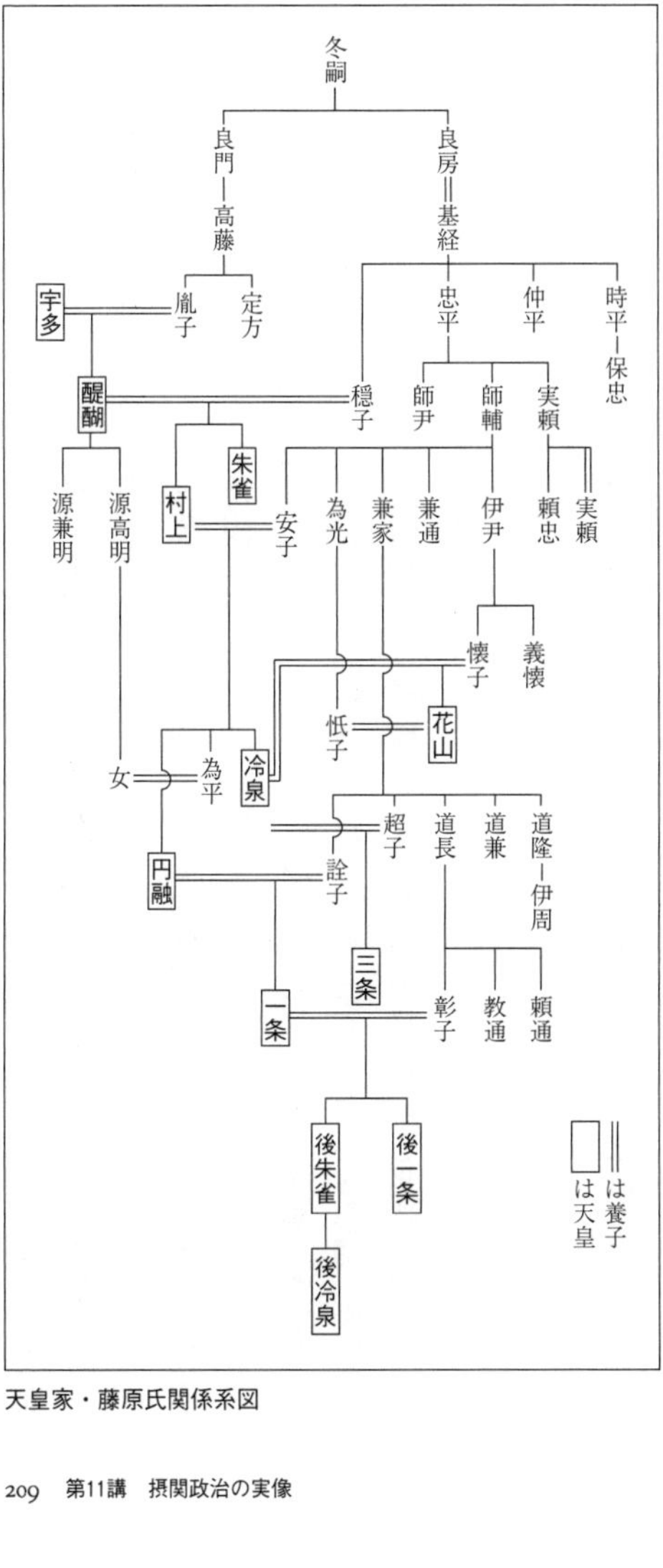

天皇家・藤原氏関係系図

彰子の場合には、実際に公卿らの会議に臨席したり、政務文書に目を通したり、「母后令旨《りょうじ》」という文書を発給して重要事項を決定し命ずることもあった（古瀬奈津子「摂関政治成立の歴史的意義」『日本史研究』四六三、二〇〇一）。絶大な権力を有した父道長に対しても直言できた彰子の存在は、天皇と摂関・内覧の間にあって、政治運営の安定化に大きな役割を果たした。ただし、こうした国母の政治力が前面に現れるのは、父院（天皇の父、前天皇）が崩じた後であり、父院に代わり天皇の後見をするという性格のものであったと思われる。摂関期の権力の中核は、天皇を中心に父院・母后、そして外戚である摂関・内覧というミウチにより構成されていたのである（倉本一宏「摂関期の政権構造」『摂関政治と王朝貴族』吉川弘文館、二〇〇〇、初出一九九一）。

†摂関政治と天皇制

かつて、天皇親政と摂関政治を対立的なものと捉え、天皇親政こそ本来あるべき政治形態として、摂関政治を否定的に評価する見方があった。幕末の尊王論や明治維新の王政復古などの政治思想や、天皇主権を規定した明治憲法などの影響から生まれた見方と思われるが、上述してきたように、摂関政治とは天皇制を支える政治システムであり、摂関・内覧と天皇を対立的に捉える見方が誤りであることは明らかである。内覧の道長と三条天皇が政治的に対立したことはよく知られているが（倉本一宏『三条天皇』ミネルヴァ書房、二〇一〇）、外戚関係がない場合には、摂関政治が政治システムとして十全に機能しないことを示しているのであって、摂関政治が構造的に摂関・内覧と天皇を対立させるものであったというわけではない。

摂関政治という政治形態が歴史的に要請された背景には、天皇制の導入とその安定化のための試行錯誤があった。律令制による中央集権体制の構築にあたって、中国の皇帝制を手本に日本の天皇制は制度化された（大津透『古代の天皇制』岩波書店、一九九九）。しかし、ヤマト政権以来の大王の性格も色濃く残しながら、中国的な皇帝制度を取り入れたため、制度的な矛盾を孕《はら》むこととなった。とりわけ、血筋を重んじる大王位継承の伝統に、中国的な嫡系主義の原則が持ち込まれることにより、皇位継承対象者が極端に限定され、皇統断絶や政治能力のないものが即位するという問題を生み出すことになった。

奈良朝末の称徳天皇の崩御による天武皇統の断絶を目にした光仁・桓武天皇は、皇統を複数に分けて、皇統断絶を防ごうとした。しかし、皇統複数化が承和の変という皇位継承をめぐる争いを引き起こすと、再び皇統の一本化が図られたのである。その結果、清和天皇という幼帝や陽成天皇という素行に問題のある天皇が即位することとなった。本来天皇に不適格な者が即位するという事態に対し、誰が天皇であっても政務に支障が生じないよう、天皇の政務を代行・補佐するシステムとして摂政・関白・内覧という職掌が創出されたと考えられる。摂関政治という政治システムにより、天皇制は安定的に機能することが可能になったのである。

摂関政治が確立することにより、朝廷の支配は安定し、天皇・貴族は経済的により豊かになり、華やかな宮廷文化を花咲かせることになる。『源氏物語』や『枕草子』など日本の古典文化が、摂関政治の最盛期に生まれたことは、決して偶然ではないのである（吉田孝『古代国家の歩み』小学館、一九八八）。この後、家族制度や社会構造の変化に応じて、院政、幕府政治、内閣制度など政治形態は変化してゆくが、天皇制を補完する政治制度であったことには変わりなく、ミウチないし臣下が政務を代行・補佐するという天皇制を補完するシステムの祖型は摂関政治にあったのである。

さらに詳しく知るための参考文献

土田直鎮『日本の歴史5　王朝の貴族』（中央公論新社、二〇〇四）……現在の摂関政治研究の基礎を作った著者の古典的名著。味わい深い語り口に思わず引き込まれ、王朝時代の魅力を堪能できる。
大津透『日本の歴史06　道長と宮廷社会』（講談社、二〇〇一）……道長の時代を中心に、摂関期の宮廷社会の具体相とそれを支えた仕組み（支配システム）を解き明かす。王朝文化の叙述も充実しており、著者の見識が光る。

佐々木恵介『天皇の歴史03　天皇と摂政・関白』（講談社、二〇一一）……摂関政治期の天皇の実像を描く。摂関政治の具体的なあり方から、天皇の存在がどのように変貌したか論じられており、近現代の天皇との比較が興味深い。

古瀬奈津子『シリーズ日本古代史6　摂関政治』（岩波書店、二〇一一）……新書というコンパクトな体裁ながら、各方面に目配りがされており、最新の研究成果が盛り込まれているので、入門書に最適である。

坂上康俊『日本古代の歴史5　摂関政治と地方社会』（吉川弘文館、二〇一五）……著者には、八世紀を扱った『シリーズ日本古代史4　平城京の時代』（岩波書店、二〇一一）、九世紀を扱った『日本の歴史05　律令国家の転換と「日本」』（講談社、二〇〇一）という著書もあり、併読することにより摂関政治に至る歴史を連続的に捉えることができるであろう。

第12講

国風文化と唐物の世界

河内春人

†国風文化とは何か

十世紀に貴族社会を中心とした、日本の風土や嗜好にかなった優雅で洗練された文化と評価されてきた国風文化に対する一般的な理解は、近年大きく変わりつつある（西村さとみ「古典文化と国風文化」『平安京の空間と文学』吉川弘文館、二〇〇五、榎本淳一『唐王朝と古代日本』吉川弘文館、二〇〇八、西本昌弘「「唐風文化」から「国風文化」へ」『岩波講座日本歴史　五』岩波書店、二〇一五、佐藤全敏「国風とは何か」『日本古代交流史入門』勉誠出版、二〇一七など）。

そもそもこれまで国風文化はどのように説明されてきたのか、教科書的にまとめると、八世紀の国際色豊かな天平文化から、九世紀の唐風文化である弘仁・天長文化を経て、それまで受容した大陸文化の消化が進み貴族社会を中心として日本的な優雅で洗練された文化が生じた、と評価されている。

さらにいうなれば、旧来は八九四年に菅原道真の建議で遣唐使が派遣されなくなったことによって唐の文化の流入がなくなったため日本独自の文化が発達した、という解説が一般的であった。今でこそ〔「遣唐使の廃止」による国風文化の成立〕というシェーマは語られなくなったものの、そもそも遣唐使が派遣されなくなったことが当時の日本にとってどのような意味を持っていたのか、あるいは「国風文化」が出現したこととどのように関連づけられるのか、という点において十分に理解されているとはいいがたい。逆にいえば、中国との外交が続いていれば国風文化は形成されなかったのかということになりかねない。

そこで取り上げるべき問題点は次のようになる。

第一に、遣唐使の派遣が途絶するという事実の理解とその評価である。それは単に遣唐使のみに注目すればよいということではなく、当時の東アジア、あるいはそれを超えた国際関係の総体を理解する必要がある。

第二に、国風文化が成立したとされる十世紀の文化における異国文物の流通程度の評価の問題が挙げられる。平安社会において異国の文物は唐物《からもの》と呼ばれて珍重された。それはどのように受容されたのかという点に留意しなければならない。

第三に、それらをふまえた上で「国風」という概念を検討する必要がある。

†遣唐使の途絶

八九四年の遣唐使を考えるうえでの根本史料は、菅原道真が執筆したⒶ七月二十二日付「勅を奉《うけたまわ》り太政官を為《し》て在唐僧中瓘《ちゅうかん》に報ずるの牒」とⒷ九月十四日付「諸公卿をして遣唐使の進止を議定せしむるを請うの状」の二つである（いずれも『菅家《かんけ》文草《ぶんそう》』所収）。

Ⓐでは唐の情勢を伝えてきた在唐僧中瓘に、遣唐使派遣の決定と災害の頻発による派遣の遅れの可能性を知らせるものである。七月二十二日以前に派遣が決定されていたことがわかる。そして菅原道真等が八月二十一日に使節として任命された（『日本紀略』）。ところが、道真は九月十四日にⒷにおいて渡航あるいは唐到着後の危険を主張して派遣の再検討を要請している。この後、『日本紀略』には九月の末尾に「其日、遣唐使を停む」とあり、この記述から遣唐使が取りやめになったと理解されてきた。

しかし、『日本紀略』の「其日」とは某日程度の曖昧な表現であり、信頼性が高くないことが指摘され、遣唐使は廃止になったとは決していえないことが明らかにされた（石井正敏「いわゆる遣唐使の停止について」『中央大学文学部紀要　史学科三五』一九九〇）。

ただしその後も、八九四年の遣唐使は中止になり、結果として九〇七年に唐が滅んだので遣唐使は途絶したとする理解が見られる。この点について、道真は八九七年の太政官符に「遣唐大使」と署名し（『政事要略』）、道真失脚直後の九〇一年にも使節の一員であった紀長谷雄《きのはせお》が文書に「遣唐副使」と署名している（『東南院文書』）のが注目される。これらの史料から八九四年の遣唐使も延期になっているものの中止になっておらず、道真失脚などによってなし崩しに計画が立ち消えになったとみるのが穏当であろう。当時の朝廷において遣唐使が不要になったとは捉えられていないのである。

なお、道真はⒶにおいて派遣経費の問題に言及しているが、あくまで災害多発による出費のために派遣が延期されるかもしれないと弁明しているのであり、費用自体は派遣取りやめの原因とはなっていない。Ⓑでは唐の危険性について述べているが、これは唐の情報をもたらした中瓘の見解であり、道真自身はこれまでは唐到着後に遣唐使が危険に出会ったことはないことにふれ、両見解を合わせたうえで判断を下すことを要請している。つまり、道真自身は在唐中の危険性に対して必ずしも拒否しているわけではない。

こうしたことからすれば、道真の建議は派遣に際しての情勢分析を再度行うことを求めたものであり、その真意は別にして、取りやめを要請したわけではない。当時の朝廷の首班にとって派遣をやめるということは念頭になかったというべきであろう。

補足すると、派遣取りやめの一因として日本における文化の発達も述べられることが多々ある。一例として八六二年に亡くなった明法家《みょうぼうか》の讃岐永直《さぬきのながなお》の伝（『日本三代実録』）に、刑法上の疑点が数十あり唐に問おうとしたが、永直が解決したので派遣する必要がなくなったという逸話が残されている。しかし、これは永直の顕彰的要素が強く、いささか割り引いて考えるべきであろう。

律令制下の遣唐使の任務を考えるとき、八世紀は国家制度に関わる文物の将来に主眼が置かれていた。吉備真備が帰国時にもたらした文物は国家儀礼で必要とされるものがほとんどである。ところが、結果的に最後の派遣となった承和の遣唐使（八三八年渡唐）は、藤《ふじ》原貞敏《わらのさだとし》が琵琶とその譜面をもたらしたように芸能的な方面に対する希求が強くなっている。一見すると唐に対して学ぼうとする意欲が薄れているようにも見えるが、平安時代の貴族にとって音楽を奏で和歌を詠むのは不可欠のスキルであった。求めるものの方向性が変質したことは認められるものの、唐に対する需要が低下したとはいえそうにない。

要するに、遣唐使の途絶と国風文化の成立を短絡的に結びつけることは控えなければならない。

†国際交流の担い手

そもそも八九四年の遣唐使派遣をめぐる一件において注目すべきは、派遣が中瓘という在唐僧の連絡を契機とするものであったことである。中瓘は王訥《おうとつ》という国際商人に委託して書状を日本まで届けた。道真が執筆した返事（Ⓐ）も王訥を介して中瓘に送られたであろう。

八世紀の国際交流は、律令国家が国際交通を厳しく禁じたために、外交使節によるほかなかった。しかし、九世紀になると様相は一変する。遣唐使の派遣は頻度が低下しており、八九四年の計画の前は八三八年派遣（八三九年帰国）である。中瓘も唐への渡航は遣唐使に依ったとは考えがたい。

九世紀という時代は、七世紀の国際動乱を経て成立した日本・統一新羅・渤海《ぼっかい》といった唐の統治制度を模倣した国家の運営において、支障が顕在化するようになった時期である。それは国境管理の弛緩という事態を引き起こした。

特に新羅で深刻であり、海賊が多発した。それは人々の移動の流動化ということでもあり、中国沿岸における新羅人集落の形成や人身売買、さらには商人の出現という、八世紀には想定されなかった新たな状況が出現した。それに対する反動もあり、取り締まりをめぐって張保皐《ちょうほこう》という豪族が台頭した。しかし、張保皐も旧来の貴族と対立して殺害されるなど不安定な情勢は収まらなかった。

こうした事態は日本にも影響を及ぼした。九世紀前半から新羅商人が稀少な外来品として唐物をもたらすようになり、貴族のみならず在地の人々も争ってそれを求めた。律令国家はそれを抑制しようと必死であったが、国家自身が唐物を求めたため取り締まりはなし崩しになり効果はなかった。

九世紀の末から十世紀の前半にかけて、東アジアは大きく変貌する。九〇七年に唐、九二六年に渤海、九三五年に新羅が相次いで滅亡する。日本でも九三五年に平将門が東国で挙兵しており、東アジア的な動向の例外ではなかった。それらは国境を越えて流動化した人の動きが各国において前面に出始めたことの表れであった。

外交においてもその影響は現れる。唐滅亡後に江南の杭州に拠点をおいた呉越国《ごえつこく》は東アジアとの積極的な交流を図った（山崎覚士『中国五代国家論』思文閣出版、二〇一〇）が、その際に東アジア海域での活動が定着した国際商人が利用された。九三六年に日本の朝廷は、前年に到来していた商人の蔣承勲《しょうしょうくん》に呉越王銭元瓘《せんげんかん》への書を授けている。これより以前にも中瓘の書をもたらした王訥のケースが見られるように、九世紀前半には否定的に捉えられていた国際商人は、九世紀末から十世紀前半にはその地位を確立していたといえる。

こうしたなかでアジアの文化的動向として注目されるのは、北方民族の契丹《きったん》が建国した遼《りょう》において、九二〇年に契丹文字が作成されたことである。契丹文字は漢字やウイグル文字をもとに改変したと推測される。遼滅亡後は使用されなくなったため現在でも未解読のものが多い。契丹はそれ以前には漢字を用いていたと考えられるが、自言語に対応する文字を意図的に創出したといえる。政治的に作成されたため文字の用途が偏っているという限界はあるが、民族の政治的成長に伴って文字が作り出されるという現象が確認できる。付言するとこの後、十一世紀に甘粛に建国した西夏《せいか》で西夏文字が、十三世紀にベトナムで字喃《チュノム》が、一四四六年に朝鮮王朝でハングルが登場する。

日本のかな文字について見てみると、藤原良相《ふじわらのよしみ》（八一三〜八六七）邸において出土した墨書土器が注目される。九世紀半ばのものと推定され、かなの出現を考えるうえで貴重な資

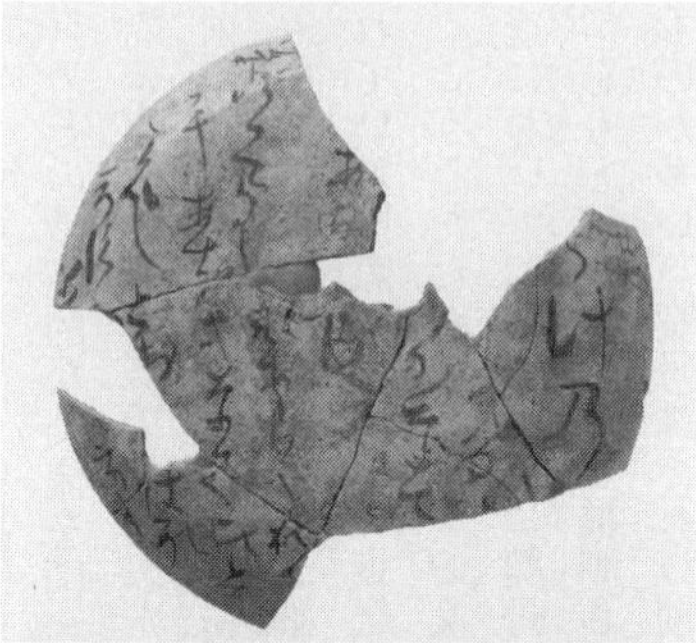

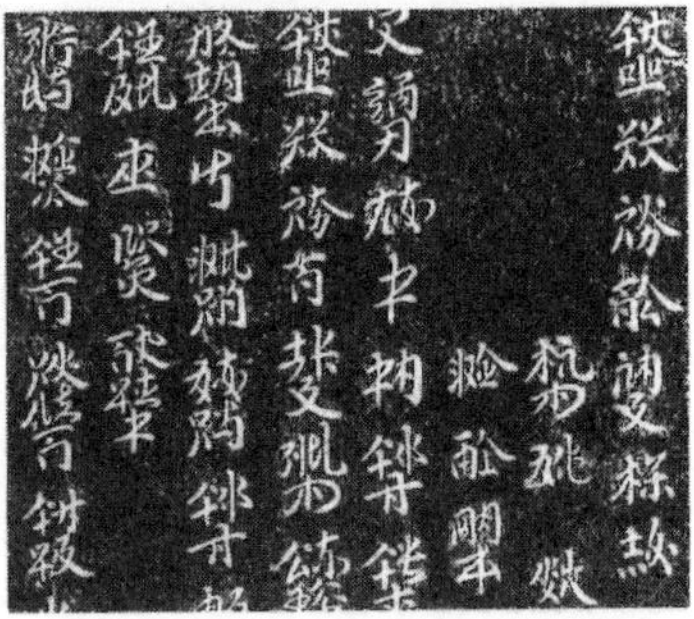

上　藤原良相邸出土かな墨書土器（『平安京右京三条一坊六・七町跡――西三条第（百花亭）跡』財団法人京都市埋蔵文化財研究所、2013）
下　契丹文字（宣懿皇后哀冊）（武内康則「最新の研究からわかる契丹文字の姿」『契丹［遼］と10〜12世紀の東部ユーラシア』勉誠出版、2013）

料である。他にも多賀城の漆紙文書《うるしがみもんじょ》や藤原 有次申文《ふじわらのありつぐもうしぶみ》が同時期のかな資料として挙げられ、かな文字の形成への助走はすでに九世紀前半から始まっており、それが九世紀半ばに表出したと見なされる。そうであるとすれば、前述の政治的変動よりは先行する事象であったということになる。

九世紀から十世紀の国際環境を見ると、それまでの国家の滅亡と新しい国家の成立が相次ぎ、確かに政治的に大きな変革期にあたる。それによって文化的に新しい動向が明確化するが、その前提として国風文化が具象化する以前の助走期間を念頭に置く必要がある。日本についていえば、唐風文化の盛期とされる九世紀前半にすでにそうした動向が伏流していたと捉えるべきである。

†文化のありよう

それでは、いわゆる「国風文化」の担い手とされる貴族の文化的実相はいかなるものであったのか。貴族の生活のなかからその断片を窺ってみる。

食事について見てみると、当時は一日二食であった。また、日常食はそれほど豪奢なものとは限らなかった。粥や湯漬けで済ませることもあったらしい。貴族といえどもその全てが充実していたわけではなく、経済的に困窮してつましい食生活だったケースも散見する。

それに対して摂関家の晴れの場の食事は目を見張るものであった。一一三六年の藤原《ふじわらの》頼長《よりなが》による大臣大饗（大臣就任の祝宴）では酒、菓子、干物、生物、調味料、飯が供された（『類聚雑要抄《るいじゅうざつようしょう》』）。食材もアワビ・タコ・エビなどの海産物や柑子・栗・柿など果物がふんだんに集められている。これが当時の最高の贅を尽くした食事であった。

そのなかでも特に菓子に注目してみたい。当時の菓子は果物や甘葛煎《あまずらせん》などの甘味類、粉末にした穀類を成形して油で揚げたものなどを指す。そして、それとは別に唐菓子があった。菓子と唐菓子の違いはその希少性にあった。唐菓子は重要儀式やその宴で出されるものであり、当時の食文化の粋といえる。その菓子に「唐」を付すところに当時の貴族たちの感覚を見出すことができる。

また、食材の一例として砂糖に注目したい。一〇九一年に橘俊綱《たちばなのとしつな》が藤原師通《ふじわらのもろみち》に砂糖を「唐菓物」と称して贈った記録が見える（『後二条師通記』）が、この砂糖は海商によって宋から持ち込まれた唐物の可能性が高い。舶来の調味料が貴族の贈答品として利用されている。

衣服についても見ておこう。貴族たちの衣装において重要な要素の一つに色がある。衣服には禁色《きんじき》という限られた人にのみ許される色があった。その色を身にまとうことは特権の象徴であった。単に許された色を身に付ければよいというわけではない。大事なのは重ね着する際の配色であり、後に襲《かさ》ねの色目《いろめ》と呼ばれるようになる。

それぞれの立場の人が利用可能な配色のなかでそのセンスを競った。それは周囲の批評を受けるということを前提としていた。紫式部は、一〇〇八年に一条天皇が道長邸に行幸した際の参列者の衣装を事細かに記している（『紫式部日記』）。そうした競い合いは早くから見えないところにも気を配るという行為へとエスカレートしており、九一四年に美服禁令が発せられる（『日本紀略』）など、過差《かさ》（分を外れた贅沢）と見なされ禁制の対象となっていた。

こうした色についても日本国内のみでまかなうことはできない。臙脂《えんじ》（カイガラムシの粉末）や蘇芳《すおう》（熱帯性樹木の蘇芳から染める）といった高級色は海商がもたらすのに頼らざるを得なかった。希少性の高い異国の原料からのみ染めることが可能な色は、衣服の文化における頂点であった。

文化というのはその時代を代表する文学や芸術品を意味するのではない。その時代の生活の様相そのものである。そうした文化的動向のもとに実体化したモノは三つの要素から成り立つ。第一に物品の原材料の供給である。例えば絵画において絵の具や媒体（紙など）がなければ作品は存在しない。第二に当時の思潮である。社会的に共有されたバックボーンの上に文化は成り立つ。そしてそれらを現象化させる手段として、第三に表現方法を挙げることができる。

国風文化を現象的に見れば日本的なるものの出現として捉えることは可能である。ただし、原材料の供給でいえば唐物に依存せざるを得ない部分が一定程度ある。平安前期の物尽しとして知られる『新猿楽記《しんさるがくき》』には、唐物四五品が列挙されている。そこに見える沈《じん》香《こう》・丁字《ちょうじ》・白檀《びゃくだん》などの香料は仏教儀式において不可欠である。史料的に視覚的なものが目を惹きやすいが、音や匂いも文化的現象として捉えるべきであり、平安仏教文化において唐物としての香料は単なる消費材ではない。そして、当時の文化の最高ランクにおいて唐物が用いられ、あるいは「唐」を冠して称されたということも忘れてはならない。国風文化と呼ばれる平安期の文化において唐物は必須のものとしてその土台の一角を構成し続けていた。

†「国風」という認識

そもそも「国風」とはいかなる概念なのか。さかのぼると中国の古典である『詩経』の篇目に「国風」とあるのが始まりであろう。そのなかで衛《えい》の地域の歌を衛風、鄭《てい》の地域の歌を鄭風というように称している。この「国風」とは「国（地方）の風俗」を意味するのであり、各地方ごとの文化的特色一般を表すものである（村井康彦『文芸の創生と展開』思文閣出版、一九九一）。

一方、国風文化という文脈で「国風」が語られるようになるのは、近代のことである。一九三〇年代に「国風」という概念が姿を現すようになる。ここでの「国風」は「唐風」と対比される概念であり、九世紀前半の唐風文化の隆盛について「国風暗黒時代」という呼び方をしていた（小島憲之『国風暗黒時代の文学　上』塙書房、一九六八）。弘仁文化を唐文化の受容と模倣の段階と捉え、日本におけるその文化的発現を「唐風」と称し、さらにそれが変容した日本的なるものを「国風」と呼んだということになる。

本来多様性を包含する文化の地方的特色であった「国風」は、ここにおいて日本文化の総体的な傾向を指し示し、かつその内部にあるはずの多様性を捨象した概念へと変質したのである。しかし、このような理解が適切ではないことは「国風文化」を構成する要素を成り立たしめる各種の文化的土台に唐物が不可欠であることからも明らかである。

そして、唐物の需要の増大とそれに応える供給が、遣唐使という政治的交通の制約を超えて国際商人の往来によって実現するようになったのが九世紀であった。八世紀には中国文物の獲得という目的は遣唐使のみが実現可能な手段であった。国際商人の登場は、文物獲得という一面において遣唐使派遣のモチベーションを低下させることになる。しかし、遣唐使の任務はそればかりではない。それゆえ九世紀後半でも政治的に必要性が生じれば遣唐使は企図された。そして、唐物を重要な土台としながらも文化的表現形態が中国的な形式の踏襲から離れて様式化したのが十世紀前半であったといえる。

このような文化的動向を当時はどのように理解していたのかといえば、決して日本の独自性ばかりを強調するものではなかった。それを示すキーワードとして「倭漢（和漢）」という文化概念を挙げることができる。それは日本と中国を単純に対比させるものではない。日本文化を構成する要素を日本的なるものと中国的なるものに分けて対置させる理解である。道長の時代に藤原公任《ふじわらのきんとう》が編集した『和漢朗詠集《わかんろうえいしゅう》』などが想起される。

こうした「倭漢」という概念はすでに九世紀初頭に出現している。八〇九年に朝廷は『倭漢物歴帝譜図《わかんそうれきていふず》』という書を禁じた。それまで渡来系氏族は中国皇帝や朝鮮諸国の王を祖として位置づけていたが、同書ではそれをさかのぼらせて天御中主《あめのみなかぬし》に結び付けて系譜を語った。当時の氏姓秩序は天皇を祖とする皇別、天孫降臨に従った神の子孫である神別、渡来系の諸蕃という区分であり（『新撰姓氏録』）、『譜図』の系譜改変は秩序を乱す行為と見なされたのである。しかし、渡来系氏族は『古事記』で最初に出現する神の天御中主を祖とすることで、自らの出自を日本の中の中国系として立ち位置を定めようとした。ここには明らかにそれまでとは異なる世界の捉え方がある。

それが日本のなかに倭と漢を見出す「倭漢」という思考であった。そして、そのなかで日本を強調する世界観へと展開するのであり、その一つが「倭名《わみょう》」であった。『倭名類聚抄《わみょうるいじゅうしょう》』は事物の日本における名称を取り上げることでその文化的主体性を確認するという思想的営為を背景に持つ。世界のなかでの日本の特色という、本来の意味での「国風」の発露であった。それが肥大化したのが「本朝」意識である（小原仁「摂関・院政期における本朝意識の構造」『日本古代中世史論考』吉川弘文館、一九八七）。平安中期以降「本朝」を冠する書が多数著されるようになる。ただし、それも中国文化との対比のなかで「本朝」を強調するという思想的前提をふまえたものであった。

このような思潮は仏教的な価値観と結びつくことで、中世における「三国」意識へとつながる（市川浩史『日本中世の歴史意識』法蔵館、二〇〇五）。天竺《てんじく》・震旦《しんたん》（中国）・本朝という構成をとる『今昔物語集』がその代表例である。そして、ここで注意しなければならないのが、こうした世界認識における朝鮮の脱落である。中国と比較し、それによって文化的主体性を獲得した当時の文化は、その一方で朝鮮半島を世界の構成要素として捉

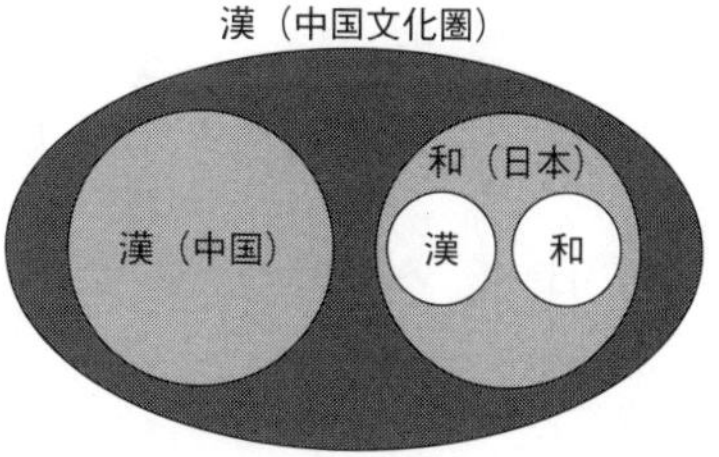

倭漢の構図（島尾新「日本美術としての「唐物」」『唐物と東アジア』勉誠出版、2011）

える視座を失っていくことになる。

†残された課題

「国風文化」の実態とは、単に中国文化の消化というだけではなく、同時代的に中国（あるいはその外部）からの唐物の流入を前提として成り立っていた。その価値観は決して日本的なもののみを絶対視するようなものではなかった。中国文化はいまだ模範としての権威を持ち続けていた。

もちろん日本的な様式が登場し、それが後代の規範となっていくという側面もある。ただし、それはこの時代の問題というよりは、中世以降においてこの時代を規範と見なす社会文化的背景から探るべきであろう。そうしたなかで気を付けるべきが、平安時代中期以降に貴族たちが参照する先例が九世紀以降に限定されるようになるという土田直鎮氏の指摘である。それは九世紀に国家のあり方が大きく転換したことを意味するのであり、文化的動向もそれと連動するものとして理解しなければならない。

ところで、もうひとつ留意しなければならない問題がある。それは「国風文化」とはその担い手が貴族であり、支配する側の文化だったということである。日本史における文化の動向を教科書的に眺めると、貴族文化、武家文化、町人文化が順次登場し、変遷していくという枠組みが見て取れる。こうした枠組みを確立したのは、一九一六年より刊行された津田左右吉の『文学に現はれたる我が国民思想の研究』（全四巻）であろう。同書は文学の展開を貴族文学、武士文学、平民文学と区分して論じたが、その捉え方が現在まで影響を及ぼし続けている。

しかし、本来文化とは地域や社会階層などの多様性と共通性を含みこむものであり、当時において貴族の文化が洗練され技法的に優れたものだとしてもその全てではない。むしろ庶民の雑多な文化の方が量的には多数を占めていた。それを考慮せずに平安時代の文化を国風文化と同一視し、さらに現在と直結させるような言説は慎まねばならない。

さらに詳しく知るための参考文献

土田直鎮『日本の歴史5　王朝の貴族』（中公文庫、二〇〇四）……平安時代を学ぶ上での古典的名著。平安時代の文化を総体的に理解するためには、その時代全体を知らなければならない。

大津透『日本の歴史06　道長と宮廷社会』（講談社学術文庫、二〇〇九）……道長の時代の宮廷社会やその文化を丁寧に描き出す。平安貴族文化を詳しく知ることができる。

木村茂光『「国風文化」の時代』（青木書店、一九九七）……「国風文化」に関する旧来の概念を問い直す。本書後に「国風文化」再検討の動向が本格的に動き出した。

シャルロッテ・フォン・ヴェアシュア（河内春人訳）『モノが語る日本対外交易史　七―一六世紀』（藤原書店、二〇一一）……交易という観点から東アジアにおける物流の歴史的展開を描き出す。唐物だけではない交易の世界を知るうえで必読。

河添房江『唐物の文化史――舶来品からみた日本』（岩波新書、二〇一四）……日本において唐物がどのように位置づけられてきたのか、豊富なエピソードから古代から近世まで見渡す。

受領と地方社会

三谷芳幸

†受領のイメージ

地方官の性格を表現するのに、「良吏《りょうり》」「酷吏《こくり》」という言葉がよく使われる。良吏とは、儒教的理念を踏まえて人民に善政をほどこす優良な官吏。酷吏とは、無慈悲な政治で人民を苦しめる苛酷な官吏のことである。十・十一世紀の地方行政を担った受領《ずりょう》は、良吏を輩出した九世紀の国司《こくし》と対比され、暴政の限りを尽くす酷吏の典型のように語られることが多かった。そのイメージ形成にもっとも大きく寄与したのは、いうまでもなく九八八年（永延二）の「尾張国郡司百姓等解文《おわりのくにぐんじひゃくしょうらげぶみ》」である。国守《くにのかみ》藤原元命《もとなが》に過重な負担を強いられたとする住民の訴状であり、これによって非道な徴税者という受領のイメージが広く定着した。

さらに受領の際立った特徴として、任国で取りたてた物を私物化し、巨大な富を蓄積したことがしばしば指摘される。この貪欲な私利の追求者というイメージも、『今昔物語《こんじゃくものがたり》集《しゅう》』にみえる「受領は倒るる所に土をつかめ」のフレーズとともに広く流布している。そして、受領に非道な徴税者、貪欲な私利の追求者であることを許したのは、退廃した中央政府の地方行政に対する無関心にほかならない、とかつては一般に考えられていた。律令制の崩壊によって中央政府の統制力は失われ、横暴な受領たちが放任されたことで、十・十一世紀の地方社会は大きな混乱に陥っていたとする見方が強かったのである。

だが、森田悌『受領』（教育社歴史新書、一九七八）がいち早く述べていたように、当時の地方社会には、受領が統治のために作りだした独自の「秩序」が厳然と存在した。また、任期終了時に受領の成績審査が行われたように、中央政府は受領の任期中の仕事ぶりをただ座視していたわけではなかった。つまり、受領は任国統治の支えとなる新たな体制の構築をはかり、中央政府も安定的な地方支配を維持するための受領統制の努力を忘れていなかったのである。現在では、こうした点に関する実態の解明が進み、受領と当時の地方社会をめぐる研究者の認識は格段に深まっている。以下、これまでの研究成果を簡潔にまとめ、最後に若干の私見を述べてみたい。

†受領の誕生

受領とは、現地に赴任した国司の首席（通常は守）で、その国の行政責任を一身に引き受けた人物をさす。その誕生には、まず九世紀を通じて進行した、国司の同僚間における差別化が必要であった。もともと律令の規定では、地方を治める国司として、守・介《すけ》・掾《じょう》・目《さかん》の四等官《しとうかん》が中央から派遣されることになっていた。その四等官の連帯責任によって各国の行政を運営するというのが、律令制の原則であった。受領の地位は、この連帯責任制を放棄して、四等官のなかのトップ一人に行政責任を集中させ、それ以下のメンバー（任用国司という）を国務から疎外することによって形成された。

受領の誕生にもうひとつ必要だったのは、国司の責任期間の限定である。国司には、租税としての調庸《ちょうよう》を人民から徴収し、それを政府に納入する義務があった。自身の任期四年分を納めるのが基本であるが、さらに前任者以前の未納分まで遡って納める必要があり、調庸弁済の対象期間はみずからの任期中に止まらなかった。しかし、過大に累積した未納分を納めるのは困難で、八八八年（仁和《にんな》四）に見直しが行われた。毎年の納入額を増やす代わりに、累積未納分の弁済を免除し、納税責任のある期間を本人の任期四年だけに限定したのである。これによって、国司一人ひとりの責任は、四年の任期単位で完結することになり、国としての連続性から解放された国司個人の立場が確立した（北條秀樹『日本古代国家の地方支配』吉川弘文館、二〇〇〇参照）。こうして、同僚から独立し、過去にも縛られなくなった一人の国司が、単独責任で四年間の国務を全面的に請け負う体制が成立することになる。これが九世紀末における受領の誕生である。

受領が生まれてくる大きな要因は、九世紀の地方社会のなかに求められる。この時期には国司から政府への調庸未納が膨れあがり、中央財政を圧迫していた。政府への未納が増えた原因は、突きつめれば、人民からの徴収が順調に行かなくなったことにある。もともと律令国家の地方支配は、中央から派遣された国司のもとで、伝統的な地方豪族である郡司が実質的な業務を担うことにより成り立っていた。徴税業務も例外ではなく、調庸の収取は、人民に対する郡司の伝統的権威に依存することで初めて可能になっていた。ところが、九世紀には、富豪層《ふごうそう》とも呼ばれる有力農民が台頭してきたことなどで、郡司の権威に陰りがみられるようになり、調庸の収取はしだいに困難になっていく。その結果、郡司に代わる強力な徴税者として必要とされたのが受領である。政府への納税を全面的に請け負う存在として、受領には任国での徹底した徴税が期待されたのである。

†負名体制と検田

政府が一人の国司に責任を集め、その責任期間を四年の任期中に限ったのは、その人物を徴税請負人として存分に活動させるためであった。そうして生まれた受領に、政府は大きな裁量権をあたえ、任国統治を一任した。大きな権限を手にした受領は、強力なリーダーシップを発揮して、統治体制の整備を進めていく。まず十世紀前半に整えられたのは、負名《ふみょう》体制と呼ばれる新たな徴税システムである。

　調庸は成人男子を対象とする人頭税であり、その徴収には、人身把握の台帳となる戸籍の作成が不可欠であった。この戸籍制度が九世紀を通じて解体に向かい、受領が登場する頃には、人身把握を前提とする徴税は根本的な修正を迫られていた。そこで採用されたのが、田地の把握を基礎とする新型の徴税方式である。一定規模の田地をまとめて徴税単位をつくり、「堪百姓《かんびゃくしょう》」（税負担に堪える百姓）をその単位の納税責任者として指名し、その責任者から田地に課せられた租税を徴収するのである。この徴税単位には納税責任者の名前を付したので、その単位を「名《みょう》」と呼び、逆に「名」の納税責任を負うということで、その責任者を「負名」と呼ぶ。また、「名」の実体は田地なので、負名が納税責任を負う田という意味で、「名」を「負田《ふでん》」と言いかえる場合もある。いわゆる負名体制の内容は、このようなものであった。

　負名体制の特徴は、郡司の力に依存せず、受領が百姓である負名を直接掌握するかたちで徴税を実現している点にある（坂上康俊「負名体制の成立」『史学雑誌』九四―二、一九八五）。これは、伝統的な郡司の弱体化という、九世紀以来の地方社会の変化に対応してできた仕組みといえる。さらに、中央から派遣される国司＝受領の力が直接百姓に及ぶようになったという意味では、これを中央権力の地方末端への浸透とみることもできる（大津透『日本古代史を学ぶ』岩波書店、二〇〇九参照）。十世紀になると、律令制が完全に崩れ、中央権力による地方支配は弱まるとかつては言われていたが、現在ではそのような単純な見方は通用しなくなっている。

さて、田地を基礎とする徴税システムになれば、当然、田地の把握を徹底することが重要となる。そのあらわれが、十世紀後半における検田《けんでん》の強化である（佐藤泰弘『日本中世の黎明』京都大学学術出版会、二〇〇一）。検田は受領による土地調査で、国の検田使を郡ごとに派遣して行われた。多くは受領の任期初めに行われたらしく、その結果は、郡ごとに馬上《ばじょう》帳《ちょう》（検田使が乗馬していたことによる）・検田目録（馬上帳の集計）といった帳簿にまとめられた。課税対象となる田地の把握は、これらの帳簿によって可能となる。さらに徴税資料の一環として、「名」ごとに負田検田帳が作られており、文字どおり検田が負名体制による徴税を支えていたことがわかる。十一世紀前半ごろになると、官物《かんもつ》（所当《しょとう》官物）という新たな田率《でんりつ》租税（田地面積に応じた租税）が生まれてくるが、それは田地にもとづく徴税という、負名体制と検田がめざした方向の当然の帰結だったのである。

†「所」と郎等

受領は、効果的な任国統治のために国衙《こくが》（国の役所）の機構整備を進めた。業務ごとの分担組織としての「所《ところ》」の設置である。十世紀後半ごろに充実したようで、健児所《こんでいしょ》・検非違所《けびいしょ》・田所《たどころ》・出納所《しゅつのうしょ》・調所《ずしょ》・細工所《さいしょ》・税所・大帳所・朝集所など、実にさまざまな「所」が知られる。専属の職員を配して執務の効率化を図るものだが、なかでも重要だったのは、田地にもとづく徴税を支えた田所と税所である。田所は馬上帳・検田目録によって国内の田地全体を管理し、税所は結解《けちげ》（年次ごとの納税決算書）の監査を通じて国内の徴税業務を統括した（中込律子『平安時代の税財政構造と受領』校倉書房、二〇一三）。

この田所と税所の業務に対応する現地の「所」として、郡ごとに検田所、郡・郷ごとに収納所が設けられた。それぞれ検田使・収納使という国使《こくし》（国衙からの使者）が派遣され、書生《しょしょう》（書記役）と郡司・郷司《ごうじ》を従えて執務にあたった（大石直正「平安時代の郡・郷の収納所・検田所について」豊田武教授還暦記念会編『日本古代・中世史の地方的展開』吉川弘文館、一九七三）。検田所の役割は、いうまでもなく検田を行い、馬上帳・検田目録を作成すること、収納所の役割は、租税の収納で、「名」ごとの結解の審査、未納の督促、それらを受けての郡・郷全体の結解の作成を行った。〈田所―検田所〉〈税所―収納所〉という「所」の系列によって、検田と負名体制による徴税を実現していたのである。

このような「所」の運営を担ったのが、おもに十世紀後半から活躍する、受領の郎等《ろうとう》と

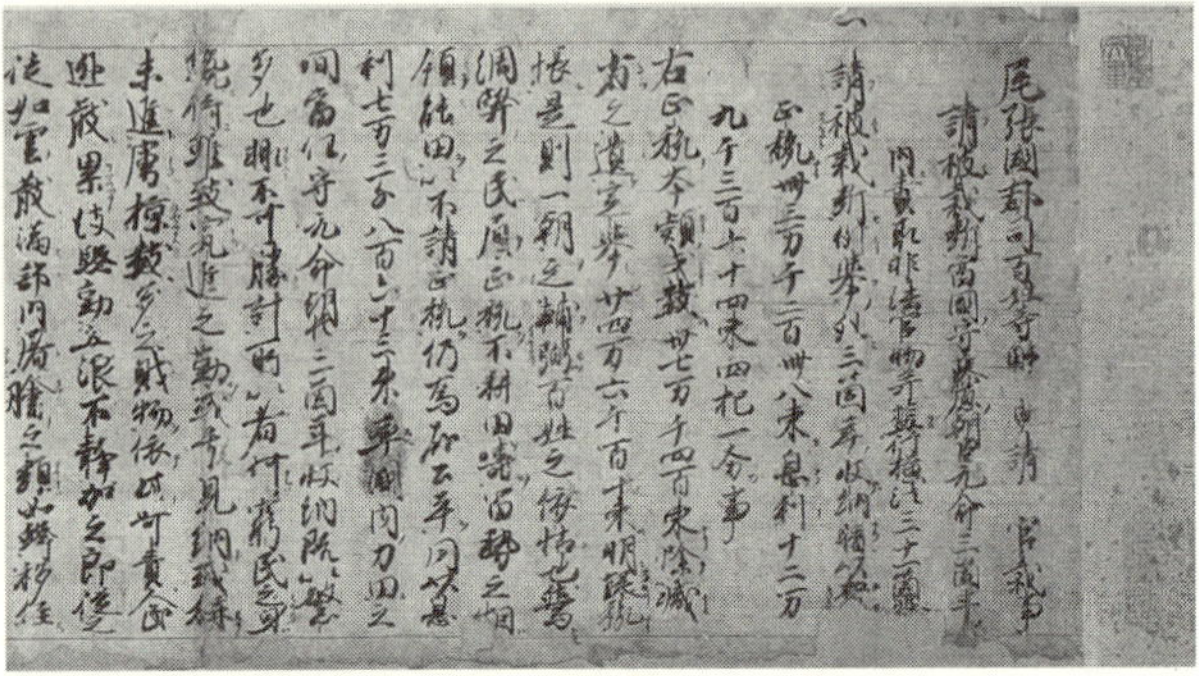

「尾張国郡司百姓等解文」（早稲田大学図書館）

呼ばれる人たちである。受領が都で雇った私的な従者で、彼らを大勢引きつれて受領は任国に赴任した。郎等のなかには武力に秀でた者があり、尾張国の「解文」にみえるように、暴力的な行動で問題を起こす場合もあったが、基本的には実務に長けた者が多く、国衙行政に欠かせない存在となっていた。算筆能力を身につけた官人経験者で、その能力を買われて次々に受領に雇われ、諸国を遍歴する郎等のプロがいたのである。

受領は郎等たちに、自らの代官役となる目代《もくだい》という地位を与えた。国務全体を取りしきる庁目代や、それぞれの「所」を統べる所目代に任命し、在地出身のスタッフのうえに置いて、国衙行政の運営を主導させたのである。また郎等は、検田使・収納使などの国使として現地にも派遣されており、徴税を始めとする国務執行の最前線をも担っていた。まさに「所」の整備と

受領の従者（「因幡堂縁起」東京国立博物館）

郎等の活躍によって、受領の任国統治は成り立っていたのであるが、こうした仕組みは任国での業務だけでなく、都での業務にも活用されていた。納所《なっしょ》と弁済使《べんさいし》による政府への納税業務である。

納所は、都とその近辺に受領が置いた私的な倉庫であり、弁済使は納所の管理人として受領が雇った私的な従者である。納所には受領が任国で徴取した物資が集積され、弁済使は政府からの要求に応じて、随時その物資を提供した。弁済使は在京の目代ともいうべき存在で、受領と政府のあいだのパイプ役となり、租税の弁済業務全般をつかさどったのである（勝山清次『中世年貢制成立史の研究』塙書房、一九九五）。

いっぽうで弁済使は、納所の物資から政府への納入分を切りわけ、残りを受領の私富として確保するのが役目ともいえるから、受領の私的蓄財にとっても弁済使は重要な存在であった。このような、人的にも物的にも公私一体となった業務運営が、受領の統治方法の特徴といえるのだろう。

†受領の任命と成績審査

受領は徴税請負人として中央財政を支える存在であったから、だれを受領に任命し、その仕事ぶりをどう評価するかは、中央政府にとって重大な問題であった。それを示すように、受領の任命と成績審査は、一般のポストとは異なる特別な方法で行われている。

受領の任命は、受領挙《ずりようのきょ》と受領巡任《じゆんにん》という二つの制度の組合わせによって行われた（玉井力『平安時代の貴族と天皇』岩波書店、二〇〇〇）。受領挙は、受領の候補者を公卿《くぎよう》たちに推挙させるもので、それぞれの公卿が推薦する人物や、公卿の会議で選別された人物を天皇に奏上し、任官決定の参考とする。いっぽうの受領巡任は、公卿による推挙の範囲に一定の枠を与えるもので、特定の要職をつとめた人物や、すでに受領としての実績がある人物を、順次受領に任命しようとする制度である。具体的には、蔵人《くろうど》・式部丞《しきぶのじよう》・民部丞《みんぶのじよう》・検非違使《けびいし》・外記《げき》・史《し》それぞれのなかで従五位下の位を授けられた人（新叙《しんじよ》）、受領経験者で任期終了時の文書監査をパスしている人（旧吏《きゆうり》）が有資格者となる。公卿による推挙は、これらの有資格者のなかから、さらに候補者を絞りこむ役割を果たした。

受領の任命といえば、摂政《せつしよう》・関白《かんぱく》など時の権力者の恣意によって決まるというのが、古くからのイメージである。たしかに、藤原道長《みちなが》・頼通《よりみち》の時代には、摂関家《せっかんけ》の家政機関の職員が、豊かな国の受領に次々と任命される（家司《けいし》受領という）など、情実人事とも思える例が少なくない。しかし、巡任のようなルールが存在したことはやはり重要で、基本的には一定の実績のある人物が粛々と受領に任命されるような、厳格な人事システムが機能していたのである。また、最終的な任命権は天皇・摂関にあるとはいえ、公卿による推挙には実質的な重みがあり、受領人事は公卿全体の統制下にあったともいえる。近年の研究はこうした側面を重視する傾向にあり、かつてのように受領人事の恣意性ばかりを強調することはなくなっている。

　この点は受領の成績審査についても同様で、受領功過定《こうかさだめ》という厳正なシステムが運用され、公卿全体で受領の評価にあたっていたことが重視されている。受領功過定とは、受領の任期終了時に、陣定《じんのさだめ》と呼ばれる公卿の会議によって勤務評定を行うもので、政府への諸々の納入を済ませているかどうかが、重要な判定基準となる。九一五年（延喜《えんぎ》十五）にはじまり、四年間の調庸・米穀の完納証明書である調庸物返抄《そうへんしょう》・雑米《ぞうまい》物返抄の交付などがチェックされたが、さらに十世紀後半から、率分《りつぶん》・斎院禊祭料《さいいんけいさいりょう》・修理職《しゅりしき》納畢勘文《のうひつかんもん》・穀倉院《こくそういん》納畢勘文・大炊寮《おおいりょう》納畢勘文などがチェック項目として次々と追加され、政府へのさまざまな納入物の完済が確認された。こうした審査を通過して、「無過」（咎なし）と判定されないと、位階が昇進しないので、功過定の合否は受領にとって死活問題であった。

重要なのは、この勤務評定が公卿たちの真摯な合議によって行われたことである。功過定への公卿の出席率はかなりよく、また陣定としては例外的に全会一致の結論が出るまで審議が続けられた。まさに公卿全体で徴税請負人としての受領を統制していたわけであり、中央政府が受領を放任していたかのようなかつてのイメージは、現在では完全に払拭されている（大津透『律令国家支配構造の研究』岩波書店、一九九三）。

†国衙雑色人と郡司

受領の任国統治は、地方社会にどのような影響を及ぼしたのだろうか。まず注目されるのは、郡司の執務場所である郡家《ぐうけ》が十世紀になって消滅していくことである。これは、郡司の伝統的な力が失われ、受領＝国司の力が強化された結果、郡家に独自の存在意義がなくなり、その機能が国衙に吸収されてしまうことを示唆している。郡司は、もはや郡内を支配する豪族ではなく、受領の配下として国務を下請けする存在となるのである。しかし、このことは直ちに在地勢力の衰退を意味するわけではない。

九世紀末の地方社会には、中央の諸勢力と結びついて経済活動を展開する、富裕な有力者が増えていた。受領は、国衙の機能を強化するために、そのような在地有力者たちの積極的な取り込みをはかった。判官代《はんがんだい》・書生といった職名を与えて、国衙の下級職員（雑色《ぞうしき》人《にん》と総称する）として採用し、さまざまな「所」に配属して実務を担わせたのである（森公章『在庁官人と武士の生成』吉川弘文館、二〇一三参照）。国使を務める場合もあるなど、国衙職員としての在地有力者は、次第にその存在感を増していった。国衙の業務に携わるなかで、地方の人びとが官僚的な事務能力を向上させていったともいえるだろう。

いっぽう郡司にも大きな変化があらわれ、十世紀前後には、本来の律令制にはない新たな職名の郡司が数多くみられるようになる。①郡老・検校《けんぎょう》・勾当《こうとう》、②国老・国司代・国目代、③行事・惣行事・大行事、④勘済使・郡務使・郡摂使などの職名をもつ郡司である。こうした新タイプの郡司には、力を蓄えた在地有力者が幅広く登用された。在地勢力として一つの実体をなす有力者のメンバーが、一方では国衙雑色人となって国務を担い、一方では郡司となって郡務を担うわけである（ひとりの人物が両方を兼ねる場合もある）。こうして、同じ勢力が国・郡双方の業務を担うことにより、国の機構と郡の機構は実質的に一体化していくのである（山口英男「十世紀の国郡行政機構」『史学雑誌』一〇〇―九、一九九一）。

結局、以上のような在地有力者と都から下向した郎等という、二つのマンパワーによって受領の任国統治は可能になっていたといえる。しかし、郎等が上位にあって、強力な権限を行使するようになったことは、在地側に時として大きな反発を引き起こした。十世紀後半から十一世紀前半にかけて、任国の人びとが受領の非法を訴える国司苛政上訴《かせいじょうそ》（尾張国の「解文」はその一例）が頻発するが、その大きな要因は、郎等たちと在地勢力のあいだの軋轢にあったのである。逆に、十一世紀半ばになって苛政上訴が終息することは、この時期に、在地勢力の意向を取りいれた安定的な体制が築かれたことを示している。在地有力者が国衙に結集し、「在庁官人《ざいちょうかんじん》」と呼ばれて、国務運営の中心となる体制（在庁官人制）である。果たして、十一世紀後半には受領の在京が多くなり、国務の実権は、在庁官人が構成する独自の権力組織（留守所《るすどころ》）に委ねられるようになるのである。

†契約の時代

受領の時代の特徴をどのように表現できるだろうか。一言でいえば、経済的イデオロギーにもとづく契約の時代ということになるだろう。

受領は任国への赴任にあたり、天皇への挨拶の儀礼を行った（罷申《まかりもうし》）。このとき天皇から受領に対し、任期後の褒賞を約束する言葉が下されたが、そこで示される褒賞の条件は、多くの場合、任国の財政再建（興復）に関わるものであった。これは、任国統治に関する、天皇と受領のあいだの一種の請負契約で、これによって受領は任期中、税収の増加に全力で取り組まなければならなくなる。受領はまた、任命後ほどなく、租税の減免や弁済方法の変更など、自身の負担軽減につながる措置をまとめて政府に要求した（諸国申請雑事《ぞうじ》）。この要求は、陣定で公卿によって審査され、その結果決まった条件が、のちの功過定による成績評価の基準となる。これは、任国統治に関する、公卿と受領のあいだの条件交渉であり、やはり一種の契約といえるだろう。功過定では財政関係の項目ばかりがチェックされるから、この条件交渉でも自ずと財政的項目が中心となる。

任国に目を向ければ、ここでも経済による契約関係が人びとを動かしている。受領と負名との関係はきわめて流動的なもので、基本的には一年を単位として「名」の耕作を請け負うという、請作《うけさく》関係だけで両者は結びついている。負名はその年の納税義務さえ果たせばよく、またもはや戸籍に縛られていないので、状況次第ではその「名」を放棄して移住してもよい。かつて農民は、オホミタカラ（天皇の民＝公民）として、神（現神《あきつかみ》）である天皇に無条件で奉仕すべき存在であったが、ここでは租税をめぐるドライな請負契約を、受領に対して履行するだけの存在となっているのである。受領が任国で政務を始める日には、郡司から受領に利田請文《りでんうけぶみ》という文書を提出し、課税対象となる各郡の土地面積をきめる儀式があったが、これも租税をめぐる受領と郡司のあいだの契約締結といえよう。

もともと国司は、クニノミコトモチ（御《み》言《こと》持ち）と呼ばれ、神の言葉である天皇の命令（ミコト）を地方に実現すべき存在であった。そこには神としての天皇に奉仕するという、強烈な神話的イデオロギーがあった。九世紀になると、良吏としての国司が活躍し、国司のもうひとつの顔である、儒教的徳目の体現者としての役割がクローズアップされる。その背景には、中国の影響が深まって、道徳的イデオロギーが社会に浸透したことがある。そして、受領の活躍する十世紀。地方支配の関心は中央財政のための収奪に絞られ、もっぱら収益の増大をめざす経済的イデオロギーが台頭する。徴税請負人としての受領は、まさにそのシンボル的存在であった。

「神話」の八世紀から、「道徳」の九世紀をへて、「経済」の十世紀へ。こうした時代の原理の大きな転換のうえに、受領を主役とする契約の世界が成立する。それは、日本古代における「文明化」のひとつの帰結といえるだろう。

さらに詳しく知るための参考文献

寺内浩『受領制の研究』(塙書房、二〇〇四)……受領研究の基本文献。受領の私富と国家財政との関係、受領の考課制度の展開、国司苛政上訴の意義など、重要問題について実証的に考察する。

佐々木恵介『受領と地方社会』(山川出版社、二〇〇四)……受領に関する信頼できる一般書。受領をめぐる諸制度と代表的な受領の活動が、近年の研究にもとづいて丁寧に紹介されている。

坂上康俊『日本古代の歴史5　摂関政治と地方社会』(吉川弘文館、二〇一五)……受領のほか、郡司や村落にも目配りしつつ、地方社会の変貌を描く。負名体制にかかわる記述は特に有益。

『岩波講座日本歴史　第5巻　古代5』(岩波書店、二〇一五)……佐藤泰弘「受領の支配と在地社会」、大津透「財政の再編と宮廷社会」を収め、受領研究の現在の到達点を知ることができる。

森公章『日記で読む日本史11　平安時代の国司の赴任　『時範記』をよむ』(臨川書店、二〇一六)……受領の赴任の様子を伝えた平時範の日記を読み解く。巻末には、受領の心得を記した『朝野群載』巻二十二「国務条々」を付す。

第14講

平将門・藤原純友の乱の再検討

宮瀧交二

†NHK大河ドラマ『風と雲と虹と』

中学生であった筆者が日本古代史に興味を持ったきっかけの一つは、一九七六年（昭和五一）の一月から十二月まで五十二回にわたって放映されたNHK大河ドラマ『風と雲と虹と』との出会いであった。小説家・海音寺潮五郎《かいおんじちょうごろう》（一九〇一〔明治三十四〕～一九七七〔昭和五十二〕）の小説『平将門』（一九五五年〔昭和三十〕刊行）を原作としたこのドラマは、未だもって大河ドラマ史上最も古い時代を取り上げた作品として、また、当時人気を博していた俳優陣を惜しげもなく起用して人気を博した作品として広く知られている。

平将門（?～九四〇〔天慶三〕）を演じたのは、当時、TBS『大岡越前』で人気絶頂であった加藤剛、藤原純友には緒形拳、嵯峨天皇の曾孫・貴子に吉永小百合、その他、小林桂樹、新珠三千代、佐野浅夫、長門勇、星由里子、渡辺文雄、西村晃など、NHK・大河ドラマ絶頂期の作品らしいその豪華なキャスティングは、今なお大河ドラマファンの間では語り種となっている。時代考証は、稲垣史生であった。

当時、徹底した資料調査に基づいて作品を執筆すると言われていた海音寺潮五郎であったが、小説の発表から六十年、また、大河ドラマの放映から四十年以上を経過した今、その後の日本古代史研究の最新の研究成果に照らして、平将門の乱（承平の乱）、そして藤原純友の乱（天慶の乱）に関する研究の現状と課題を整理してみたい。

†『将門記』が伝える平将門の乱

まず、平将門の乱として知られている事件の概要をみておきたい。高校の日本史教科書には、

> 東国に早くから根をおろした桓武平氏のうち、平将門は下総を根拠地にして一族と争いを繰り返すうちに、国司とも対立するようになり、九三九年（天慶二）に反乱をおこした（平将門の乱）。将門は、常陸・下野・上野の国府を攻め落とし、東国の大半を占領して新皇と自称したが、同じ東国の武士の平貞盛・藤原秀郷らによって討たれた。

という記述があるが（『詳説日本史』山川出版社、二〇一五）、さらに詳しく見ていきたい。

桓武平氏とは、桓武天皇（七三七〔天平九〕〜八〇六〔延暦二十五〕）の子孫で平氏を名乗った一族の総称だが、桓武天皇の曾孫で上総国司（介）となり、任期を終えた後も赴任先の上総国に土着した高望王《たかもち》（生没年未詳）を祖とする一族を指す場合が多い。平将門は、高望王の孫にあたり、父・良正の死後、その遺領をめぐり一族と紛争を起こしていた。このあたりの経緯を知るためには、平将門の乱を描いた軍記物語である『将門記《しょうもんき》』（成立は九四〇年〔天慶三〕以降）の記述に頼らざるを得ない。十世紀といえば、八八七年（仁和三）までの記事を収めた『日本三代実録』を最後に正史の編纂も途絶えており、また、平将門の乱（承平の乱）の舞台となった関東地方をはじめとする東国地域には、この時期の古文書等も殆ど残されていないからである。

さて、九三五年（承平五）二月、現在伝えられている『将門記』はその巻首を欠いているので詳細は不明だが、他の史料によると、平将門は伯父の常陸国司（介）・平良兼《よしかね》と不和になっており（『将門略記』）、良兼と合戦した後、続けて伯父の常陸国司（大掾）・平国香《くにか》や前の常陸国司（大掾《だいじょう》）・源護《みなもとのまもる》（良兼・国香の妻は護の娘であった）と合戦に及んだようである（『歴代皇紀』）。将門が都に出仕していた間に父・平良将が急死し、その遺産（田畠）を良将の兄弟、すなわち叔父の良兼や国香等がほしいままにしようとしたことがその原因であったのではないかとみられている（川尻秋生『戦争の日本史4　平将門の乱』吉川弘文館、二〇〇

茨城県坂東市岩井の国王神社。将門終焉の地に将門を祀る。

七)。

『将門記』によれば、結局、将門は伯父・国香を殺害し、翌年には伯父・平良兼、叔父・平良正、国香の子である平貞盛等の反撃に遭うが、将門は常陸・下野・下総でこれを破る。その後も一族間の睨み合いは続いたとみられるが、さらに九三八年(天慶元)には、武蔵国司(権守)・興世王と武蔵国司(介)・源経基が、足立郡司の武蔵武芝《むさしのたけしば》と衝突するという事件が勃発した。武蔵国に食指を延ばそうとしていたのだろうか、将門はこの争乱の調停に乗り出したが、経基は朝廷に「将門謀反」を奏し、将門は上京して審問を受けたという。また、九三九年(天慶二)十一月、国司の追捕をうけた常陸国の住人・藤原玄明が将門に助けを求めると、将門は常陸国府を焼き払い、さらに下野・上野国府をも陥れ、みずから「新皇」と称して下総猿島《さじま》郡石井郷に王城を営み、文武百官を任じて一族を関東の国司に任じたという。ここにおいて、ついに将門の行動は一族の内紛の域を出て、その矛先を国府に向けてしまったのである。これを朝廷が、国家に対する謀反とみなしても不思議ではない。

こうして北関東を手中にした将門に対して、九四〇年（天慶三）、朝廷は藤原忠文を征東大将軍に任命してその討伐に乗り出した。だが、忠文が東国に下るより先に平貞盛・藤原秀郷が将門を攻め、ついに将門は敗死し、平将門の乱も収束したのであった。

✝考古学からみた平将門の乱

海音寺潮五郎が平将門の乱を小説化してから半世紀以上を経過したと先述したが、その間、残念ながらこの事件を大きく書き換えるような新史料の発見という展開には至っていない。しかしながら、川尻秋生《あきお》氏が『大法師浄蔵伝』所引『外記日記《げきにっき》』天慶三年二月二十五日条逸文の復元から、将門の叔父・平良文が将門敗死の第一報を伝えており、良文が平貞盛・藤原秀郷の追討軍に加わっていたことを指摘したように（川尻前掲書）、周知の史料の再検討から新たな歴史的事実を掘り起こそうとする地道な作業も続けられている。そのような中、こうした古文書・記録といった文献史料の検討とは全く別の学問分野からの平将門の乱へのアプローチが、近年になって始動している。同時代遺跡の発掘調査成果を基にした考古学からのアプローチと、当時の地球環境を復原し歴史上の出来事との因果関係を考える環境歴史学からのアプローチである。

まず考古学からのアプローチであるが、『将門記』を読んでいて気が付くのは、戦のたびに、在地の集落が繰り返し焼き掃われていることである。先にみたように、将門の乱は、平氏一族の内紛の段階と、九三九年（天慶二）十一月の常陸国府の襲撃・占拠に始まる国家への謀反とみなされた段階とに大別されるが、『将門記』にこのような集落の焼き討ちが最初に登場するのは、九三五年（承平五）二月の記事である（読み下しは『岩井市史』〔一九九六〕による）。

> その四日を以て、野本・石田・大串・取木などの宅より始めて、与力の人々の小さき宅に至るまで、皆ことごとくに焼き巡る（屋に蟄れて焼かるる者は烟に迷いて去らず）。火を遁れて出る者は、矢に驚きて火の中に還り入る。叫喚□の中、千年の貯え、一時の炎に伴えり。また筑波（筑破）・真壁・新治三箇郡の伴類の舎宅五百余家、員の如くに焼き掃う。

（　）内は、『扶桑略記』天慶二年十一月廿一日条による復元であるが、将門の軍勢が、国香や護の本拠地（営所）の集落をことごとく焼き掃っていることがうかがわれる。『将門記』には、こうした在地の集落の「焼掃」が繰り返し登場するが、これは事実なのだろうか？　実は、このような集落の「焼掃」事例が、近年になって発掘調査により実際に確認されたので、紹介してみたい。

†埼玉県上里町中堀遺跡の調査

埼玉県上里町に所在する中堀遺跡は、九世紀から十世紀にかけて存続した集落遺跡である。遺跡は上野国と武蔵国との国境を流れる神流川が多量の土砂を運んで形成した扇状地の扇央部に位置し、一九九一年（平成三）から一九九四年（平成六）まで、財団法人・埼玉県埋蔵文化財調査事業団の手で水害に備えた調節池建設に先立つ二万七千㎡の発掘調査が実施された（財団法人・埼玉県埋蔵文化財調査事業団『埼玉県埋蔵文化財調査事業団報告書　第一九〇集　上里町　中堀遺跡　後陣場川堤調節池関係埋蔵文化財調査報告』一九九七。田中広明『地方の豪族と古代の官人――考古学が解く古代社会の権力構造』柏書房、二〇〇三）。

発掘調査の結果、中堀遺跡では、合計で十期にわたる集落の変遷過程が明らかになった。この場所に人々が足を踏み入れるのは、奈良時代の後半にあたる八世紀の第Ⅲ四半期以降とみられているが、本格的に集落が形成され始めるのは、平安時代に入ってからの九世紀第Ⅰ四半期頃のようである。さらに発掘調査を実施した範囲からは、溝と道で区画された生活遺構が検出されたが、今回確認された六つの区画がすべて出揃うのは、第Ⅳ期に比定されている九世紀の第Ⅳ四半期頃のようである。こうした区画は、発掘調査を実施した範囲のさらに外側へも展開していたようであるが、何よりも注目されるのは、各区画がこのような景観を整えた直後の十世紀初頭頃に、集落全体が大規模な火災に遭遇したことが判明した点である。さらに、焼失した各建物の焼土の形成状況から、特定の場所から出火した火が延焼したというよりも、各建物がほぼ同一時にそれぞれ放火され、結果として集落全体が一気に炎上したと考えたほうがよいという調査所見は注目される。集落は明らかに「焼掃」されたのである。

発掘調査を担当した田中広明氏は、中堀遺跡で発掘された集落跡が九世紀第Ⅰ四半期頃から本格的に形成されはじめている点に注目し、また、現在この遺跡所在地の北側には「勅使河原」の地名が遺されていることから、この遺跡が、八二九年（天長六）とその翌年に武蔵国に設置された「勅旨田《ちょくしでん》」の現地管理施設（「庄」あるいは「佃《つくだ》」）ではないかと指摘している。その経営は、在地の私営田領主が庄官として担当していたものと思われるが、十世紀初頭頃に至って何らかの政争に巻き込まれ、結果として集落が「焼掃」されるような事態が生じたのであろう。

ここに紹介した中堀遺跡で確認された集落の「焼掃」は、その時期や遺跡の所在地からみて、直接、将門の乱に関わる集落「焼掃」であったとは見なし難い。しかしながら、近い将来、この中堀遺跡のように『将門記』に記された「焼掃」集落が実際に発掘調査される機会が訪れるのではないだろうか。その時を、楽しみに待つことにしたい。

†環境歴史学からみた平将門の乱

次に、平将門の乱が勃発した当時の環境を復原し、両者の因果関係を考える環境歴史学からのアプローチの成果を見てみたい。

平安時代の環境、特に気温に関する研究に関しては、すでにいくつかの成果が報告されている。まず、嵯峨天皇の治世、八一二年（弘仁三）に始まった宮中における観桜宴の記録を丹念に調査し、確認し得る九〜十世紀代の桜の満開日が、平均すると現在のそれよりも五日ほど早いことを指摘し、九〜十世紀が現在よりもむしろ温暖であったことを述べた山本武夫氏の研究は看過することができない（山本武夫『気候の語る日本の歴史』そしえて、一九七六）。

また、世界各地の地理学・地質学的調査の蓄積・検討から、過去二千年間の海水準（年平均潮位）の変動曲線を作成した、アメリカの地形学者・フェアブリッジ氏は、八世紀以降、海水準は上昇を続け、十二世紀初頭頃にはフェアブリッジ氏が「ロットネスト海進」と命名したように、現在の海水準をも上回るような海進のピークを迎えたことを指摘した。一般に気温の寒暖と海水準の高下には因果関係があるとみられていることから、奈良時代から平安時代末にかけて、気候は少しずつ温暖化に向かっていたとみて差し支えないものと思われる（Fairbridge, Rhodes W, "Eustatic Changes in Sea Level", *Physics and Chemistry of the Earth*, vol. IV, London Pergamon Press. 1961）。

さらに群馬県と福島県にまたがる尾瀬ヶ原を調査対象地として気候復原を行った阪口豊氏は、尾瀬ヶ原の東中田代地区にある池溏《ちとう》にテストピットを設定し、厚さ四五〇センチメートルの泥炭層のサンプリングを実施した。そして、各時期の泥炭層に含まれている様々な花粉の中から、この一帯に自生しているハイマツの花粉に注目し、気温の低下が起こればハイマツ帯は下降して拡大し、逆に気温の上昇があればハイマツ帯は上昇して縮小することを前提に、泥炭中に含まれている各時期のハイマツの花粉量の分析を行った。その結果、ここでもまた、八世紀から十三世紀にかけて、すなわち奈良時代〜鎌倉時代初頭にかけては気候が温暖であったという結果を得ることができたのであった（阪口豊『尾瀬ヶ原の自然史』中公新書、一九八九）。

以上のように、文献史料からの検討成果、そして、全く方法の異なる二つの自然科学分析の成果から明らかになった十世紀を中心とする平安時代の気候は、奇しくもこの当時が、現代あるいはそれ以上に温暖であったという点において一致した見解をみている。いずれにしても、十世紀頃の日本は、それ以前の時代に比べてかなり温暖であった可能性が高いのである。

このような環境歴史学の成果によれば、将門の乱が勃発した当時の農業経営は、後の江戸時代のように、地球環境の寒冷化に伴う度重なる凶作に起因する経営不振状態にあったのではなく、むしろ、高い農業生産性を維持していたであろうことが容易に推測される。こうした気候の温暖化を背景とした、国司クラスの私営田領主層による豊富な官物をめぐっての争い（私富の追求）こそが、平将門をはじめとする桓武平氏一族の内紛、そしてそこから派生した平将門の乱という事件として現象したとみてよいであろう（宮瀧交二「在地社会からみた将門の乱」川尻秋生編『将門記を読む』吉川弘文館、二〇〇九）。

†藤原純友の乱の新展開

次に、藤原純友の乱であるが、承平年間（九三一～九三八）に活動した海賊を平定した前伊予国司（掾）藤原純友（?～九四一〔天慶四〕）が、九三九年（天慶二）、備前国司（介）・藤原子高に圧迫された藤原文元からの支援要請を機に、海賊平定時の恩賞を政府に要求して蜂起した事件を指す。純友は、摂津国須岐駅に子高を襲撃し、従五位下に叙爵されたが、伊予国・讃岐国での攻防の末、九四一年（天慶四）、大宰府での決戦に敗れ、ついには、伊予国の警固使・橘遠保に討たれてしまうのである。

平将門の乱と同様、藤原純友の乱についても、残念ながら従来の見解を大きく書き換えるような新史料の発見には至っていない。しかしながら、やはり、同時代遺跡の発掘調査成果を基にした考古学からのアプローチは、事件の評価に大きな変化をもたらしている。

近年、松原弘宣氏は、八六六年（貞観八）の応天門の変によって、それまで瀬戸内海の海上交通権を掌握していた大伴氏・紀氏が中央政界から没落すると、彼らの下に組織されていた海上輸送集団・交易集団の不法行為、具体的には初期貿易陶磁（越州窯青磁ほか）の私交易が海賊行為として取り締まられたことを明らかにした。その上で松原氏は、藤原純友も何らかのかたちで、こうした海賊行為に関与していたため、瀬戸内海の海上交通権の再編に向けての利権の争奪に関与せざるを得なかったというのが、藤原純友の乱の真相であると述べており、傾聴に値する（松原弘宣『藤原純友』吉川弘文館、人物叢書、一九九九）。こうした見解が提出される背景には、西日本各地の平安時代遺跡の調査が進展し、従来の想像を大きく超える大量の初期貿易陶磁（越州窯青磁ほか）の出土がみられたという、考古学の研究成果があることは言うまでもないところである。

以上述べてきたように、近年の研究成果によれば、平将門の乱は、温暖な気候に伴う農業生産性の向上を背景とする私営田領主層の「富」の奪い合いであった。一方、藤原純友の乱も、応天門の変以後の日唐間貿易をめぐっての瀬戸内海地域における海上輸送集団・交易集団の再編にかかる混乱に起因する利権の奪い合いであって、いずれも、従来一般に言われてきたような国家転覆等を目論んだ「反乱」であったかどうかは甚だ疑問である。ひいては、平将門と藤原純友が相互に連絡を取り合って蜂起したといった見解は、十二世紀に成立した『大鏡』以来、繰り返し登場するが、成立し難いと言わざるを得ない。

†伝説の中に歴史的事実(史実)を見出す

蓄積された発掘調査の成果を基にした考古学からのアプローチと、当時の地球環境を復原し歴史上の出来事との因果関係を考える環境歴史学からのアプローチが、平将門の乱、そして藤原純友の乱の研究の進展に大きく寄与していることを述べてきたが、今後に遺された課題としては、全国各地に遺されている平将門・藤原純友に関する諸伝説の再検討が必要であろう。

民俗学者・柳田国男は、「伝説の昔話と同じでない要点としては、第一にそれが我々のいう言語芸術でなく、実質の記憶であったことを挙げなければならぬようである」(柳田国男『口承文芸史考』中央公論社、一九四七）と述べているが、具体的な年代（年月日）、場所、人名等が不明な「昔話」からの歴史研究は困難である一方で、具体的な年代（年月日）、場所、人名を伝える「伝説」は、必ずその中に歴史的事実（史実）を伝えているはずであり、歴史研究の対象となり得るものである。今後は、従来、歴史学の分野からは等閑視されてきた平将門・藤原純友に関する伝説を丹念に検討し、それぞれの伝説から歴史的事実（史実）を抽出する作業にも力を注いでいくことが重要である。先に、平将門と藤原純友が相互に連絡を取り合って蜂起した（両者は比叡山山頂の将門岩で盟約を交わしたとされている）とする盟約説は成立し難いと述べたが、何故そのような伝説が誕生したのかという問題については、大いに研究の余地があると思われる。文献史学、考古学、環境歴史学、民俗学といった諸分野の研究者による関連伝説の共同研究こそ急務である。

さらに詳しく知るための参考文献

川尻秋生『戦争の日本史4　平将門の乱』（吉川弘文館、二〇〇七）……文献史学の立場からの「平将門の乱」研究の現状と課題（研究の到達点）を知る上で、欠かすことのできない一書である。

川尻秋生編『将門記を読む』（吉川弘文館、二〇〇九）……文献史学・考古学・文学をはじめとする諸分野からの『将門記』へのアプローチは、今後の『将門記』研究、ひいては平将門研究への可能性を期待させてくれる。

第15講 平泉と奥州藤原氏

大平 聡

†平泉という地

奥羽脊梁山脈《おううせきりよう》に並行して南流する北上川に沿って開けた北上盆地の一角、東流する北上川の支流衣川《ころもがわ》・太田川に南北を画された北上川右岸地域が平泉である。その平泉が注目されてきたのは、さほど広くない、むしろ狭小とも言うべきこの地に、広大な園池を配した寺院が一つならず営まれていることによる。

東日本大震災の起こった二〇一一年、「平泉——仏国土（浄土）を表す建築・庭園及び考古学的遺跡群」としてユネスコの世界文化遺産に登録されたことで知られる寺院群である。平泉の北端、関山《かんざん》に位置する中尊寺、東北地方太平洋岸を縦断する基幹陸上交通路、奥大道が平泉に入る入口とも言うべき地に築かれた毛越寺《もうつうじ》と、その東隣に道一つ隔てて営まれた観自在王院、そして北上川近くに占地し、宇治平等院を模して建設された無量光院である。さらに、現在は地表に痕跡すら認められないが、観自在王院の北方の丘陵上、現在、平泉文化遺産センター（旧平泉郷土館）の建つ地に確認されている花立廃寺《はなだてはいじ》もある。

末法思想の広がりとともに浄土教が盛行した十一～十二世紀、全国には園池を配したいわゆる浄土式庭園を有する寺院が数多く営まれた。しかしこの時期、平泉のように浄土式庭園を有する寺院が近接して複数営まれた地域は、平安京東郊、白河をおいて他にはない。

平泉に「浄土」の空間を初めて現出させたのは藤原清衡《きよひら》である。前九年合戦で父を失い、母とともに出羽の清原氏の一員となった清衡が、後三年合戦に勝利して奥羽の統治権を獲得し、最初に置いた拠点は陸奥側の江刺郡豊田館《とよだのたち》であった。文治五年（一一八九）、平泉を征した源頼朝を無量光院に案内した豊前介実俊《さねとし》が語ったところでは、康保年中、清衡が豊田館からこの平泉に拠点を移したという。ただし、康保年中は十世紀後半で、正しくは康和年中（一〇九九～一一〇四）とされる（高橋一九七一）。以後、基衡《もとひら》、秀衡《ひでひら》の三代にわたり、平泉は次第に発展を遂げ、そして四代泰衡《やすひら》の時、自ら軍を率いて北進してきた御大将源頼朝により、平泉の繁栄は終止符を打たれることとなった。以来、当時の堂舎はそのほとんどが地上から姿を消し、浄土の庭園も地中に埋もれていった。その中で、平泉の象徴とも言うべき中尊寺金色堂が往時の姿をそのままに伝えていることは奇跡と言うべきであろうか。現在目にすることができる浄土庭園は、二十世紀後半の調査、史跡整備によって再び現した姿である。

研究の歩み

浄土庭園を有する寺院群という確かな活動の痕跡があり、また文献資料も数多く遺っているにもかかわらず、平泉に栄華を誇った奥州藤原氏については、その研究は活発に行われてきたとは言い難い。本格的な研究が始まったのは戦後になってからのことであった。戦前の皇国史観のもとでは、東北地方は朝廷から「討伐」される対象であり、金色堂は知られていても、それを営んだ藤原清衡を特に取り上げて研究しようとする動きはほとんど見られない。『吾妻鏡』が、奥州合戦で鎌倉軍の捕虜となった由利八郎が「御館《みたち》（泰衡）は、秀郷《ひでさと》将軍嫡流の正統たり」と語ったと伝えてはいるものの、その出自を疑う向きは強かった。

戦後行われた、金色堂に眠る三代の遺体の学術調査においても、その目的の一つに、奥州藤原氏が蝦夷の出自であるか否かの確認が置かれていたほどである（朝日新聞社編一九五〇）。平泉側が自ら語るところでは信用できないということなのであろう。奥州藤原氏が秀郷流藤原氏に属することは、清衡の父経清《つねきよ》、祖父頼遠《よりとお》の系譜から立証されたのであるが（高橋一九七二）、近年、興福寺の修復に喜捨を求むべき藤原氏一族の名を書きあげた「造興福寺記」（興福寺蔵）に見える「経清六奥」の記述によって間違いのないものとされている。

戦後、奥州藤原氏研究の端緒を開いたのは古代史研究者の高橋富雄であった。高橋は『陸奥話記《むつわき》』に記された安倍氏の政治的地位「六箇郡之司（奥六郡之司）」を高く評価し、平泉・奥州藤原氏の政権を、固有の領土を有する独立国家と見た（高橋一九七一）。これに対して、中世史研究者の大石直正はこの呼称を、王朝国家が北方の産物を得るために置いた国家機関とする説を提示した（大石一九七八）。

この見解の対立は、日本の中世国家がどのように生み出されたのかを検証する上で重要な論点を提示するものであった。しかし、この見解の対立が学会で注目されたとは言い難い。それはなぜか。一つには、東北＝中央政府から征服・支配の対象とされた地域という固定観念の前に、奥州藤原氏を東北地方の「地方史」の研究対象と見る向きが定着していたと思われることがあげられる（柳原二〇一五）。また一つには、古代史の側からは、発掘調査が進展を見せる城柵を中心に、七世紀後半から九世紀にかけての蝦夷支配の実態解明に関心が集中し、前九年合戦以降の展開に対する関心はそれに比べてはるかに低いという研究状況があったように思われる。

そしてさらに、浄土庭園を有する寺院があれほどに確かな存在を示し、文献資料が豊富に存在するにもかかわらず、実在としての藤原氏の実態が見えてこないということが、研究意欲を刺激しないということもあったのではないだろうか。そう思わざるを得ないのは、一九九〇年代に入って、平泉・奥州藤原氏研究が、古代・中世史研究者の間でにわかに活気づいていったからである。

†柳之御所遺跡

北上川の氾濫を抑え、同時に、増加する車輌の交通量を調整する目的をもって計画された、一関遊水地堤防建設工事の事前調査として一九八八年から始まった柳之御所《やなぎのごしょ》遺跡の発掘調査は、その開始当初から大発見の連続となった。義経堂《ぎけいどう》で知られる高舘《たかだち》の南麓から続く北上川右岸の段丘は、「柳営」の語を連想させる「柳之御所跡」と呼ばれていた地域である。その西側には、猫間が淵と呼ばれる低地を隔てて秀衡建立の無量光院跡が所在する。中尊寺利生院《りしょういん》に伝わる「平泉古図」が、近世城下町風の町並を描く地域である。

予想された、北上川の浸食と氾濫による遺跡の消失を真っ向から覆し、段丘を二重にめぐる堀と北上川に画された堀内部地区、また堀の北辺から高舘に立ち上がる間の堀外部地区から、十二世紀代の多種多様な遺物が大量に発見された。この遺跡が奥州藤原氏の関連遺跡であることは全く疑いの余地のないところであった。特に、堀内部地区からは、漆・縫製・金工などの工房の存在をうかがわせる遺物が発見され、『宇津保《うつほ》物語』に描かれた富豪層の屋敷を連想させられた。また、発掘によって出現した池は、浄土庭園のそれとは趣を異にし、貴族の邸宅、寝殿造の構成要素と目されるものであった。実際、寝殿造風の建物を描いた折敷《おしき》も出土し、堀内部地区に平安京内と変わらぬ貴族の邸宅風の施設が営まれていたことが確実になった。

そしてさらに注目を引いたのが、重量単位「t《トン》」をもって示されるほどの膨大な量の「かわらけ」の出土であった。何の装飾も施さない素焼きの、どちらかと言えば質素なこの食器は、しかし、『枕草子』が「きよしと見ゆるもの」の第一にあげる、一度使用されたら即廃棄される食器である。その外形とは似ず、贅沢な食器と言うべきである。前述の折敷も、銘々膳として使われたものであり、これまた大量に出土している。要するにこれらは堀内部地区で頻繁に宴会が開かれていたことを示唆するものであり、宴会が種々の政治的儀礼に伴って行われるものであったことを考え合わせると、ここが奥州藤原氏の活動拠点、政治的拠点であることが間違いないと確信されるようになったのである。遺物から与えられた十二世紀第3四半期という年代観は、この遺跡が第三代秀衡の、『吾妻鏡』に記された「平泉館」そのものではないかという推測を導いた。

突如として出現した奥州藤原氏の「現実の姿」に接し、この遺跡の保存運動が起こったのは言うまでもない。東北地方の中世史研究者を中心に一九九〇年から本格的に始まった「柳之御所跡遺跡」保存運動（当初、この遺跡はこのように呼ばれ、後に「跡」を削って「柳之御所遺跡」として国史跡に指定された）は、全国的規模の支援を受け、一九九三年十一月、事業主体であった建設省（当時）の堤防・バイパス路線変更という英断を導き出すことに成功したのであるが、それはこの運動が、この遺跡の日本史上の重要性を様々な視点からわかりやすく説明し続けたからにほかならない。

十年を単位に進められるような研究深化が、運動開始直後から猛烈な勢いで進められた。柳之御所遺跡の発掘調査は、文献資料と中尊寺をはじめとする寺院群をつなぎ、奥州藤原氏の実像に迫るためのミッシング・リンクの発見となった。様々な関心を抱く多くの研究者により、まさに平泉・奥州藤原氏の総合研究が展開されたのである。では、そこからどのような成果が得られたのであろうか。

†都市平泉の形成

柳之御所遺跡の調査と併行するように、平泉町のメインストリート、平泉駅と毛越寺を結ぶ通称毛越寺通り周辺の整備のための調査が行われた。その結果、道路北側に、毛越寺・観自在王院に並ぶように屋敷地の区割が発見され、計画的街区の存在が明らかとなった。また、道路の南側からは大規模な掘立柱の跡が発見され、大型の倉庫群の存在が確認された。これは「寺《じ》塔已《とうい》下注文《かちゆうもん》」と呼びならわされている、平泉の都市景観を詳述する

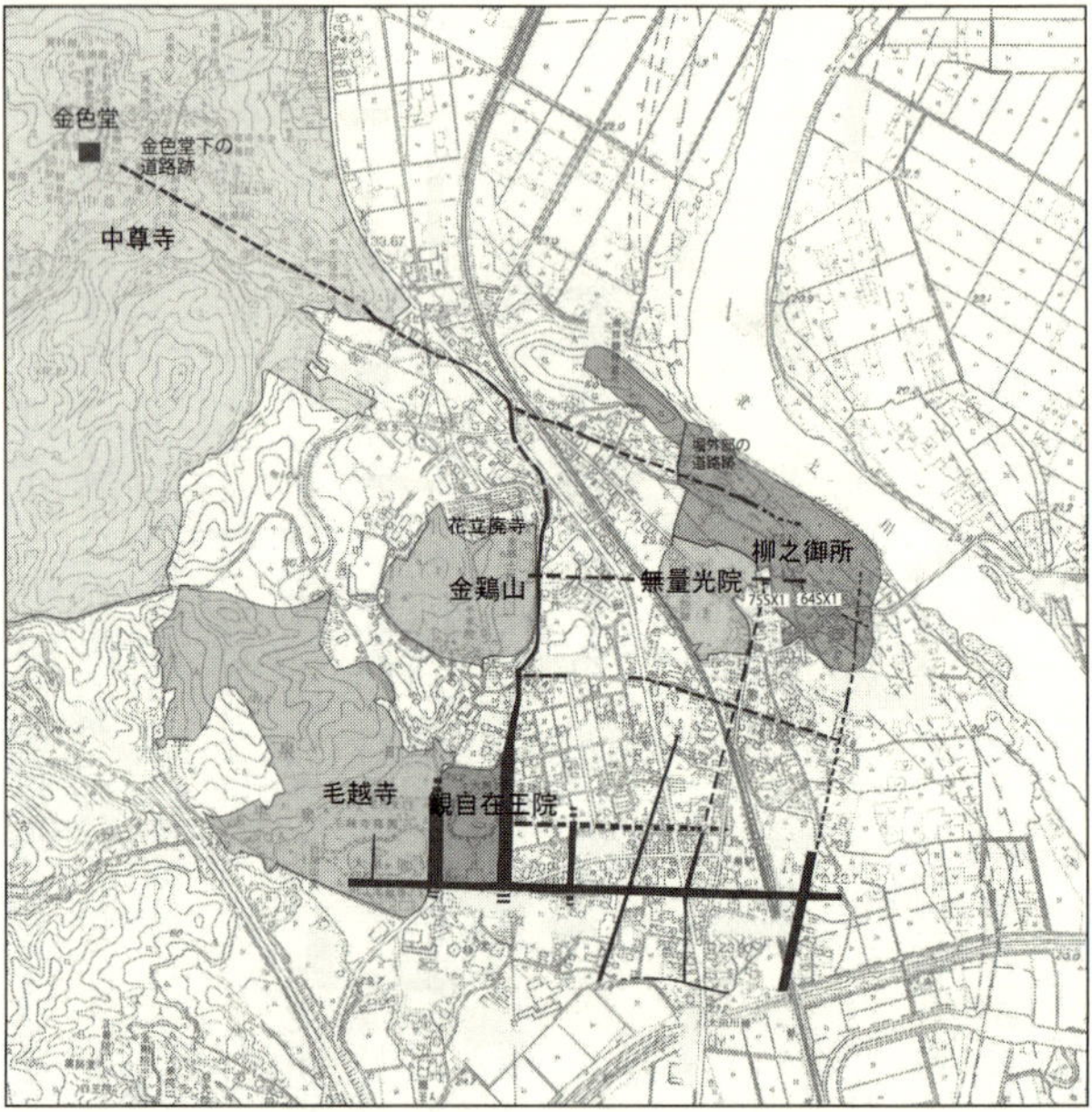

平泉街区復原図（『奥州藤原氏が構想した理想世界』岩手県教育委員会他）

『吾妻鏡』文治五年九月十七日条に記された、「高屋《たかや》」に相当するものと推定される。街区の企画性という観点からは、毛越寺通りを基準としないもう一つの計画的道路配置も確認された。それは無量光院の占地を基準に復原された。これらのことから、平泉は、基衡によってまず都市的景観が整備され、やがて秀衡による都市改造が行われたという事実が浮かび上がってきたのである。

一方、柳之御所遺跡の出土遺物の精査が進んだ結果、当初十二世紀第3四半期、秀衡期の遺跡と見られていた柳之御所遺跡は、初代清衡期に始まることが明らかにされ、二重に見えていた堀は、清衡・秀衡の二時期にそれぞれ掘削されたものであることも判明した。基衡期に清衡開削の堀が埋まっていったのは、基衡がその拠点を毛越寺東隣、後、基衡後家によって建立される観自在王院の所在地に移したからであると推測される。

柳之御所遺跡堀跡（『岩手県文化財調査報告書第150集柳之御所遺跡』岩手県教育委員会）

この柳之御所遺跡の年代観の見直しは、おもにかわらけの編年作業からなされたのであるが、十トン以上という膨大な量のかわらけは、もう一つの重要な事実を明らかにしている。それは、轆轤調製から手づくねへとかわらけの製作技法が一変するという事実である。これは、平安京内における手づくねかわらけの製作開始に平泉が敏感に反応したことを示すものであり、寺院だけでなく、政治活動面においても「京風」が追求されていたことを示すものであった。こうした敏感な反応は、単なる鄙《ひな》の京風への憧れとしてすまされるべきではない。京と直結する奥州藤原氏の政治的実力を、結集する人々に否応なく見せつける効果を有したものと見るべきである。

　清衡は柳之御所に拠点を構え、衣川に北面する関山に寺院を構築した。関山は白河から本州最北端の外ヶ浜に至る中間地点であったという。この街道、奥大道《おくたいどう》に一町ごと、金色の笠卒塔婆《かさそとば》を立てたのは、奥羽掌握を象徴する行為であった。関山に置かれた施設は、平泉の中心部、毛越寺通りあたりから見ることはできない。衣川の北岸からのみ望めるという事実は、奥州藤原氏の支配の基盤である奥六郡を意識しての寺院造営と見なせる（八重樫二〇〇五）。

　続く基衡は、陸奥を縦断する奥大道が平泉に入る入口に拠点を据え、街区を整備した。南を意識したこの都市整備は、奥大道を通じてつながる陸奥以南、いわば日本全体、とりわけ京を意識したものであろう。そして第三代秀衡は、祖父清衡が拠点となした柳之御所に本拠を求め、ここ宿館《しゅくかん》平泉館を中心に、常の居所たる加羅御所《からのごしょ》、そして無量光院を営み、都市の改造を行ったのである。

発掘調査によって得られた新知見をもとに、都市平泉の構成を詳細に伝える「寺塔已下注文」の史料的価値がようやく正しく評価され、現実の奥州藤原氏の姿が現れてきたのである。

†京とのつながり

初代清衡以来、藤原氏が中央政権に積極的に働きかけていたことは、戦後の本格的研究開始直後から注目されてきたことである。しかし、一九九〇年代の研究加速により、院政期から平氏政権期、さらに治承《じしよう》・寿永《じゆえい》の内乱期にかけての複雑な人間関係を視野に入れた精緻な考察が積み重ねられている。院(上皇)、摂関とその周辺、さらには陸奥国守とその地位をうかがう人々との間に繰り広げられた奥州藤原氏の活動は、まさに十二世紀の政治史そのものと言ってよい。

たとえば、荘園の年貢増額を要求した藤原忠実《ただざね》・頼長《よりなが》父子と基衡の対立はよく知られた事実であるが、その背景に鳥羽院の二人の后、待賢門院《たいけんもんいん》と美《び》福門院《ふくもんいん》をめぐる対立が影響を及ぼし、それが陸奥国守藤原基成《もとなり》と基衡との強い結びつきの要因となっていたこと、さらに、この基成との交流が毛越寺造営に深くかかわっていたことが指摘されている(遠藤二〇一五）。また、秀衡期については、治承・寿永の内乱期における平氏政権と対抗する源頼朝の関係から、秀衡に対する源平両陣営の認識と歴史展開が分析されている（岡二〇一五）。まさに日本史全体を解く鍵の一つとして、奥州藤原氏の存在が位置付けられるようになってきたと言えよう。「京風の模倣」と簡単に見なされてきた事柄が、具体的に事実関係をもって分析され、その歴史的意義を問われるようになってきたのである。

†奥州藤原氏の独自性

奥州藤原氏の発展を支えたのは金に象徴される奥羽の豊かな富であった。九世紀初頭、胆沢《いさわ》城を拠点に開始された北上川中流域の支配は、さらにその北方に広がる、北海道島、そして北東ユーラシア大陸との交通をも開き、都人が憧れる珍奇な産物を供給していった。この奥六郡地域に勢力を広げ、胆沢城の在庁官人として活動したのが安倍氏であった。胆沢城に鎮守府が移されたことから、鎮守将軍の在庁として活動したという理解には、近年、鎮守将軍の役割から従い難く、胆沢城にも国府多賀城から国司が派遣され、その在庁官人として安倍氏が活動したと見るべきであるという批判が提示されている（渕原二〇一三）が、いずれにせよ、安倍氏が胆沢城に置かれた機関の現地における統治担当者として活動したことは間違いない。

清衡の父経清は、陸奥国府の官人として陸奥国内に移り、安倍氏の娘婿となって前九年合戦では安倍氏とともに戦い、そして凄絶な最期を遂げた。実は、蝦夷出身と長らく信じて疑われなかった安倍氏も、京から派遣された武門の名門貴族安倍氏が、現地の勢力に迎えられて土着化した可能性が指摘されている（戸川一九九九）。奥州藤原氏は、陸奥国北半、さらにその北方に広がる世界との結びつきを自身の存立基盤とする意識を強く抱いていたに違いない。また、四代が「衡」字を名乗りに共有するのは、出羽側に同様の経緯をたどって定着し、基盤を形成してきた清原氏の後継を主張するものであったろう。奥六郡の統治を担当することから始まった一族の歴史を総括し、名実ともに、陸奥・出羽北半の統治者の地位を確立した清衡が、衣川を越えて多賀国府の管轄下にあった磐井郡の地・平泉に拠点を移したのは、このような一族に対する自己認識が大きく働いていたものと思われる。

その清衡が開いた柳之御所に設けられた大規模な堀こそ、奥羽北半に基礎を築いてきた安倍・清原の伝統を受け継ぐものであり、さらにそれは「蝦夷《えみし》」と呼ばれた地元勢力の伝統を継承するものであった（大平一九九四）。堀というとすぐ、軍事的防御機能が思い浮かぶが、「蝦夷」から安倍・清原へと受け継がれた堀の系譜は、区画することに主要な意義を有する、精神性の継承という側面から理解されるべきであろう。清衡の開いた柳之御所を囲繞する堀には、陸奥北半に生まれ育った一族としての強い歴史意識、都人とは異なる独自性の意識が現れているのである。

この独自性の意識が、「中尊寺供養願文」の「東夷《とうい》之遠酋《のえんしゅう》」「俘囚之上頭《ふしゅうのじょうとう》」という文言に凝縮されている。この資料は、中尊寺ではなく、毛越寺の落慶法要に際して作られたとする見方も出されたことがあるが、「供養願文」と「寺塔已下注文」の堂舎に関する記述は大筋において合致するという見方が提示されている（入間田一九九八）。また、毛越寺の発掘の成果からも、清衡期に毛越寺の場所に寺院が存在したとは認められないことが指摘されており（八重樫二〇一三）、「供養願文」が中尊寺の落慶法要の際に読み上げられたものであることは間違いない。文章自体は、中央貴族・藤原敦光《あつみつ》の手になるものではあるが、この願文を受け取った清衡が、右の文言を受け入れたことを重視すべきである。清衡は、中央政府にへりくだりながらも、自己の歴史的伝統性を誇る意識があったからこそ、この表現を自らのものとして受け入れたのである。中央貴族の側としても、単にさげすむのではなく、「蝦夷」に対する畏敬の思いを込めていたのではないだろうか。

平泉は、京の模倣として語られることが常であった。しかし、それは単なる「真似」ではなく、その背後に、平泉・奥州藤原氏政権の独自性が間違いなく存在していたことを見落としてはならない。奥州藤原氏が求めたのは、歴史的伝統に基づく独自性を保ちつつ、中央標準の方式を獲得して、自らの政権を荘厳することであったと見るべきであろう。それは、近年指摘された、関山に設けられた一基の塔に始まる、鎮守社も含めた宗教施設の構築から読み取れる独自の論理の存在（菅野二〇一五）に象徴的である。

柳之御所遺跡から発見された「人々給絹日記」の書き出しを有する折敷の墨書は、何らかの儀式の折に参加者に支給された衣類及び繊維製品の記録である。それは単なる「被《かづけ》物《もの》」ではなかろう。一族・家臣団の結束を象徴するための、一種の制服（ユニフォーム）のようなものとは考えられないだろうか。無量光院の内壁に、秀衡自ら狩猟図を描いたのは、殺生という、仏教における最大の破戒行為を業とせざるを得ない宿命を背負った武士の救済にあったという説明（菅野一九九二）は、武士団の首領としての秀衡の姿を鮮明にする。そこには内乱の時代を生きる奥州藤原氏の、時代に即応しようとする姿が浮かび上がる。中央政界の動向とのかかわりと、京から最も離れた地域に、地元と深く結びついて生まれ育った独自性とから、奥州藤原氏の「政権」の歴史的性格は検討されねばならない。

さらに詳しく知るための参考文献

朝日新聞社編『中尊寺と藤原四代――中尊寺学術調査報告』（朝日新聞社、一九五〇）……戦後行われた中尊寺金色堂須弥壇内調査の正式報告書。

入間田宣夫「平泉藤原氏の自己認識」（『中世武士団の自己認識』三弥井書店、一九九八）……中世史研究の立場から、奥州藤原氏を中世武士団の先駆的形態と位置づけるべきことを明確に示す。

遠藤基郎「基衡の苦悩」（柳原敏昭編『平泉の光芒――東北の中世史1』吉川弘文館、二〇一五）……基衡が活躍した時期の中央政界の動向を踏まえ、複雑な人間関係から中央政界と平泉の関係をとらえ直し、新たな研究視角を提示する。

大石直正「中世の黎明」（小林清治他編『中世奥羽の世界』東京大学出版会、一九七八）……奥州藤原氏研究が、日本中世史研究にとって中世社会の解明の手掛かりとなることを最初に指摘した論文。

大平聡「堀の系譜」（佐藤信・五味文彦編『城と館を掘る・読む――古代から中世へ』山川出版社、一九九四）……柳之御所遺跡から発見された「堀」を、北奥羽の文化伝統からとらえるべきことを指摘する。

岡陽一郎「秀衡の革新」（柳原敏昭編『平泉の光芒――東北の中世史1』吉川弘文館、二〇一五）……最新の研究成果を取り入れ、秀衡期の政治状況を、京都・鎌倉との関係からとらえ直す。

菅野成寛「都市平泉の宗教的構造――思想と方位による無量光院論」（平泉文化研究会編『奥州藤原氏と柳之御所跡』吉川弘文館、一九九二）……無量光院の創建の目的を、武士団の棟梁としての秀衡の役割から、説明する。

菅野成寛「平泉文化の歴史的意義」（柳原敏昭編『平泉の光芒――東北の中世史1』吉川弘文館、二〇一五）……最新の研究成果に基づき、平泉の宗教装置の歴史的意義を、仏教思想の理解という視点から総括的に論じる。

高橋富雄『藤原清衡』（清水書院、一九七一）……奥州藤原氏の歴史的位置を総括的に論じた記念碑的単行本で、現在もなお基本的論点を提起する。

戸川点「前九年合戦と安倍氏」（十世紀研究会編『中世成立期の政治文化』東京堂出版、一九九九）……奥州藤原氏の前史としての安倍氏もまた、奥州藤原氏・出羽清原氏と同じく都下りの武人貴族に由来することを指摘する。

渕原智幸「平安前期東北史研究の再検討――「鎮守府・秋田城体制」説批判」(『平安期東北支配の研究』塙書房、二〇一三)……胆沢城を鎮守府将軍の奥六郡支配の拠点とする定説を覆し、多賀城・陸奥国府の分枝としてとらえるべき新たな見解を示す。

八重樫忠郎「平泉における寺院」(吉井敏幸他編『中世の都市と寺院』高志書院、二〇〇五)……現地で発掘調査に携わってきた著者が、平泉の宗教施設の調査成果を網羅的に解説する。

八重樫忠郎「平泉・毛越寺境内の新知見」(橋口定志編『中世社会への視角』高志書院、二〇一三)……中尊寺供養願文は毛越寺創建にかかわるものであったという説が、発掘調査の結果から成り立たないことを指摘する。

柳原敏昭「〝平泉〟とは何か」(柳原敏昭編『平泉の光芒――東北の中世史1』吉川弘文館、二〇一五)……研究史を整理し、最近の研究動向から、平泉研究の現在的意義を解説する。

おわりに

佐藤　信

発掘調査で新たに発見された考古学的な遺跡や遺物の報道が熱を持って展開されたり、日本古代の史跡がユネスコの世界文化遺産や世界の記憶として登録される報道などを受けて、人々の古代史への関心・興味は、これまでにも増して広く浸透しているように思う。古代史に関するテレビ番組や書物も、さらに数多く放映されたり出版されている。

ただし、出来上がった古代史像を提示するのではなく、歴史学が多様な歴史資料の検討にもとづいて、どのような研究の上にどのように古代史像を構成しつつあるのか、というところに注目した出版は、それほどみられないのではないだろうか。本書は、史料から歴史事実の情報群を探り出し、客観的に歴史の文脈を見つけて古代史像を具体的に再構成するという、一見地味かもしれないが歴史学の醍醐味ともいえる作業に焦点をあてようとした試みである。

最前線に立つ気鋭の研究者に依頼して、時代を追って、各時代で現在古代史研究の焦点となっている諸テーマを選んで、研究の成果と課題を紹介していただいた。本書は、そうした歴史学が取り組んでいる今日の研究現場の現状とその雰囲気を理解していただくとともに、全体として古代史像の到達点を通観していただける書物ともなったと思う。なお、あえて各執筆者の叙述の間で用語の統一を図らなかったことを、申し添えておく。

読者の方には、ぜひ本書を手がかりとして、自ら古代史を調べ学ぶ探求への道を、さらに広げ深めていっていただくことを期待したい。

末筆ながら、本書の作成にご尽力いただいた筑摩書房ちくま新書編集部の松田健氏に御礼申し上げたい。

二〇一八年一月

編・執筆者紹介

佐藤　信（さとう・まこと）【編者／はじめに・第7講・あとがき】
一九五二年生まれ。東京大学大学院人文社会系研究科教授。東京大学大学院人文科学研究科博士課程中退。博士（文学）。専門は日本古代史。著書『日本古代の宮都と木簡』（吉川弘文館）、『古代の遺跡と文字資料』（名著刊行会）、『出土史料の古代史』（東京大学出版会）、『古代の地方官衙と社会』（山川出版社日本史リブレット）など。

＊

吉松大志（よしまつ・ひろし）【第1講】
一九八二年生まれ。島根県古代文化センター主任研究員。東京大学大学院人文社会系研究科修士課程修了、同博士課程単位取得満期退学。専門は日本古代史。論文「古代における諸司監察」（『日本歴史』七六三）、「『出雲国風土記』の地名起源説話と古代の地域社会」（島根県古代文化センター編『古代祭祀と地域社会』）、「日置氏と欽明朝の出雲」（『出雲古代史研究』二六）など。

須原祥二（すはら・しょうじ）【第2講】
一九六七年生まれ。四天王寺大学人文社会学部教授。東京大学大学院人文科学研究科博士課程修了。博士（文学）。専門は日本古代史。編著書『古代地方制度形成過程の研究』（吉川弘文館）、『恩頼堂文庫分類目録』（四天王寺国際仏教大学図書館）など。

鈴木正信（すずき・まさのぶ）【第3講】
一九七七年生まれ。文部科学省教科書調査官。早稲田大学大学院文学研究科博士後期課程単位取得退学。博士（文学）。専門は日本古代史。著書『日本古代氏族系譜の基礎的研究』（東京堂出版）、『大神氏の研究』（雄山閣）、『Clans and Genealogy in Ancient Japan』（Routledge）、『日本古代の氏族と系譜伝承』（吉川弘文館）など。

中村順昭（なかむら・よりあき）【第4講】

一九五三年生まれ。日本大学文理学部教授。東京大学大学院人文科学研究科博士課程中退。博士（文学）。専門は日本古代史。著書『律令官人制と地域社会』（吉川弘文館）、『地方官人たちの古代史』（吉川弘文館）など。

馬場　基（ばば・はじめ）【第5講】
一九七二年生まれ。奈良文化財研究所都城発掘調査部主任研究員、京都大学大学院人間・環境学研究科客員准教授。東京大学大学院人文社会系研究科博士課程中退。専門は日本古代史。著書『平城京に暮らす』（吉川弘文館）など。

佐々田　悠（ささだ・ゆう）【第6講】
一九七六年生まれ。宮内庁正倉院事務所保存課技官。東京大学大学院人文社会系研究科博士課程修了。博士（文学）。専門は日本古代史。論文「記紀神話と王権の祭祀」（『岩波講座日本歴史』第二巻、岩波書店）、「正倉院文書と聖語蔵経巻」（栄原永遠男ほか編『東大寺の新研究2　歴史のなかの東大寺』法蔵館）など。

飯田剛彦（いいだ・たけひこ）【第8講】
一九六八年生まれ。宮内庁正倉院事務所保存課長、奈良女子大学大学院客員教授。東京大学大学院人文社会系研究科博士課程単位取得退学。専門は日本古代史。著書『日本の美術52　正倉院の地図』（ぎょうせい）、『正倉院美術館』（共著、講談社）、論文「正倉院宝庫修理の歴史と自然災害」（『正倉院紀要』38）など。

吉野　武（よしの・たけし）【第9講】
一九六六年生まれ。宮城県多賀城跡調査研究所主任研究員。東北大学大学院文学研究科修士課程修了。専門は日本古代史。論文「多賀城創建木簡の再検討」（『歴史』第一二六輯）、「陸奥国の城柵と運河」（鈴木靖民ほか編『日本古代の運河と水上交通』八木書店）など。

仁藤智子（にとう・さとこ）【第10講】
一九六三年生まれ。国士舘大学文学部准教授。お茶の水女子大学大学院人間文化研究科博士課程単位取得退学。博士（人文科学）。専門は日本古代史。著書『平安初期の王権と官僚制』（吉川弘文館）。論文「女帝の終焉」（『日本歴史』

八三七）、「〈都市王権〉の成立と展開」（『歴史学研究』七六八）など。

榎本淳一（えのもと・じゅんいち）【第11講】
一九五八年生まれ。大正大学文学部教授。東京大学大学院人文科学研究科博士課程単位取得退学。博士（文学）。専門は日本古代史。著書『唐王朝と古代日本』（吉川弘文館）、編著『古代中国・日本における学術と支配』（同成社）など。

河内春人（こうち・はるひと）【第12講】
一九七〇年生まれ。明治大学・中央大学・立教大学・大東文化大学・首都大学東京兼任講師。明治大学大学院博士後期課程中退。博士（史学）。専門は日本古代史・東アジア交流史。著書『東アジア交流史のなかの遣唐使』（汲古書院）、『日本古代君主号の研究』（八木書店）、『日朝関係史』（共著、吉川弘文館）など。

三谷芳幸（みたに・よしゆき）【第13講】
一九六七年生まれ。筑波大学大学院人文社会科学研究科准教授。東京大学大学院人文社会系研究科博士課程単位取得退学。博士（文学）。専門は日本古代史。著書『律令国家と土地支配』（吉川弘文館）、『岩波講座日本歴史　第4巻　古代4』（共著、岩波書店）、『ここまで変わった日本史教科書』（共著、吉川弘文館）など。

宮瀧交二（みやたき・こうじ）【第14講】
一九六一年生まれ。大東文化大学文学部教授。立教大学大学院文学研究科博士後期課程から埼玉県立博物館主任学芸員を経て現職。博士（学術）。専門は日本古代史・博物館学。著書『岡倉天心　思想と行動』（共著、吉川弘文館）。論文「村落と民衆」（上原真人ほか編『列島の古代史3　社会集団と政治組織』岩波書店）など。

大平　聡（おおひら・さとし）【第15講】
一九五五年生まれ。宮城学院女子大学学芸学部人間文化学科教授。東京大学大学院人文科学研究科博士課程単位取得退学。専門は日本古代史。著書『聖徳太子』（山川出版社日本史リブレット）、論文「世襲王権の成立」（鈴木靖民編『日本の時代史2　倭国と東アジア』吉川弘文館）など。

ちくま新書

1300

古代史《こだいし》講義《こうぎ》——邪馬台国《やまたいこく》から平安時代《へいあんじだい》まで

二〇一八年一月一〇日 第一刷発行

編者 佐藤 信（さとう・まこと）

発行者 山野浩一

発行所 株式会社 筑摩書房
東京都台東区蔵前二-五-三 郵便番号一一一-八七五五
振替〇〇一六〇-八-四一二三

装幀者 間村俊一

印刷・製本 三松堂印刷 株式会社

乱丁・落丁本の場合は、左記宛にご送付ください。送料小社負担でお取り替えいたします。
ご注文・お問い合わせも左記へお願いいたします。
〒三三一-八五〇七 さいたま市北区櫛引町二-六〇四
筑摩書房サービスセンター 電話〇四八-六五一-〇〇五三

ISBN978-4-480-07117-0 C0221